本研究得到国家社会科学研究基金项目"社会工作促进精神健康的理论与实践研究"(09BSH056)的部分支持。

高校社科文库 | 教育部高等学校社会科学发展研究中心

汇集高校哲学社会科学优秀原创学术成果
搭建高校哲学社会科学学术著作出版平台
探索高校哲学社会科学专著出版的新模式
扩大高校哲学社会科学科研成果的影响力

多维度下的抑郁青少年的亲子关系研究

A Multi-dimensional Study on Parent-child Relationships of Depressed Adolescents

高万红／著

光明日报出版社

图书在版编目（CIP）数据

多维度下的抑郁青少年的亲子关系研究 / 高万红著.
-- 北京：光明日报出版社，2013.4（2024.6 重印）
（高校社科文库）
ISBN 978-7-5112-4113-9

Ⅰ.①多… Ⅱ.①高… Ⅲ.①青少年—亲子关系—研究
②青少年—抑郁症—防治 Ⅳ.①G78 ②R749.4

中国版本图书馆 CIP 数据核字（2013）第 045885 号

多维度下的抑郁青少年的亲子关系研究
DUOWEIDU XIA DE YIYU QINGSHAONIAN DE QINZI GUANXI YANJIU

著　　者：高万红

责任编辑：赵　锐　　　　　　　　责任校对：傅泉泽
封面设计：小宝工作室　　　　　　责任印制：曹　净

出版发行：光明日报出版社
地　　址：北京市西城区永安路 106 号，100050
电　　话：010-63169890（咨询），010-63131930（邮购）
传　　真：010-63131930
网　　址：http://book.gmw.cn
E - mail：gmrbcbs@gmw.cn
法律顾问：北京市兰台律师事务所龚柳方律师
印　　刷：三河市华东印刷有限公司
装　　订：三河市华东印刷有限公司
本书如有破损、缺页、装订错误，请与本社联系调换，电话：010-63131930
开　　本：165mm×230mm
字　　数：288 千字　　　　　　　印　　张：16
版　　次：2013 年 6 月第 1 版　　　印　　次：2024 年 6 月第 2 次印刷
书　　号：ISBN 978-7-5112-4113-9-01
定　　价：69.00 元

版权所有　　翻印必究

序言一

抑郁症是一种以持续情绪低落为主要特征的综合征，是一种发病率高、危害公众健康、引起严重的功能损害并造成巨大社会负担的精神疾病。抑郁症的患病率目前已居于心理问题的首位，并因其分布的广泛性和多发性而被称为"心灵的感冒"。在美国及一些欧洲国家，抑郁是最普遍的心理失调之一，并被看做是一种主要的公共健康问题。在我国，抑郁症这一严重影响人类身心健康的"无形杀手"也日益引起人们的关注。

近10年来，儿童青少年重性抑郁症的发病率逐年上升，且呈低龄化趋势，抑郁症成为当今青少年最普遍的心理疾病之一，是导致青少年自杀的首要原因。抑郁症对青少年的影响不仅限于青春期，可能对其一生都有影响，它不但干扰了青少年正常的社交与学习生活，并且影响青少年的心理发展、人格形成以及未来的人生发展。

开展对青少年抑郁症的研究，了解抑郁症产生的诱发因素及其产生的机理，对于积极有效地预防青少年抑郁症的产生，促进青少年抑郁症患者的康复具有重要的现实意义。目前，抑郁症的确切病因和发病机制尚不清楚，一般认为是多种生物学因素、心理学因素和社会文化因素交互作用的结果。其中，在儿童期、少年期和青年期培养良好的生理素质、心理素质十分重要，尤其是亲子关系对此起着关键作用。

《多维度下的抑郁青少年的亲子关系研究》是云南大学高万红教授从社会工作视角撰写的、具有较高学术水平的一本关于青少年抑郁症的学术专著。她以抑郁青少年的视角，从青少年个体成长、青少年的人际关系和社会转型等多个维度，剖析了影响青少年亲子关系形成的各种内外部因素，揭示了抑郁症的形成机制。本书的创新点在于从社会转型、人际关系和青少年成长三个维度来理解青少年的亲子关系和抑郁症，提出了青少年抑郁症的形成是抑郁青少年个体发展中的人格缺点、不良人际关系（亲子、师生和同伴关系）以及社会转型过程遭遇的各种压力综合作用的结果的观点,提出了青少年抑郁症的产生过程中的"多重失去"的核心概念。认为青少年抑郁症的本质是个体成长过程中爱的失去,人际交往过程中自我的失去,社会变迁过程中生命意义和价值的失去,生理上活力的失去等"多重失去"。该书的出版有利于相关行业的从业人员从多元维度取向理解青少年抑郁症患者,为他们进行社会心理治疗,促进其康复和复原。

中国文化是典型的家庭取向的文化,非常重视家庭关系,特别是亲子关系。不过,由于传统文化与现代社会现实的冲突,以及人口政策、社会变迁导致的家庭结构和功能的改变,使得中国式亲子关系在发挥积极作用的同时,也有诸多不利于心理健康的方面。以家庭中的亲子关系为切入点,全面地理解青少年抑郁症非常符合中国文化。本书为精神科医生、社会工作者、心理治疗师提供了治疗和预防青少年抑郁症的新视角。希望这本书能起到抛砖引玉的作用,吸引更多的学者从不同的学科出发,向读者提供更多的、具有本土特色、学科特色、高质量的关于青少年精神病的研究成果,推动中国青少年精神健康事业的发展,以造福千千万万的中国青少年及其家庭。

赵旭东

2012年12月8日

于上海同济大学医学院

序言二

很高兴目睹高万红教授出版这本关于青少年抑郁症研究的书。这本书的对高教授和我来说都有特别的意义。屈指一算，从认识她到成为她的博士指导老师，以致指导她完成这篇博士论文不知不觉已经有八年多。这八年来一方面我负责将精神健康社会心理的理论、实务研究结果传授给她及一些大陆同行，并从介绍到讨论，再到共同努力完成了一系列推动中国精神健康社会工作发展的工作。另一方面，我和她的所属单位（香港理工大学应用社会科学学系和云南大学公共管理学院社会学与社会工作系）共同合作，为拓展中国的精神康复社会工作而努力，举办了多次学术研讨会。此外，我们还与一些中国各地的精神病院的医生、大学中的社会工作专业的教授以及社区精神康复服务机构的同工成立了一个初步的中国精神科社会工作网络，目的在于推展以精神病人为本的精神健康的社会心理理论和实务，为青少年精神病的治疗、康复和复原努力。在推展的过程中，大家共同在有限的资源里出版了相关的专著、论文集和教材。已经出版的有：叶锦成著《精神医疗社会工作：信念、理论与实务》（台北：心理出版社，2011）；叶锦成，高万红（主编）《中国精神卫生服务：挑战与前瞻》（北京：社会科学出版社，2011）；正在出版过程中的还有叶锦成主编的《自我分裂与自我整合：精神分裂个案的实践与挑战》（北京：北京大学出版社）。

高教授这本研究著作的出版代表了中国精神健康社会工作网络中一个重要的坐标：青少年的抑郁症不单要以医药、生化和遗传的理论去理解和治疗，更重要的是要以多元维度（multidimensional）的取向，以社会文化情景、社会变迁、家庭关系、父母子女相互作用的角度去体会、理解抑郁青少年，从而更好地为他们开展社会心理治疗，促进其复原。高教授这本研究著作，深度和仔细地追踪访问了十多名来自中国内地西部地区（以云南省为主）的抑郁青少年，研究的结果清楚地显示出青少年抑郁的形成、发展、疾病的治疗和康复，以及他们的生命历程、父母子女关系、师生同学关系，与社会环境、政策变等密切的互动关系。研究结果揭示了中国本土的心理卫生服务、干预和政策需要一个多元维度的取向，只有这样，精神病人才能真正地康复，重返社区，融入正面的生活当中。

高教授这本书的出版正好和我们其他三本书的出版同步，为中国的精神病人的深度心理治疗、康复及复原做出了积极的探索，也标志着中国的精神科社会工作走出重要的一步。

我们希望其他相关人士、专家、政策制定者、前线社工、案主、亲友和社区人士能继往开来，不断勇敢地探索下去，对精神疾病患者的治疗康复、有关政策的推进以及服务水平的提高做出积极的贡献。

叶锦成

2012年9月书于香港理工大学

目 录

第一章 导 论 / 1
  第一节 研究背景 / 1
    一、青少年日益成为抑郁症的高风险群体 / 1
    二、青少年抑郁症的产生与亲子关系有密切的联系 / 3
    三、青少年抑郁症的治疗和康复服务中急需引入社会工作 / 4
    四、研究动机的产生过程 / 7
    五、研究目的、意义 / 9
  第二节 主要概念界定 / 11
    一、青少年的界定 / 11
    二、青少年抑郁症的概念 / 13
    三、亲子关系 / 16
  第三节 研究视角、内容和论文结构 / 18
    一、研究视角：社会工作的多维度视角 / 18
    二、研究的主要内容 / 21
    三、论文结构 / 24

第二章 文献回顾 / 26
  第一节 影响青少年抑郁症和亲子关系的个人及家庭因素 / 26
    一、影响青少年抑郁症形成的个体生物因素 / 26
    二、影响青少年抑郁症和亲子关系的个体心理因素 / 28
    三、影响青少年的亲子关系及抑郁症的家庭因素 / 37
    四、积极心理学对家庭关系的观点 / 44
  第二节 影响青少年亲子关系和抑郁症的人际因素 / 45

一、抑郁的人际关系理论　/ 45
　　二、社会支持与青少年抑郁症　/ 47
第三节　影响亲子关系和抑郁症的社会因素　/ 48
　　一、国家政策与亲子关系、青少年抑郁症　/ 48
　　二、传统文化与亲子关系、抑郁症　/ 51
　　三、移民与精神健康　/ 58
　　四、社会主义市场经济的发展对亲子关系、抑郁症的影响　/ 59
第四节　对亲子关系和抑郁症的多维度思考　/ 59
　　一、文献回顾简评　/ 59
　　二、本研究的基本视角　/ 61

第三章　研究方法　/ 63

第一节　质性研究　/ 63
　　一、对研究范式的认识　/ 63
　　二、为什么选用质性研究　/ 67
　　三、什么是质性研究　/ 68
第二节　深度访谈法的运用　/ 72
　　一、对深度访谈法的认识　/ 72
　　二、深度访谈法的运用　/ 74
　　三、研究伦理　/ 83
　　四、资料分析过程　/ 84
　　五、研究者的本位和反身性思考　/ 85
　　六、研究中的可信性问题　/ 91
　　七、质性研究方法的限制　/ 95
第三节　研究田野与研究对象　/ 95
　　一、研究田野点介绍　/ 95
　　二、研究者与研究田野的关系　/ 98
　　三、研究对象简介　/ 99

第四章　从个人成长看青少年抑郁症　/ 101

第一节　抑郁青少年的成长历程　/ 101
　　一、幼儿期：在祖辈的照顾下长大　/ 101

二、儿童期：遭遇各种人际关系冲突　/ 106
　　三、青少年时期：社会流动开始并患上抑郁症　/ 111
　　四、抑郁青少年成长经历的特点　/ 114
　第二节　抑郁青少年对抑郁症的理解　/ 114
　　一、抑郁症是应对压力的一种方式　/ 114
　　二、抑郁青少年的压力应对方式　/ 119
　　三、抑郁青少年对专业化治疗的理解　/ 124
　　四、抑郁青少年压力应对方式的形成机制　/ 127
　　五、相关讨论　/ 128
　第三节　抑郁症的形成　/ 129
　　一、影响抑郁症形成的因素　/ 129
　　二、抑郁青少年对抑郁症形成机制的建构　/ 133
　　三、本章小结　/ 135

第五章　从青少年个人成长维度看亲子关系　/ 136
　第一节　抑郁青少年的亲子关系变化过程　/ 136
　　一、幼儿期亲子关系特点　/ 137
　　二、童年期亲子关系的特征　/ 139
　　三、青春期的亲子关系：生病前的亲子关系　/ 142
　　四、青春期的亲子关系：患病后亲子关系的变化　/ 147
　　五、对抑郁青少年亲子关系变化过程的小结　/ 151
　第二节　抑郁青少年亲子关系的特点　/ 152
　　一、父母不亲　/ 152
　　二、亲子关系的主轴是父子（女）关系　/ 154
　　三、亲子关系中的性别差异性问题　/ 155
　　四、与祖辈的情感关系由强变弱，直至断裂　/ 158
　　五、本章小结　/ 162

第六章　从人际关系的维度看抑郁青少年的师生、同伴和亲子关系　/ 163
　第一节　抑郁青少年的师生关系　/ 163
　　一、抑郁青少年的师生关系特点　/ 164

二、影响抑郁青少年师生关系的因素 / 167
第二节 抑郁青少年的同伴关系 / 169
一、抑郁青少年的同伴关系特点 / 169
二、影响抑郁青少年同伴关系的因素 / 172
第三节 亲子关系、师生关系、同伴关系的相互影响 / 175
一、亲子关系影响同伴关系的原理分析 / 175
二、亲子关系影响师生关系的原理分析 / 177
三、抑郁青少年的亲子关系、同伴关系、师生关系的相互影响 / 179

第七章 从社会转型看抑郁青少年的家庭、亲子关系与个人成长 / 181
第一节 社会转型中的抑郁青少年家庭 / 181
一、中国社会转型的特点 / 181
二、社会转型中抑郁青少年家庭面临的挑战 / 182
三、社会转型对抑郁青少年家庭关系的影响 / 187
第二节 社会转型对抑郁青少年个人发展的影响 / 191
一、教育成为个体社会流动的动力和阶梯 / 191
二、抑郁青少年社会流动中面临巨大的压力，家庭支持不足，负面感受比较多 / 193
第三节 青少年抑郁症的本质特征 / 199
一、青少年抑郁症的本质特征是个体发展中的"多重失去" / 199
二、青少年抑郁症的"母子共病"现象 / 204
三、本章小结 / 206

第八章 研究结论与对策建议 / 208
第一节 研究结论 / 208
一、抑郁青少年亲子关系"冷漠化"的嬗变过程 / 208
二、抑郁青少年的亲子关系与抑郁症之间具有双向作用 / 211
三、青少年抑郁症的突出特征是个体发展过程中的"多重失去" / 212
四、本研究的理论贡献 / 215
五、本研究的局限性 / 218

第二节　预防和治疗青少年抑郁症的对策建议　/220
　　一、政策层面　/221
　　二、实践层面　/223

参考文献　/227
后记　/241

第一章

导 论

本章将在介绍本研究背景的基础上,阐述本研究的目的、意义并对研究中的几个主要概念进行界定。

第一节 研究背景

一、青少年日益成为抑郁症的高风险群体

人类进入 21 世纪以后,随着社会发展速度的不断加快,人类在面临外部的环境、能源、资源危机的同时也面临着自身的精神危机。世界卫生组织(WHO)的专家认为,社会环境的综合作用导致人类已经进入"精神疾病"时代,并预言:到 21 世纪中期,没有任何一种灾难将像心理危机那样给人们带来持续而深刻的痛苦。WHO 有关全球疾病总负担的统计显示,1990 年抑郁症的疾病负担排在第 5 位;预计到 2020 年,抑郁症的疾病负担将上升到第 2 位,列在冠心病之后,成为非正常死亡和残疾的第二大原因(陈威威,2007)。为了提升人们对精神疾病的认识,每年的 10 月 10 日被定为世界精神卫生日,提醒人们重视精神健康。

据中国疾病控制中心精神卫生中心提供的资料,2009 年我国各类精神疾病患者人数在一亿以上,但公众对精神疾病的知晓率不足五成,就诊率就更低。另外的研究资料显示,精神疾病在我国疾病总负担中已排名首位,约占中国疾病总负担的 20%,预计到 2020 年,这个比率将上升至 1/4。然而,目前卫生预算仅占国内生产总值的 5.5%,其中对精神卫生服务的投入更是仅占卫生预算的 2.35%。全国至少有 5600 万各类精神障碍患者尚未接受过任何有关的医疗服务,即使是严重的精神疾病患者,每 4 人中也仅有 1 人接受过正规的

精神科医疗服务①。以本研究田野点所在的昆明市为例，2009年统计全市常住人口628万，外来常住人口和流动人口已经超过常住人口的20%。昆明市城乡居民精神障碍的终身患病率高达15.19%，其中重性精神疾病的患病率为3.40%，精神障碍已经成为昆明市居民死亡原因的第十位疾病②。

抑郁症是一种以持续情绪低落为主要特征的综合症，是一种发病率高、危害公众健康、引起严重的功能损害以及巨大的社会负担的精神疾病。抑郁症目前已居于心理问题的首位，并因其分布的广泛性和多发性而被称为"心灵的感冒"。在美国及一些欧洲国家，抑郁是最普遍的心理失调之一，并被看做是一种主要的公共健康问题。抑郁症包括：重性抑郁症（major depressive disorder）和抑郁综合症（dysthymic disorder），该疾病可见于任何年龄阶段。近年来青少年抑郁症患者越来越多，美国的一项研究结果表明，青少年抑郁症发病率为8.3%（Brent D. A, 2002），青少年、尤其是女性青少年的抑郁症发病率显著上升（Ronald, T. B., 2008）。在我国，抑郁症这一严重影响人类身心健康的"无形杀手"也日益引起人们的关注。近几年来我国中学生抑郁的检出率一直较高，安徽合肥的中学生中出现抑郁症状的比例为23.5%；北京市和河北省的抽样调查中中学生出现抑郁症状的比例为32.9%；重庆和四川省的抽样调查中这一比例为42.3%（芦炎、张月娟，2008）。

国内一项流行病学调查显示，近10年来，儿童期重性抑郁症的发病率是2%~4%，青春期上升到4%~8%，抑郁症患者的人数逐年上升，且呈低龄化趋势，抑郁症成为当今青少年最普遍的心理疾病之一，抑郁症导致的青少年自杀率也越来越高，自杀是15~19岁青少年的第二大死亡原因（龚银清，2005）。抑郁症对青少年的影响不仅限于青春期，可能对其一生都有影响，它不但干扰了青少年正常的社交与学习生活，并且影响青少年的心理发展、人格形成以及未来的人生发展。

人们常说："少年不知愁滋味。"可是在现实生活中，学业的压力、家庭和人际关系的冲突以及对社会现实的不满，使得一些青少年过早地背上了沉重的精神包袱，由于不能有效应对这些压力，各种各样的精神疾病也就走了出来，抑郁症便是青少年中最常见的精神疾病之一。国外的一些研究表明，三分

---

① 引自中国疾病控制中心精神卫生中心提供的资料. http://news.qq.com/a/20090105/000091.htm

② 昆明市卫生局编《昆明市居民健康状况评价简介（2009）》

之一的青少年曾经有过情绪低落的经验，在这些人中，大约三分之一到一半的人可能被诊断为重性抑郁症（Joseph A. Micucci 著，唐子俊译，2004）。遗憾的是到目前为止，社会、家庭和个人对青少年抑郁症的知晓率仍然很低。国内有的研究表明，患者本人对抑郁症的识别率几乎为零，学校、家庭、社会对本病的识别率平均不足1%。一些综合医院的识别率仅为15%左右（魏继珍，2008：47）。青少年抑郁症识别困难的一个主要原因是早期症状不明显，基本症状比较复杂。由于青少年的抑郁症常常表现为发脾气和某些行为，如易激惹、不爱学习、旷课、孤僻、情绪不稳定，并伴有躯体不适等（陈换春，2005），但由于人们常常把这些症状和青春期的逆反或反叛等同起来，使得青少年抑郁症常常被忽视。

青少年时期是人生发展的高峰时期，在他们身上交织着许多矛盾，化解矛盾的过程正是他们由单纯、幼稚走向成熟完善的过程。这些矛盾既体现了青少年与学校、家庭和社会等客观环境之间的冲突与不适应，也体现了青少年自身在成长过程中身体与心理发展之间的不协调。在儿童向青少年的过渡过程中，抑郁症的发病率会明显增加（Pelkonen, et al, 2003）。作为一个在身心方面都经历着巨大变化的群体，青少年已经成为抑郁症的高危群体。近年来，青少年精神健康问题日益成为社会、家庭和个人关注的热点问题。2004年世界精神卫生日的主题是"关注儿童、青少年的心理卫生健康"。说明青少年的精神健康问题正日益受到全社会的高度重视。《中国精神卫生规划2002～2010年》中明确了儿童青少年卫生工作的具体工作指标，要求遏制儿童青少年心理行为问题和精神疾病患病率上升趋势，到2010年儿童青少年心理行为问题和精神疾病患病率降到12%。

因此，开展对青少年抑郁症的研究，了解抑郁症产生的诱发因素及其产生的机理，对于积极有效地预防青少年抑郁症的产生，促进青少年抑郁症患者的康复具有重要的现实意义。

二、青少年抑郁症的产生与亲子关系有密切的联系

青少年时期是人生发展的一个重要时期，许多心理学家常常把它称之为"心理断乳期"、"危险期"。因为这个阶段的生理和心理的迅速发展使得他们的成长遇到很多困难，从而表现出一些特殊的行为。亲子关系是青少年三大社会关系——亲子关系、同伴关系和师生关系中最基础的社会关系，是影响青少年心理发展的主要因素。家庭作为青少年成长中最直接和重要的成长环境之一，对其成长有着重要的抚育、支持和影响作用，家庭因素是抑郁症形成中的一个重要的心理社会因素。

以弗洛伊德为代表的心理动力学派从20世纪40年代就开始注意到精神问题的产生与患者的早期经验中的亲子关系有密切的联系。他认为早期经验对健康人格的形成有极其重要的影响，指出"儿童期内的经验乃是神经病不可或缺的条件"（弗洛伊德著，高觉敷译，1984）。依恋理论的创立者鲍尔比（John Bowlby）提出了孩子与父母的亲密关系对其精神疾病的产生有重要的影响。他提出，人类有一种内在的本能驱力，想和他人形成人际关系，这种驱力来自于人的生物性，这种能形成亲密关系的能力和驱力对于人类的生存极为重要，人类只有在依恋的需求被满足之后才能发挥最好的功能，而在其依恋的需求未被满足时，则会发生问题，这些问题常常以精神症状的方式出现。鲍尔比认为，个体的依恋关系能否建立主要来自幼年的经历，对于孩子来说，最重要的亲密关系是与父母建立安全的依恋关系，这个关系模型的经验会引发所有的关系运作模式的发展。家庭治疗理论则强调了青少年抑郁症的产生是由于家庭成员之间的功能关系（如距离、亲密或支持）所致，在家庭中的不适应过程就会导致障碍。

近年来国内外的研究也表明，亲子关系在青少年抑郁症的形成中扮演重要的角色。国外学者的研究发现，儿童早期生活的稳定性对儿童身体和心理健康具有深刻的影响，不稳定的亲子关系、父母死亡、母爱剥夺、虐待和忽视儿童都是抑郁症的危险因素。这些早期生活的不利因素可导致儿童发展成特有的认知模式，严重干扰了儿童的社会化过程和心理发育过程（引自陈宝林、徐勇，2010）。国内王高华等研究发现，有抑郁障碍的青少年，其父母对子女均缺乏温暖和理解，过多严厉惩罚、拒绝、否认（王高华等，2006）。抑郁症青少年的家庭有较高的父母攻击、惩罚、婚姻冲突和拒绝现象而缺乏支持与帮助（张艳杰等，2010）。

因此，在青少年抑郁症的治疗和预防工作中，深入探讨以亲子关系为核心的家庭因素在抑郁症的形成中的作用，具有重要的理论和现实意义。

三、青少年抑郁症的治疗和康复服务中急需引入社会工作

笔者从2002年开始接触到青少年精神疾病患者。当时，笔者在某省级医院的精神科（以下简称Y医院，本研究的田野点）开展社会工作硕士课程的实习，看到很多青少年抑郁症患者在家长的陪同下前来就医，主要是希望得到心理上的疏导。可是，目前国内开展青少年精神健康服务的主要机构是医院，服务方式以药物治疗为主，很少开展心理治疗和其他相关服务。一些精神科的

医生也常常对笔者说，这些青少年应该由你们社工来提供服务。我当时不敢贸然答应什么，只能把这些期望当做自己未来努力的方向。2004年以后，Y医院的精神科成为笔者所就职大学的社会工作专业教学的实习基地，我每年带学生去实习时都会看到很多青少年精神疾病患者。2002年，笔者在Y医院精神科住院部分部所看到的住院患者中，青少年患者大约占到四分之一。可是，到2009年6月，这里的青少年患者几乎占了住院病人的一半。笔者对当时住院病人做了一个初步的统计，发现截至2009年6月12日，精神科共有20名患者。从来源地来看，80%来自于云南省的市、县、州、村，其他来自广东、重庆、江苏等地。从疾病分类来看，以精神分裂症（占40%）和抑郁焦虑障碍（占35%）的比例较高。从性别分布来看，男女比例差不多。从年龄分布看，儿童（12岁以下）占10%，青少年（22岁以下）占50%，中年（35岁~60岁左右）占30%。

笔者在研究中发现，国内对青少年抑郁症患者的治疗和康复的过程中面临很多问题：

一是服务供给和服务需求之间存在巨大的差距，使得一些青少年抑郁症患者得不到及时和准确的治疗，误诊的情况时常发生。中国儿童精神健康问题的检出率高达7.03~14.89%，与国外的报导类似。以我国目前有4亿~5亿青少年计算，根据上述患病率统计，我国有3千万~6千万儿童有精神健康问题，需要专业人员的照顾。儿童青少年精神卫生服务的资源尤为缺乏。目前能开展精神卫生服务的医疗机构均设在大中城市，农村的儿童青少年患者基本不可能得到任何的就近服务。同时，专业人员严重不足。在较发达国家儿童精神科医生与患儿之比是1：4000左右；而我国为1：1百万，差距实在太大（李雪荣，2002）。本研究中的受访问对象F家住农村，患病后在当地的几家医院都没有得到及时和准确的治疗，花了不少冤枉钱，一年后被转诊到Y医院才被确诊为抑郁症。

二是许多抑郁症青少年的父母对抑郁症缺乏必要的了解和科学态度，使青少年抑郁症患者得不到及时的治疗。一些父母不能接受孩子患抑郁症的事实，带着已经确诊为抑郁症的孩子四处求医，反复确诊，使孩子的病情越来越重，错过了治疗的最佳时期。有些父母对青少年的抑郁症不重视，认为抑郁症是青少年学习压力大、胡思乱想的结果。他们不遵医嘱，强行将孩子从医院带回家休养，认为只要给孩子换个轻松的环境，问题就可以得到解决。

三是问题取向的生物和心理治疗得不到青少年的接纳和认同。在中国目前的精神健康服务领域中,生物医学模式占主导地位,精神科医生扮演着重要的角色,是绝对的权威。而大部分医生接受的训练是生物医学训练,关心的是对病人的诊断,消除病症,而不关心病人的需要。尽管少数医院为了能被评为三等甲级而开展了一些心理治疗服务,但这是从医院的管理出发,而不是从病人的需求出发。我国心理治疗和心理咨询工作虽在20世纪40年代已经有零星开展,但由于在50、60、70年代心理学被认为是唯心主义的学科,这项工作未能得到普及。90年代后期社会上出现心理学热,各医学院校纷纷开设了医学心理学的课,各地也开办了一些心理治疗的培训班,授课教师主要是心理学教师、精神科医生和少量的外国专家。我国现有的心理治疗和心理咨询师大多接受的是问题取向的传统心理治疗模式训练,在实践中多采用精神分析、认知行为治疗和家庭治疗。根据艾里克森的人格发展理论,青少年阶段的主要发展任务是建立自我同一性,发展理想自我。青少年最需要得到的是尊重、接纳和肯定。而问题取向的治疗模式关注的是人的缺点,强调行为训练和人的自我反省,这和青少年时期的心理发展需要有很大差距。另外,由于中国人对心理健康知识的知晓率比较低,不少人把心理问题等同于精神疾病,对精神病人的歧视比较严重,在这样的情况下,让青少年接受心理咨询和治疗,无疑认同于让他们接纳"我有毛病,有问题,是精神病人"这样一个污名,这对追求理想自我的青少年来说是难于接受的,因此,心理咨询和心理治疗服务常常得不到青少年的认同,并被拒之门外。透过上述分析可以看出,中国目前现有的青少年精神健康服务非常薄弱,无法满足青少年抑郁症患者康复服务的需求。

从阅读相关文献中发现,抑郁症的形成与个体的生物、心理和社会因素都有关系,具体包括:遗传、个性、认知、家庭关系、同伴关系、学业和压力事件等。目前,国内针对青少年抑郁症的研究比较缺乏,对这个群体的诊断和治疗多采用成人标准,但青少年不是成人,他们是发育中的个体,处于急剧的个体变化和社会变化之中,在对青少年抑郁症的治疗中,心理社会环境的调整常常更起关键作用。因此,仅仅从生物医学的角度对青少年抑郁症患者进行药物治疗是不够的,需要提供社会工作专业服务,才能帮助其早日康复。社会工作要介入青少年抑郁症的治疗和康复服务,干预其心理和社会环境因素,这就需要以相关领域的研究成果为基础。家庭是青少年社会化的主要场所,亲子关系是青少年最主要的家庭关系,在青少年抑郁症的产生和治疗中扮演着重要的角色,要预防青少年抑郁症的产生和促进青少年患者的康复,需要对亲子关系及其与抑郁症之间的关系做出深入的研究。

四、研究动机的产生过程

笔者为什么关注青少年抑郁症患者的亲子关系呢？研究的兴趣主要来自于研究者在研究田野点 Y 医院①和青少年抑郁症患者及其父母接触中的初步经验，最突出地表现有以下几点：

（一）抑郁青少年亲子关系的多样性和复杂性

案例 1　反抗父母的"隐形"病人

2004 年 7 月，一个中年女性（简称 L）得知我们要在 Y 医院为青少年精神疾病患者开一个情绪管理小组的消息后主动来找我，目的是替她的女儿报名。L 说，她的女儿 18 岁，读高二时发病被诊断为抑郁症。孩子患病后，L 心急如焚，带着孩子四处求医，看过国内很多著名的精神科专家，但是女儿不配合专家的治疗，拒绝吃药，也拒绝接受心理治疗，病情越来越重，最终只能休学在家。L 经人介绍，抱着试试看的心态带着女儿从深圳来到昆明 Y 医院寻求帮助。在和 L 的交谈中，我感到 L 很希望女儿能出来参加活动，可是女儿除了定期见自己的主管医生和一位主任医生之外，拒绝见任何人。L 的女儿虽然是这里的住院病人，却很少出现在病房，除了每周见一次医生外，其余时间都待在昆明的家中（L 一家临时租住的房屋），整天痴迷于网络。L 希望我能去她家见见她的女儿，我表态说只要她的女儿愿意见我，我一定会去。最终，我没有见到 L 的女儿，却多次在 Y 医院的精神科社会工作者②为患者和家属开展的大组治疗中见到 L。其实，在精神科像 L 这样替子女来看病的父母并不少见。为什么会出现"剃头挑子一头热"，为什么青少年抑郁症患者可以把父母搁在一边，不理不睬，他们和父母之间是一种怎样的关系呢？

案例 2　各执一端的父子

小明，17 岁，男，独生子女，高三年级学生。上初二时，其父母离异，他由父亲监护，2005 年因患抑郁症被 Y 医院精神科收治入院。小明的父亲是政府公务员，母亲在一家公司做职员。小明认为是家庭因素导致自己生病。他说："我的父母亲过多干涉我的个人生活，我没有私人空间，像被某个东西紧紧包住似的，我从小就学会了父亲身上的缺点（如爱发火）。我父亲常常带我出去应酬，但我很不愿意去，我讨厌父亲的那些朋友和同事，讨厌出席父亲的

---

① Y 医院的介绍见第二章。
② Y 医院精神科分部自 2004 年开始在体制外聘用 1~2 位社会工作者（社会工作专业本科毕业生）每天下午为患者提供团体工作服务，被称为大组治疗。

朋友和同事聚会。我对父亲说我不想去，我讨厌你的朋友。但他不同意我的说法，认为我看问题太偏激了。"而父亲则认为孩子患病的主要原因是学习压力大，如面临高考，想上名牌大学，目标太高；其次是谈恋爱受挫，被女友抛弃，心情烦闷；再加上和小明最亲近的爷爷去世等因素使孩子患上了抑郁症。父亲和孩子对疾病产生原因有较大的分歧，各执一端。这对父子之间的关系又是怎样的呢？

案例3 替父母操心的"小大人"

小玉，15岁，女，独生子女，初三学生，2007年被诊断为抑郁症住院接受治疗。父母都具有大专学历，父亲是商人，母亲是某单位职员。小玉认为，自己得抑郁症的原因一是学校的原因，主要是老师和学生的关系不好，老师常常用很刻薄的语言骂学生，甚至是侮辱学生；此外，学生之间的关系也不好，钩心斗角，甚至相互陷害。二是家庭原因，主要是家庭成员常常吵架。如：父母之间吵架，奶奶和妈妈吵架，爸爸和叔叔吵架，爸爸和奶奶吵架。她说："家里人常常吵架，但是我个人能力有限，我确实什么都做不了，有的时候我就会很无奈，无能为力，也很心痛他们。我担心家庭中那些吵架者让人家骂，但我又没有能力改变什么。我又替他们担心，只要我知道他们谁有什么麻烦，我就会替他们担心。又加上学校里发生的事情（老师骂学生）、学习的压力、家庭成员的关系、身边朋友之间的关系，我背负的担子太重了。"从小玉的谈话中发现，她非常看中生活中的各种关系，尤其是家庭关系，她像一个小大人一样关心周围的每个人，不堪重负而成为病人，她与父母的关系又是怎样的呢？

与青少年抑郁症患者及其父母的初步接触，使我看到青少年抑郁症的产生与亲子关系和家庭关系密切相关，也看到了青少年抑郁症患者亲子关系的一些明显的表征，如亲子关系冲突。除了这些特征之外，其亲子关系还有什么特征？这些表征后面的亲子关系的本质如何呢？青少年抑郁症患者的亲子关系的形成机制是怎样的？亲子关系对青少年抑郁症的产生有哪些影响，其作用的机制是怎样的？笔者希望能通过自己的研究找到相关答案。

（二）抑郁症的形成对亲子关系有显著的影响

青少年抑郁症患者生病后亲子关系较之前有了一些明显的变化，亲子关系与抑郁症之间究竟有何关系？

在和抑郁症青少年和及其父母的接触中，透过一些个案，笔者看到了一些家庭在孩子生病后，开始反思家庭中存在的问题，改变对子女的教育方式和沟通方式，亲子关系在悄然发生着变化。小云是一个 14 岁的初二女生，父母认为她在中学交上了两个不爱学习的女同学，受其影响成绩下降。小云的父母擅自替女儿做主把她转到另外一所中学。小云到新学校后情绪十分低落，在入学军训时突发急性阑尾炎住院治疗，出院回校后情绪依然十分低落，并出现用刀片划伤自己身体的自残行为。父母带小云到医院治疗，被诊断为伴有抑郁情绪的适应障碍（adjustment disorder with depressed mood）。小云的父母都是国家机关的公务人员，并担任着一定的领导职务，对孩子要求很严格。夫妻俩平时各自忙于自己的工作，并常常发生婚姻冲突，对小云的照顾也较少，亲子关系比较疏离。小云生病后，其父母很焦急并多方求助。小云妈妈主动带孩子一同参加心理素质训练，父亲特意休假陪女儿接受治疗。住院之前，父亲曾认为孩子没有问题，反对其母亲带孩子来医院看病。小云的母亲还自学了很多心理学方面的知识，开始反思自己的婚姻对孩子的影响，主动要求进行夫妻关系治疗，期望改善家庭关系。从这个案例中可以看出，孩子患病似乎成为亲子关系改变和调试的契机，促使亲子关系改变的动力是什么？青少年抑郁症的形成与其亲子关系之间的相互作用是什么？

在笔者博士研究前期的预访谈中，很多受访者都曾经说道，在他们的生活中情况类似的青少年很多，所以自己也不觉得是一种病，直到产生严重的躯体症状和情绪症状，甚至产生自残、自杀意念和行为时，才会引起家长的重视，并到医疗机构救助。笔者接触到的青少年只是众多青少年抑郁患者中的一个小部分，可谓冰山一角，希望通过研究加深对该群体的了解，并为社会工作服务介入该领域提供理论支持。

五、研究目的、意义

（一）研究目的

本文将以青少年抑郁症患者为研究对象，从青少年的角度讨论以下几个问题：

1. 青少年抑郁症患者对亲子关系的理解是怎样的？亲子关系是如何形成和变化的？

2. 在青少年抑郁症患者看来，亲子关系在其抑郁症的形成中起到了怎样的作用？

3. 亲子关系作为最早形成的社会关系，对青少年抑郁症患者的师生和同伴关系起着怎样的作用？

4. 社会工作者应该如何帮助开展青少年抑郁症的治疗和康复服务？

（二）研究的意义

1. 从理论上看，本研究将突破对青少年抑郁症患者研究中的单一视角，形成社会工作视角下的、从研究对象角度出发、多维度理解青少年抑郁症及其亲子关系的理论。

从文献上看，现有的对青少年亲子关系和精神健康的研究主要集中在对正常青少年群体亲子关系的研究，以青少年心理健康问题比较严重的青少年抑郁症患病群体为对象的亲子关系研究并不多见。研究重点集中在青少年亲子关系的现状、影响因素和亲子关系对心理健康的影响。现有的研究视角比较单一，绝大部分的研究是从心理学的视角来研究亲子关系，也有一些研究从教育学和社会学的角度来分析亲子关系。本研究希望整合不同的研究视角，从青少年个体成长、人际关系变化和当代社会转型等多维度来分析抑郁青少年的亲子关系，通过对影响青少年亲子关系的心理社会因素进行一个有效的整合，从一个更全面的角度来理解青少年的亲子关系形成过程及其影响因素。同时，现有的研究也比较静态，主要是对青少年亲子关系的现状进行一些描述性分析，缺乏把亲子关系放在青少年成长的微观、中观和宏观的社会环境中，多维度、动态地理解和分析青少年亲子关系，更缺乏从青少年的视角来研究和理解其亲子关系的研究。

本研究理论创新点在于：首先，从人与环境互动的社会工作的视角出发，采用一个多维度的分析和研究问题的框架理解青少年抑郁症患者的亲子关系、抑郁症的形成过程。即不是从一个静态直线因果的角度来理解亲子关系与青少年抑郁症二者之间的关系，而是从一个社会变迁、青少年个人成长和人际关系组成的三维视角来理解和诠释青少年亲子关系和抑郁症的本质及其发展变化过程。上述研究视角有别于目前较为主流的心理学和教育学取向的对青少年抑郁症和亲子关系的研究。在对研究问题和研究发现的分析过程中，整合了心理学、社会学和社会工作的相关理论，从而对研究问题和发现有一个全面和深入的理解。其次，本研究采用青少年的视角，即青少年的"自我视角"、"自我界定"：他们如何理解抑郁症，他们受到了哪些困扰，如何看待自己与父母的关系，自己与周围其他人的关系，发生了什么冲突，自己是如何解决的等等。在中国大陆对抑郁症患者的研究中青少年视角是一项空白，青少年在知识创造领域中的价值和贡献几乎是一个空白点。因此，本研究希望从青少年的主观经验来分析和理解抑郁症，从青少年抑郁症患者的视角来研究其亲子关系和抑郁症，将他们看做是能动的个体，而不仅仅是对他们的问题进行"客观的"分析研究。

总之，本研究的理论创新点是从青少年抑郁症患者的视角出发，整合不同的研究理论，从生理、心理、社会等多维度来对青少年抑郁症患者的亲子关系和抑郁症进行一个全面深入的研究和认识。

2. 从实践上看，本研究将突破现有服务中的问题取向的医学、心理学视角，提出社会工作视角下的促进青少年精神健康的社会工作对策和建议，从而建立一个以青少年抑郁症患者为本多学科参与、多维度介入的青少年抑郁症的预防和介入的服务体系。

国内目前对青少年抑郁症的预防和康复服务处于起步阶段，服务的主体以医学为主，心理学为辅，服务过程中主要采用问题视角，介入手法也局限在微观层面，局限性较大。本研究的实践意义在于从社会工作的视角出发，从服务对象的角度来理解抑郁症，以期建立一个以青少年抑郁症患者为本、多学科参与的、多维度介入的青少年抑郁症的预防和介入的服务体系，以整合个人、家庭、学校、社会和国家政策等多层面的资源来做好青少年抑郁症的预防和康复服务。总之，本研究的最终目的是将研究成果运用于社会工作实践，促进青少年抑郁症患者康复和预防青少年精神疾病的产生。这既符合青少年个体健康成长的需要，也符合社会发展的需要。

第二节 主要概念界定

一、青少年的界定

虽然，在日常生活中青少年这个词频频出现，但对青少年这个概念的理解并没有达成共识，可谓"仁者见仁，智者见智"。从中文来讲，青少年一词是近代才出现的名词。中国古代把"少年"和"青年"分开来使用。而青少年一词比较接近于"青年期"，指成丁至成熟期，约指男性在 14~25 岁，女性在 12~21 岁之间（黄德祥，2005：3）。英文的青少年（adolescence）一词由拉丁文"adolescere"一词衍化而来，ad 的本意是"朝向"（toward），alesere 的本意是"生长"（to grow），因此 adolescence 包含两个意义：（一）成长（to grow up）；（二）即将发育成熟（to grow to maturity）。Adolescence 后来被用来代表即将成熟（to be mature）的年轻人。另一方面，adolescence 也意味着"即将要进入成人期"（to grow into adulthood），准备承担成人的角色与义务。在西方，一般认为，青春期开始于 12 岁，终于 23 岁。在北欧，一般认为14~

28岁为青春期(黄京尧,1987)。

从以上有关"青少年"的界定中可以确认,青少年指的是从儿童到成人的过渡时期,其开始年龄约为12岁,终止年龄约为25岁。但是,用年龄变化来描述青少年是不够确切的,因为它往往以"性"的成熟作为儿童到成人过渡的标志。实际上,虽然人和动物发育的目的都在于种族的延续,但人与动物成熟和对生活准备的概念,毕竟本质上有根本不同的内容。从童年到成年的过渡,并不仅仅是以身体的成熟为标志,而同时也意味着拥有一定的技能,掌握一定的知识、规范和经验。个性的成熟是以社会化为先决条件的,不能超越现实和社会。不同社会的不同政治经济生活等条件,导致了儿童向成人转变的内容、期限和标准不同。但这并不意味着无标准可循,它还是有一定规律的。从生理的角度,把青少年看做是生殖力成熟的阶段;从发展的角度,把青少年看做是精神向上发展的阶段;从人口的角度,把青少年首先看做是一个年龄过渡阶段;从个性形成的角度,把青少年看做是一个个性形成的阶段;从教育的角度,把青少年首先看做是一个学习或受教育的阶段;从社会化的角度,把青少年看做是社会化的一定阶段。从文化的角度,把青少年看做是一种文化现象(黄志坚,1997)。从这些不同的视角来看,青春期都是一个过渡时期,其目标是为儿童能够承担成人的角色做准备。相比把青少年界定为某一个具体的年龄阶段的人,把青少年看成由一系列过渡构成的阶段更为合适,这些过渡包括生理的、心理的、社会的和经济的过渡,个体由此从不成熟走向成熟(劳伦斯·斯腾伯格著,2005,戴俊毅译,2007)。

在本文的研究中,笔者把青少年的年龄范围界定在13～23岁,涵盖了青少年的早期、中期和晚期。处于该年龄段的中国青少年中,大多数生理上开始进入青春期;心理上处于从不成熟到成熟的过渡期;教育上处于接受中等教育或高等教育阶段,是一个为未来社会生活做准备的阶段;从文化上来说,他们有自己的青少年文化,看问题的角度和方式和成人有所不同。具体来说,青少年是指在校的中学生和大学生,因为他们正处在为承担社会责任的准备阶段,经济上还没有独立,也没有正式的社会角色。

此外,把青少年的年龄阶段界定为13～23岁的另外一个原因是处于这个年龄段的人,如果他们读书,其共同特征是他们都是在校青少年,由于他们还处在求学阶段,经济上未独立,对家庭的依赖比较大,与父母的关系对其发展十分重要。随着中国的改革开放,教育事业得到了很大的发展,青少年受教育的年限延长,特别是最近几年来,我国高等教育进入一个大众化时代,大部分青少年都能接受高等教育，13～23岁正是一个人接受中等和高等教育的阶段。因此，本研究在取样的过程中没有选取那些已经脱离学校、在家待业或参加工作的同龄群体中的抑郁症患者。

二、青少年抑郁症的概念

随着对青少年抑郁研究的增加，逐渐衍生出一些研究取向。根据心理病理学上的假定及研究目的可将青少年抑郁的研究分为三个倾向：抑郁情绪（depressive mood）、抑郁综合症或抑郁症候群（depressive syndromes）、抑郁症（depressive disorder）(Petersen, et al, 1993)。

（一）抑郁情绪

每个人在其生命的不同时间点都会经历到悲伤或不快乐的情绪。这种抑郁情绪通常可能发生在对许多情景的一种反应，像是失去一段重要的关系或者在一项重要任务中的失败。这些情绪可能会持续一段很短或一段较长的时间。通常会伴随其他一些负面情绪的出现，如恐惧、罪恶感、愤怒、羞愧、焦虑和社会退缩。抑郁情绪的检测和评估主要是通过青少年的自我报告或是透过一些心理量表来进行。

（二）抑郁综合症或抑郁症候群

着重研究有关抑郁的各种症状，包括：寂寞、哭泣、害怕失败、希望完美、自觉孤立、无用、紧张、恐惧、罪恶感、多疑、悲伤、担心等。这些症状通常与退缩行为、抱怨身上的病痛、社交问题、注意力问题、懈怠行为、自我毁灭和攻击性行为有极大的关系。这些症状具有经常发生的特点，该层次的抑郁患者具有初期的精神异常特点。

（三）抑郁症

该层次的抑郁被视为一种病态行为，一般由精神科医生根据国际疾病诊断标准（ICD-10）进行诊断，根据ICD-10，抑郁症不包括发生于双向情感障碍中的抑郁状态，只包括首次发作的抑郁症或复发的抑郁症。本研究中的抑郁症患者由Y医院精神科主任或副主任医师根据ICD-10中抑郁症的相关标准判定，其标准如下：

1. 一般标准有3条

①抑郁发作持续至少2周；②在病人既往生活中，不存在足以符合轻躁狂或躁狂标准的轻躁狂或躁狂发作；③需除外的最常见情况——此种发作不是由于精神活性物质使用或任何器质性精神障碍所致。

2. 抑郁症的症状分为核心症状和附加症状两大类

（1）核心症状 3 条：①抑郁心境，对个体来讲肯定异常，存在于一天中大多数时间里，且几乎每天如此，基本不受环境影响，持续至少 2 周；②对平日感兴趣的活动丧失兴趣或愉快感；③精力不足或过度疲劳。

（2）附加症状：抑郁发作的附加症状有 7 条。①自信心丧失和自卑；②无理由的自责或过分和不适当的罪恶感；③反复出现死或自杀想法，或任何一种自杀行为；④主诉或有证据表明存在思维或注意能力降低，例如犹豫不决或踌躇；⑤精神运动性活动改变，表现为激动或迟滞；⑥任何类型的睡眠障碍；⑦食欲改变（减少或增加），伴有相应的体重变化。

3. 抑郁发作分为 3 类

（1）轻度发作：具有核心症状中的至少两条，核心与附加症状共计至少四条。

（2）中度发作：具有核心症状中的至少两条，核心与附加症状共计至少六条。

（3）重度抑郁发作分为不伴精神病性症状（F32.2）和伴有精神病性症状（F32.3）两类。其抑郁表现需具有全部三条核心症状，核心与附加症状共计八条。

此外，Comps, et al（1993）指出，抑郁情感、抑郁症候群和抑郁症三者之间具有阶段性和延续性的模型假定。他们认为，患抑郁症的青少年能够代表大多数经历抑郁情绪和抑郁症候群的青少年。抑郁情绪是一种比较广泛的情绪，如果把它细分，可归类出抑郁症候群；再将抑郁症候群细分，可以归类出抑郁症。这种层层细分，便是抑郁症发展的阶段性假设。也就是说抑郁的发展是一个连续的过程，个体所经历过的抑郁会按照这个过程发展。首先是抑郁情绪，之后发展成抑郁症候群，抑郁症候群再转变为临床上的抑郁症。而生物遗传、压力和应对过程则是抑郁情绪转变为抑郁症候群和抑郁情绪的中介因素。

本研究把青少年抑郁症患者界定为：被省级医院精神科专科医生（主治医生及以上）根据 ICD-10 诊断为抑郁症的青少年患者。值得注意的是，青少年抑郁症有"共病"的特点。在同一时间内患超过一种以上的精神疾病，称为共病。共病在抑郁儿童和青少年之间比较普遍（Pine, et al, 1998）。儿童青少年抑郁可能居先、伴随或后发于其他疾病。已经发现的、经常与青少年抑郁症共病的疾病包括：注意力缺陷多动症（ADHD）、焦虑障碍（anxiety disorders）、行为和品行障碍（behavior and conduct disorders）、饮食障碍

（eating disorder）（Lauar Mufson 等著，苏逸人等译，2008）。

（四）青少年抑郁症患者与抑郁青少年

本研究的一个特色是以青少年为视角，即不是从研究者的视角、父母的视角和老师的视角来认识和理解青少年抑郁症患者。青少年视角指"自我视角"、"自我界定"：他们如何理解抑郁症，他们受到了哪些困扰，如何看待自己与父母的关系，发生了什么冲突，自己是如何解决的等等。

在访谈中发现青少年抑郁症患者对自己疾病的理解与医生不同，他们一般认为抑郁症不是病，只是一种抑郁情绪状态，是可以改变的，从内心来讲他们对"抑郁症"的诊断标签并不认同，也比较反感。当笔者问访谈对象："当你被诊断为抑郁症时，你对这个诊断有什么看法？"大部分访谈对象的回答是，他们承认自己的心理有问题，情绪有问题，但这只是一种情绪状态罢了，是可以改变的，不希望自己被贴上一个抑郁症的精神病标签。此外，在中国文化下，抑郁症是一个带有歧视性的标签，一些学者对中国香港的抑郁症患者的研究表明，中国的抑郁症患者的主要症状是躯体化症状，如睡眠障碍（31%），疲倦、萎靡（29%），头痛20%、头晕20%，停经方面的症状（女性中占20%），腹痛（14%），虚弱13%，心悸（13%），恐惧（11%），腹上部疼痛（10%）。排在首位的是中枢神经系统症状，其次是胃肠不适、妇科症状、心血管症状、呼吸问题、泌尿障碍。研究者们由此推论出，中国的抑郁症患者可能并没有把悲伤作为一个显著的症状，他们可能由于害怕中国文化对精神疾病的强势污名化倾向而压制和掩饰自己的抑郁感受（凯博文著，1988；郭金华译，2008）

基于上述理由和本研究的视角（青少年视角），本研究决定用青少年抑郁症患者比较认可的"抑郁情绪"这个本土概念来替代"抑郁症"这个医学专业术语，用"抑郁情绪青少年"（简称抑郁青少年）这个概念来替代"青少年抑郁症患者"，在下文中将不再使用青少年抑郁症患者这一概念。

（五）多维度

本文是社会工作视角下的社会心理研究，多维度指"人在情境中"的视角，强调影响青少年亲子关系和抑郁症的多方面的因素以及这些因素之间的相互作用。多维度主要包括：1. 社会情景：指抑郁青少年成长的社会背景；2. 人际关系：指青少年社会化过程中的主要人际关系，包括家庭中的人际关系，学校情景中的人际关系（师生、同伴关系等）；3. 个人成长：指抑郁青少年的生命历程。

三、亲子关系

(一) 亲子关系的定义

亲子关系（parent-child relationship）原是遗传学用语，指亲代和子代之间的生物血缘关系。狭义的亲子关系指以血缘和共同生活为基础，家庭中父母与子女互动所构成的人际关系。广义的亲子关系还包括孩子与祖父母、外祖父母，甚至叔伯阿姨、保姆等长辈的关系（蔡春美，2006）。它是人生中最早经验到的关系，也是人际关系中最重要的一环。

本文对亲子关系的界定，采用广义和狭义相结合的亲子关系概念，因为中国人的亲子关系和西方文化中的亲子关系有很大不同。曾仕强、刘君政（2005）认为，西方家庭好比有限公司，中国的家庭好比无限公司。西方社会是个人主义的，强调自由、独立和契约行为。父母对子女只付有限的责任，如同有限公司，不必负担无限的责任，父母对子女的教养和影响，实际上是有限的，亲子关系比较淡漠。而中国家庭好比无限公司，父母对子女和子女的子女负起无限公司的责任，强调一家人血浓于水，能够长久地互相依赖。风笑天（1997）认为，尽管目前中国城市家庭的主要类型是独生子女家庭也就是人们常说的"三口之家"。表面上看，这种小型的、与祖辈分离开居住的家庭形式，使得独生子女家庭，较少受到老一辈人的生活方式影响，因而具有较大的独立性和自主性，家庭生活方式也较少受到传统因素的影响。实际上，这种祖辈分开的居住，并不意味着广大独生子女与祖辈完全分开，相反，独生子女家庭与祖辈间的互动超过非独生子女家庭，出现与祖辈"分而不离，亲而不近"的状态。由于独生子女家庭人口数目和家庭规模减少到了极点，家庭内社会互动的内容和对象又比较单一，心理需求和人际交往需要常常难以得到满足，因而更多地同双方的祖辈进行社会互动，保持密切的联系。生活中我们常常看到，扩大家庭是独生子女家庭遇到困难时求助的主要对象，很多祖辈、亲戚在独生子女家庭遇到困难时都会帮忙。尤其是在独生子女处于婴幼儿阶段，祖父母甚至成为孩子的主要照顾者，独生子女家庭并没有与扩大家庭断绝联系，相反，因为沟通方式的改进和居住上的便利（如住在附近），接触的机会增加了。杨善华（2005）对北京空巢家庭的研究也证明，表面上空巢家庭表现出来的两代人分开居住，但代际之间的联系是紧密的，是一种分而不离的状态，虽然子女经济上独立，也有独立的住房，但老人担当照顾孙代主要责任的情况相当普遍。

因此，笔者认为研究中国家庭的亲子关系，应该采用广义的亲子关系和狭义的亲子关系相结合的观点。特别是在孩子成长的幼儿阶段，亲子关系不仅指父母和孩子之间的关系，也包括孩子与爷爷奶奶、外公外婆等其他主要家庭成员的关系。从本研究来看，大部分抑郁青少年在幼儿期是被爷爷奶奶或外公外婆单独或参与抚养长大的；到了小学或中学阶段，祖辈逐渐淡出孙辈的生活，亲子关系又回归到子女与其父母的关系状态中。

（二）东西方亲子关系的差异：孝与友爱

由于文化传统不同，东西方对亲子关系的内涵的理解是不同的。Hamilton（1990）认为："西方以爱规范家族成员相互的情感联系，中国人规范情感在于敬"。台湾学者杨国枢（1992）认为，家人关系视责任原则为引导家人互动的行为依据，不在乎对方的行为是否令人喜爱。国内学者则把东西方亲子关系的主要差异概括为孝与友爱（肖群忠，2001；付晓雪，2009），认为在中国人的亲子关系中，孝占有重要的成分。孝是中国文化区别于西方文化的主要特色。从"孝"的一般人伦意义上讲，中国的"孝"讲求"无违"，从亲子的角度来看，就是孩子无违于父母的意志；而西方亲子之间讲求自由平等，亲子之间的关系更多注重友爱。友爱是一种纯粹的情感关系，趋向于双方的平等交流。在西方人的亲子关系中，友爱是一种父辈与子辈的平等的交互作用，如果父母没有尽到自己的责任，则子女的感恩责任也就自然相应地改变了。而在中国的亲子关系中，孝是核心，孝包含着爱，但这种爱是下对上的敬爱和上对下的垂爱。尽管中国的"孝"讲求"对应德行：父慈子孝"，但在历史的长河中，"慈"被淡化而"孝"则被过度强调。因此，在研究中国人的亲子关系时，由"孝"演变出来的"父母权威"是一个重要的维度。有学者通过对中学生的亲子关系与孝道态度的关系实证研究表明，尽管社会在不断发生变化，人们的价值观念日益受到西方思潮的影响，但是传统的孝道仍然对青少年期的亲子关系发生着重要的影响（张坤，2006：39）。中国文化中的"孝"有三层涵义：第一层是延续父母与祖先的生物性生命，这个层次的实践就是结婚生子；第二层是延续祖先的高级生命，即社会、文化、道德方面的生命。这个层次的实践是培养和教育子女，使他们的生命具有社会、文化和道德等部分的成就，一旦子女有成就就算是延续了父母祖先的高级生命；第三层次就是完成父母和祖先在一生中不能实现的某些特殊愿望，或补充他们某些重大而特殊的遗憾（杨懋春，1972）。

因此，本研究将重视中国文化对亲子关系的影响，突出亲子关系的本土特点，重视亲子互动过程中的父母权威。

第三节 研究视角、内容和论文结构

一、研究视角：社会工作的多维度视角

社会工作研究的基本视角是"人在情境中"，认为理解和研究社会问题和社会现象，不能脱离具体社会情境。在"人在环境中"这一理念的产生阶段，弗洛伦斯·赫利斯（Florence Hollis，1964）出版了《个案工作：一种心理社会疗法》一书，明确指出了"人在环境中"是社会工作的核心理念，它包含了三层含义：人、环境以及两者的互动。生物学家路德维格·范·贝塔朗菲创立的一般系统理论，为人在环境中的理念奠定了理论基础。它在社会工作领域不断兴盛，使得人在环境中的理论不断成熟。社会工作领域采用的生态系统理论又称之为社会生态系统论（Social Ecosystems Theory），它把人类成长其中的环境（如家庭、机构、群体、社区等）看做是一种社会性的生态系统，强调生态环境（即人类的生存系统）对于分析和理解人类行为的重要性，注重人与环境间各系统的相互作用及这种相互作用对人类行为的影响。它注重把人放在环境中加以考察，注意描述人的生态系统如何同人相互作用及这种相互作用对于人类行为的重大影响。生态系统理论认为个人的生存环境是一个完整的生态系统，由一系列相互联系的因素构成的一种功能性整体，它包括家庭系统、朋友系统、工作职业系统、社会服务系统、政府系统、宗教系统等。人是在环境中与各种生态系统持续而互动的主体，他既受到各种不同社会系统的影响，也持续而主动地与其他系统进行互动（汪新建，2008）。

"人在环境中"这个理念从最初的起源到发展为成熟的理论经历了一个漫长的过程。主要包括：

（1）起源阶段

社会工作是在一个各种社会问题涌现的社会环境中产生的，所以社会工作实务的早期非常关注社会环境对于个人的影响。早期的社会工作的代表人物——倡导贫民住宅运动的简·亚当斯（Jane Addams）和社会个案工作的玛丽·瑞奇蒙德（Mary Richman）都注重社会因素对个人的影响。瑞奇蒙德在1917年出版的《社会诊断》一书，指出个人所遭遇的问题，是由于个体不能适应社会环境制度，或环境不良所导致的个人与社会关系的失调。住宅、失业、医疗卫生等环境因素可能是造成案主问题的根源。她在1922年出版的《社会个案工作是什么》中第一次正式提出应注重人与环境的关系以促进社会

工作实践。然而，随着弗洛伊德精神分析理论的盛行和一战后退伍士兵及其子女心理问题的涌现，社会工作的实践取向偏向了对于案主心理动力的探析和分析上。直到二战前，这种强调个人心理因素的模式一直主导着美国的社会工作实践。

但是，在这个时期人们并没有完全忽略社会环境因素在案主问题形成和解决中的作用。戈登·汉密尔顿在吸收精神分析思想的同时，重新肯定了社会工作注重社会环境的传统，认为社会工作不仅应当专注于人格结构及动力解释，也应当重新发现环境或环境疗法。也是她第一个使用了"人与情景"（person and situation）这一词语。

（2）人在环境中视角的产生

20世纪60年代，美国社会中民权运动、反贫困运动等社会改革计划大力推行，社会工作者批评心理治疗方法忽略了心理问题背后的社会问题。个人与社会环境再次成为人们关注的焦点。弗洛伦斯·赫利斯（Florence Hollis）出版了《个案工作：一种心理社会疗法》一书，明确指出了"人在环境中"是社会工作的核心理念，它包含了三层含义：人、环境以及两者的互动。"人在环境中"概念由此产生。同时，心理动力模式不再是社会工作的主体思潮，这一时期人们认识到理解和解决人类问题时，决不能把个人与环境分开。1980年经过社会工作者对于社会工作实践模式的反思和批判，"人在环境中"这一基本思想在社会工作领域得到了基本承认。1980年，广义的临床社会工作的定义终于确认了人在情境中的视角，同时重视社会和个人环境，确定了生物—心理—社会的视角。

（3）"人在环境中"视角的确立

20世纪80年代，社会工作理论的发展发生了全面的变化，后现代思潮、女性主义理论、建构主义等新兴观点不断冲击人们的传统思想。这一时期系统论登场，这一理论的诞生最终奠定了"人在环境中"的理论基础。

受"人在情景中"的社会工作视角启发，笔者希望能用一个多维度的视角理解青少年的亲子关系和抑郁症。经过对抑郁症理论的学习，笔者注意到目前对于抑郁症产生的原因并没有一个统一的认识，大部分的研究者趋向于从生物—心理—社会等方面对抑郁症的成因进行综合的解释。主要集中在四个方面：一是抑郁症的生物学理论，强调遗传和生物化学因素对抑郁症产生的作用；二是抑郁的心理学理论，强调个体的家庭动力、认知风格、行为方式中的某一个因素在抑郁症形成中的重要作用；三是抑郁的人际关系理论，强调了抑郁、社交功能损伤和人际关系不佳这三者彼此交互的影响；四是有关抑郁症产生原因的社会学思考，强调了社会环境因素如压力、社会阶层竞争性失败和文化因素对抑郁症形成的影响。社会阶层竞争性失败是指社会性剥夺（周爱保，2008），如没有考上大学，没有得到一份非常需要的工作，遭到恋人或配偶的拒绝都是竞争性失败。社会竞争性失败直接影响个体的自我认知从而导致抑郁。可见，导致抑郁症的因素也是多元的。

总之，本研究希望运用社会工作的多元视角来理解抑郁青少年的亲子关系及其抑郁症的形成。希望在分析原始资料的基础上，分别从宏观、中观和微观层面，选取了对青少年亲子关系、青少年抑郁症影响最为显著的若干因素（维度）作为分析问题的视角。在本研究中，多维度的具体内涵是：

维度之一：社会转型。从宏观上来说本研究中的抑郁青少年成长于中国社会转型时期，而亲子关系作为一种最基本的社会关系，必然受到社会诸多因素的影响，尤其目前中国社会正处于剧烈的社会转型过程之中。社会转型是一种整体的、全面的结构过渡，而不仅仅是某些单项指标的实现。社会转型的具体内容是结构转化、机制转轨、利益调整和观念的变化。在社会转型时期，人们的行为方式、生活方式和价值体系都会发生明显的变化（李培林，2005）。因此，社会转型也必然会对父母与子女之间的互动方式产生显著的影响。本研究中的抑郁青少年平均年龄为16.7岁，他们出生于20世纪80年代末、90年代初，成长于中国社会改革开放的年代。邓小平在1993年发表了著名的南巡讲话后，中国社会的改革和发展进入一个快速期，社会的大变革对家庭和个人都有深刻的影响。因此，研究这个时期的家庭关系不能脱离社会的变革，中国社会转型将成为研究抑郁青少年亲子关系的第一个维度。

维度之二：人际关系。从中观层面上看，亲子关系是一种最基本的人际关系。它并非孤立地存在，它和青少年主要的人际关系（如师生和同伴关系）的形成和发展有着密切的关系，中国社会又是一个极其重视人际关系的社会。当我们在理解亲子关系时，一定要把它看做是复杂的人际关系网中的一个部分，才能对它有一个清晰、全面的把握。因此，要了解抑郁青少年的亲子关系，必须把它放到青少年人际关系的视野下，人际关系维度将成为研究抑郁青少年亲子关系的第二个维度。

维度之三：青少年个体成长。从微观上看，亲子关系是子女与父母之间的关系，是孩子与父母的互动结果。每个个体在其成长的不同年龄阶段与父母互动的方式呈现出不同的特点。因此，抑郁青少年的个体成长的维度将成为研究亲子关系的第三个重要维度。本文按照个体发展的年龄阶段来理解和分析个体与父母的互动方式以及亲子关系的特征，以抑郁青少年在学前期、小学期和中学阶段的个体成长历程为线索，可以更加全面、系统、深入地了解抑郁青少年亲子关系的形成和变化过程。

总之，本研究希望从社会工作的视角出发，从宏观、中观和微观等多维度视角来研究抑郁青少年的亲子关系及其影响因素。值得指出的是，本研究的多维度视角中的具体维度的产生并不是完全来自研究之前的研究设计，而是经过对访谈资料的深入分析和归纳得出的。对于不同的研究主题和内容来说，多维度的内涵也不完全相同。如抑郁青少年的亲子关系内涵的多维度是：情感维度、权力维度和人际沟通；影响亲子关系形成的多维度是：社会结构转型、个人成长和人际关系（家庭关系、师生关系和同伴关系）；分析理解青少年抑郁症的多维度是：个人发展、人际关系、社会转型和生物因素。

二、研究的主要内容

（一）抑郁青少年的亲子关系的特征及其形成过程

亲子关系是一种双向互动的关系，并非单向的父母影响孩子的关系，它包含着两种、甚至更多的同时发生的双向影响。也就是说儿童成为社会人的过程中极大地受到父母的影响，而儿童甚至还在母体中时就不容忽视地改变着父母（任朝霞，2002）。本研究希望透过多维的视角来研究抑郁青少年的亲子关系及其形成过程。第一个维度是中国社会变迁的社会历史脉络。本文把改革开放20年以来中国社会文化的变迁作为分析问题的脉络和背景，重点讨论社会结构的转型对家庭功能和亲子互动方式的影响。第二个维度是青少年个人成长的生命历程。重点分析在个体成长的不同年龄阶段亲子互动的性质和特点。第三个维度是青少年人际关系。重点讨论亲子关系与抑郁青少年的师生与同伴关系之间的相互作用。以上几个维度整合了宏观（社会变迁）、中观（人际关系）和微观（个体发展）三个层面，可以帮助我们对抑郁青少年的亲子关系的形成和发展过程有一个全面、动态和深刻的理解。总之，本研究将重点研究幼儿阶段、童年期和青少年时期（包括患病前后）抑郁青少年的亲子关系的主要特征及影响青少年亲子关系形成的主要因素。

（二）亲子关系与青少年抑郁症之间的相互作用

即研究亲子关系对青少年抑郁症的形成有什么影响，以及青少年被诊断为抑郁症这样一个生活事件又会对原有的亲子关系有怎样的影响。家庭是一个开放的系统，它会受外在因素（如社会环境变迁等）或内在因素（如子女成长等）的刺激而改变，使均衡状态产生动荡，家庭于是便做出相应的转变和调试，重新找到新的均衡点；在转变和调节的过程中，家庭便逐渐成长和发展。由于家庭是一个自我约束系统，处于动荡期时，家庭自有其独特的方法及内在潜质对转变作正面的回应和重新适应。有时，家庭所面临的转变是超乎其所能应付的范围，或者家庭不愿意改变，会以负面回应，或者使家庭内某些成员放弃改变，而这类回应会引起家庭停滞不前，处于"淤塞"（get stuck）状态，久而久之，便产生问题。Haley（1980）指出，在青少年精神病患者家庭，父母拒绝接受子女成长，害怕孩子离开家庭，便对孩子的改变做出负面回应。父母的错误态度和其错误的处理方法令孩子难以适应，使孩子处于一个两难境地。为了解决此问题，孩子便产生问题（变坏或生病），而后者则提供足够的理由，容许子女留在家中。由此角度看，个人问题是家庭系统功能失调的病兆，认定病人拥有病兆和自我牺牲，以维持家庭稳定。故此，病兆有其正面功能，我们应视病兆为朋友，尝试挖掘出病兆的功能，用一个正面的视角重整，使之成为改变的动力。

本研究试图透过亲子关系这个维度了解当孩子被诊断为抑郁症之后，家庭如何做出相应的改变和调试，以便重新找到新的均衡点。家庭中的亲子关系发生什么变化？在笔者所做的预访谈中，青少年患者都谈到当自己被诊断为抑郁症到医院接受治疗的过程中，父母对自己的关心和理解增加了，亲子关系也在发生积极的改变。孩子的精神疾病似乎成为家庭关系改变和调试的契机。除了上述积极改变之外，还有哪些消极的改变或不变？不同的家庭是否有不同的反应？这也是本研究希望进一步了解的。

（三）抑郁症青少年的亲子关系、同伴关系、师生关系三者之间的关系如何？

人是社会关系的产物，人际交往是个体生存、发展的首要条件。对于青少年而言，亲子关系、同伴关系和师生关系是其最主要的社会关系。从对青少年社会关系的研究来看，20世纪40~50年代，亲子关系是研究的重点；60~70年代，同伴关系受到越来越多的关注，80年代末，特别是进入90年代以来，师生关系的研究日益受到重视。在对亲子关系、同伴关系和师生关系进行研究的同时，研究者越来越重视这三种关系之间的相互影响并取得了一定的研究结果。目前对这三者之间关系的认识主要有三种观点：即主从式、独立式和整合式（叶子、庞丽娟，1999）。

1. 主从式观点

认为不同关系在儿童的人际关系网络中是有等级、有主次差别的，一种关系对于其他关系更重要，并在很大程度上决定其他关系，它居于最高的决定性地位，其他关系受主要关系的影响，居于从属地位，从而构成了人际关系的主从模式。主从观点又分为三派：一派认为亲子关系最为重要，等级最高，并对同伴和师生关系产生决定性的影响；另一派认为同伴关系最重要，居于决定性地位；还有一派认为师生关系在儿童关系中的重要性最高。

2. 独立式观点

认为亲子关系、同伴关系和师生关系这三者之间不存在主从差别或彼此影响的关系，而是相对独立的，构成其人际关系网的独立模式。独立有三层含义。一是彼此之间没有必然联系，如亲子关系不良的儿童同样会有较好的师生关系和同伴关系，师生关系不良的儿童也会形成较好的同伴关系。二是不同关系对儿童发展的影响的面向不同，某些关系对儿童发展的某些方面影响更大些。如亲子关系对儿童安全感，对外部世界的探究影响更大些；师生关系对儿童学校适应性的影响更大些；同伴关系对儿童的社交行为和侵犯性的影响更大些。三是各种关系影响的作用是相对独立的，每一种关系对儿童发展影响力的大小，与关系本身没有关系，而是与关系在儿童发展中的参与度有关，哪种关系参与得越多，哪种关系的影响就越大。

3. 整合式观点

认为亲子关系、同伴关系和师生关系之间并不必然存在相互决定的因果关系，但也不是彼此独立的，而是相互影响的。三种关系在儿童人际关系网中均有相对重要的位置，又相互影响，彼此作用，组成一个有机的系统。应该用整合的模式来分析和研究儿童的人际关系网络。

因此，本研究的第三个目标希望了解从抑郁青少年的角度来看，亲子关系、同伴关系和师生关系三者之间的相互关系和相互影响是怎样的。

需要指出的是，由于本研究的视角是从青少年的角度，了解抑郁青少年对亲子、师生和同伴关系的主观经验，因此，本研究主要关注抑郁青少年对同伴和师生关系的主观认识和感受，资料来源是对青少年本人的访谈，而没有从其同伴和老师那里求证。这样做的另外一个主要原因是，由于中国内地对抑郁症的社会认知程度比较低，很多人把抑郁症等同于精神病（疯子），研究对象不希望自己患抑郁症的事实被学校的老师和同学知晓，出于对研究对象的尊重和保护，本研究未对其老师和同学进行访谈。但本研究将把研究结果同一些相关文献进行比较和对话，来弥补这个不足。

（四）探讨社会工作预防青少年抑郁症产生和促进抑郁青少年康复的对策建议

精神康复被定义为克服、修正或者补偿障碍和阻碍。它是一种通过学习程序和环境支持，支持和鼓励每一个患者发挥最大能力的一种照顾精神疾病个体的治疗方法。对社会工作者而言，开展精神疾病患者的康复服务意味着要在可能的范围内，与服务对象及其周围的社区资源合作，促进服务对象的生理、心理和社会功能。对于精神疾病患者而言，由家庭、朋友、邻里等人士组成的原生支持是他们抵御压力、防止疾病复发的第一道防线。然而，家庭成员等原生支持可能难以承受支持病人的需要，家庭需要获得支持。叶锦成（2004）指出服务对象的潜能和良好的环境支持都是精神疾病康复的主要原因。对青少年来说，家庭是其最主要的环境，改善青少年与其父母的互动方式，增强家庭的功能，为处于困境中的患者家庭提供有效的支持和服务，对青少年抑郁症患者的康复无疑是十分重要的。此外，社会工作的任务不仅仅是帮助有抑郁症的青少年康复，还应该从患病的青少年的成长经验中得到有益的启示，积极开展预防青少年抑郁症的服务，为青少年的健康成长营造一个良好的社会环境。

三、论文结构

本研究分为三个部分共八章。第一、二、三章为论文的第一部分，包括导论、文献综述和研究方法，这部分为整个研究的基础部分。

第一章导论，共分三节。第一节主要介绍研究的背景、研究动机产生过程、研究的目的和意义。第一节从青少年身处的社会背景出发，提出了青少年作为精神疾病的高风险人群，精神健康问题十分突出，急需开展相关研究。同时，针对现有的青少年精神健康服务的医疗化和单一化的特点，提出需要开展以青少年为本的由医学、心理学和社会工作组成的多元化专业服务。为保证社会工作服务的科学性和有效性，需要从社会工作的视角来进行有关青少年抑郁症的相关研究。并从对研究田野的观察中提出了开展抑郁青少年亲子关系研究的动机的产生过程以及对亲子关系进行研究的目的、意义。第二节对研究中的几个主要概念进行了界定。第三节提出了本研究的理论框架、具体的研究内容和论文写作结构。

第二章分别对研究中涉及的两个主要核心概念：亲子关系和抑郁症的国内外研究现状进行回顾，指出了研究中的不足，并在此基础上确定了本研究的理论视角。

第三章主要阐述了本研究采用的研究方法为质性研究。包括：为什么采用质性研究取向；本研究是如何在质性研究的理论和方法指引下进行抽样、深度访谈、资料分析的过程并对研究的信度问题进行了交代；本研究的田野点和研究对象的基本情况。

论文的第二部分是研究发现，由第四章、第五章、第六章、第七章组成。第四章是从青少年的个人成长来理解青少年抑郁症。本章从青少年的视角，以青少年的个人成长（年龄阶段）为主线来理解青少年抑郁症。第一节介绍了抑郁青少年幼儿期、儿童期和青少年时期中的生活事件及其主观感受。第二节介绍抑郁青少年对抑郁症的理解和应对策略。第三节从多维度来理解青少年抑郁症形成的机制。

第五章主要从个人成长维度看抑郁青少年的亲子关系。本章主要关注抑郁青少年亲子关系的变化过程，不同年龄阶段的亲子关系有什么特征；抑郁青少年亲子关系的特点有哪些？

第六章主要从人际关系的维度看抑郁青少年的亲子、师生、同伴关系，并阐述这三种关系之间的相互作用原理。

第七章主要从社会转型的维度来理解青少年的亲子关系和个人成长，了解社会转型对抑郁青少年的家庭、个人发展产生了什么影响，个体、家庭、社会因素如何交互作用并导致抑郁症的出现，青少年抑郁症的本质是什么？

论文的第三部分即第八章是研究结论和社会工作如何预防青少年抑郁症和促进患者康复的对策和建议。

第二章

文献回顾

亲子关系与生俱来，至死无终。但在18世纪以前，亲子关系除了偶尔被当做政治伦理研究的附属之外，长期被研究者所遗忘而成为学术研究的盲点。直到18世纪末19世纪初，随着"儿童的发现"和对儿童研究的深入，人们在惊讶于早期经验对儿童发展的重要性影响的同时，才逐渐认识到亲子关系的重要性。对其研究也从早期的父母对子女影响的单项研究，扩展为亲子互动的研究。研究领域也从心理学延伸到教育学、社会学、伦理学等。以下将对有关亲子关系和抑郁症的文献做一个简要的回顾。

第一节　影响青少年抑郁症和亲子关系的个人及家庭因素

一、影响青少年抑郁症形成的个体生物因素

青少年抑郁症的病因得到了广泛的研究，但至今仍然无法确定它的生物学方面的病因。大量的研究表明，与青少年抑郁症有关的生物因素主要是家族遗传因素和神经生物化学因素。

（一）抑郁症具有明显的家族遗传倾向

家庭的精神病史，父母特别是母亲患抑郁症与孩子患抑郁症的风险相关（Park & Roy, 2001）。Goodmann（1999）等人提出了抑郁症在母亲和孩子之间传递的四种可能机制：1. 基因；2. 神经调节的困难影响了情感调节；3. 暴露在母亲的负性情感和行为中；4. 孩子生活中的环境和应激因素。对儿童和青少年的行为遗传研究发现，抑郁症在一定程度上是可以遗传的，双生子的研究也显示，开始于青少年期（11岁以后）的抑郁症状可以是由遗传所致，而在童年期（11岁以前）的抑郁症则与家庭相关，而非遗传因素。此外，有些抑郁症的病因学上的危险因素是可以遗传的（吴艳茹、肖泽萍，2006）。范娟（2007）等人的研究发现32.1%的青少年患者具有精神障碍家族遗传史，以抑

郁症最多见，精神分裂症次之。

（二）抑郁症是生物化学因素改变所导致的脑神经活动紊乱

尽管抑郁症是一种脑的疾病，但现有的研究并没有发现抑郁症患者的脑部有器质性的改变，而是一种脑高级神经活动的紊乱。而导致其紊乱的生物化学因素主要有：

1. 性激素

现有的研究表明，男性和女性性激素的改变与抑郁症的发病有关。女性抑郁症的发病率明显高于男性，这可能与雌激素的水平有关。有研究表明，妇女在生育期间抑郁症的发病率增加，在性激素水平变化的时期抑郁症状加重，许多研究都发现抑郁症与雌激素水平下降有明显的相关性。而对更年期妇女的治疗中也发现雌激素具有明显的改善抑郁症症状的作用。这些现象都提示我们：抑郁症的发病与性激素水平的改变有关（引自：肖爱娇，2007）。一些美国学者的研究发现，男性抑郁症的发病则与睾酮水平的下降有关，给抑郁症患者中血浆雄激素水平下降者补充睾酮治疗取得了一定的疗效（Peter, et al, 2002）。

最近的脑科学研究发现，青少年比较容易产生情绪障碍的一个主要原因是这个年龄段大脑中的神经元的突触过量，以及由此导致的过多的神经枝节，尽管这些枝节是临时的，但它们的存在提高了青少年患抑郁症的风险。此外，这个时期荷尔蒙的释放和青少年大脑的变化增加了青少年的愤怒、烦恼的强度，这些都是导致青少年抑郁症的复杂因素中的一部分（Christine, 2010）。

2. 神经递质的传导

神经递质是神经细胞轴突末梢所分泌的化学物质。当神经冲动传到轴突末梢时，突触前膜即释放化学物质到突触间隙中，然后抵达突触后膜，再作用于效应器，以激发或抑制突触后神经细胞的冲动或效应器的反应。一般认为抑郁是由于调节脑部神经细胞活动的各种生化物质之间失去微妙的平衡所造成的。大脑中的神经递质有数百种，而目前认为与抑郁有关的神经递质主要有三种：五羟色胺、多巴胺和去甲肾上腺素。这三种神经递质之间的平衡和相互作用，影响着我们的思考、情绪和一些重要的生理功能（如睡眠、胃口和性欲等）。大量的研究表明抑郁症患者中枢神经和外周神经五羟色胺功能活性降低与抑郁心境有关。大脑中去甲肾上腺素合成不足和释放减少也会引起抑郁症。而多巴胺系统功能低下一直在抑郁症的病因中占有重要的地位。如果这三种递质之间的活动和平衡出现问题，则会导致人的情绪低落、思维缓慢、失眠、胃口欠佳和性欲下降（萧宏展，2000）。

二、影响青少年抑郁症和亲子关系的个体心理因素

（一）弗洛伊德强调儿童与其父母或重要他人互动的早期负面经验是抑郁症产生的主要因素

在精神分析理论中，儿童发展的基础是弗洛伊德的人格发展学说和对于成年精神病人治疗过程中的自由联想的解释。弗洛伊德提出"人格结构"说，认为人格由三个部分构成，即本我（id）、自我（ego）、超我（superego）。本我（id）是人格中与生俱来的最原始的无意识结构部分，是人格形成的基础。本我由先天的本能、基本欲望所组成，如、饥、渴、性等，其中以性本能为主。在对成年精神病人的治疗中，弗洛伊德发现，这些成年病人都会不可避免地回忆起童年发生的一些事情。这使得他确信，个体童年的生活经验对其人格发展有十分重要的作用。

1905 年，弗洛伊德在《对性理论的三大贡献》一书中提出了其关于儿童动机发展的观点，认为成年人格的特点取决于生命的头 5 年，也就是说，个体童年期经验在其人格发展中起着决定性的作用。在其"性心理发展阶段"论中，他根据儿童发展过程中哪些身体器官为其提供"力比多"的满足，来划分人格发展阶段，认为儿童发展经历 5 个阶段：口唇期、肛门期、性器期、潜伏期和生殖早期。在每一个阶段中，儿童都面临一个满足自身需要和服从社会需要之间的冲突。当社会（主要是父母）允许适当的身体满足时，这种冲突便会获得满意的解决。但是，如果需要得不到适当满足或满足过度时，个体就会在成年的生活中反映出这种遗留行为。例如，一个小孩如果在口唇期（0～1 岁）断奶过早，长大后则会出现固执和坚决的性格特点；在肛门期，如果父母过分重视大小便训练，儿童成年后会有固执和特别爱整洁的特点。因此，他认为，儿童和父母早期的互动经验，对于儿童的性格形成具有决定作用。

弗洛伊德也从生物学角度对青少年期的亲子关系的变化做出了独特的解释。他认为青春期青少年与父母的逐渐"疏离"的过程是青少年在青春期生理变化和性冲动变化下引起的。冲突的发生是青少年重构亲子关系并降低焦虑的正常途径，而和谐的亲子关系则被视为是青少年发展存在的障碍和心理不成熟的表现。当青少年寻找到新的爱的对象时，冲突就会逐渐下降。

弗洛伊德（Freud，1917，转引自赵居莲，1995）在"悲伤与忧伤"（Mourning and Melancholia）一文对抑郁的解释是，当儿童时期有被所爱的人拒绝（通常是父母亲）的经验时，个体因为罪恶感而无法表达愤怒，便认同或将拒绝的人纳入自己的世界，接着产生对自己的愤怒，而个体后来生活中任

何的损失或拒绝都会重新启动对自己的愤怒，并引起抑郁症的反应。精神分析学派认为，抑郁是一种悲伤的情绪，常常伴随着失去重要关系而产生，抑郁的出现是一种失落的反应。不论发生何种性质的失落，如爱、地位、朋友的精神支持，个体会唤醒对童年期失落所发生的恐惧（得不到父母之爱）而反应剧烈。也就是说，个体失落了客体，将这种愤怒的感觉转向自我，产生了对失落的脆弱性。抑郁症的低自尊和无价值感，源于小孩一般的对双亲肯定和同意的需求。在儿童时期，个人的自尊和价值感主要来源于双亲的肯定，长大成人后，则来自于个人能力和成就。而抑郁症患者的自尊则仍然依赖于外界因素，如他人的同意和支持。当这些支持失败，个人便陷入抑郁状态。

总之，弗洛伊德对抑郁的解释，主要集中于个体与父母或重要他人互动的早期经验所遭遇的失落或拒绝经验所造成的脆弱性。精神分析理论强调，抑郁症的产生不是源于孩子与父母的冲突，而是源于与父母互动中被拒绝或遭遇失落的经验。精神分析理论对抑郁症的解释为后来抑郁研究中对父母教养方式和亲子关系的重视提供了重要的理论基础。其观点的局限在于没有解释儿童在认知层面上如何理解和解释这些不良的早期经验，从而导致儿童产生抑郁、悲观和愤怒情绪，以及儿童的早期互动经验对其成长后期的人际关系发展有什么影响。

（二）新精神分析学派认为儿童成长过程中的亲子关系和人格因素，对青少年抑郁症的形成有重要的影响

以霍妮（Homey）、荣格（Jung）、埃里克森、（Erikson）、沙利文（Sullivan）、科胡特（Kohut）、温妮卡（Winnicott）等人为代表的新精神分析学派，在研究人格的形成与发展时，虽然保留了弗洛伊德的许多概念，但不再强调性本能和性矛盾冲突在人的精神活动和行为中的特殊重要性，转而重视社会、文化、人际关系等在人格发展和形成方面的重要性，他们也被称为社会文化学派。新精神分析学派中对亲子关系和抑郁症的主要观点有：

1. 霍妮的观点

霍妮在《我们时代的精神病人》一书中，指出童年期的基本焦虑是后来发展出神经症的动力根源。而儿童的焦虑来自于制造焦虑的家庭环境，特别是不正常的亲子关系。如果亲子关系是积极的、温暖的、是建立在真爱的基础上的，那儿童就会得到正常的发展，如果父母对儿童的反应是冷漠的、表面的和攻击的，不能给儿童真正的爱，就会造成儿童的不安全感，这对儿童的成长极为不利。在她看来，有基本焦虑的儿童是朝着神经症的成人发展的儿童。

2. 荣格的观点

荣格在研究人格发展过程中,也注意到了家庭和父母对儿童的影响。他从心理治疗中发现,儿童身上所表现出来的各种心理问题,都和父母有关。在他看来,正常的人际关系是心理健康的基础,而成年期人际关系的基础依赖于童年,首先依赖于儿童与其养育人之间的关系。因此,心理问题的程度与儿童需要满足的程度相关,即与亲子关系的质量有关。

3. 科胡特(Kohut)的自我心理学理论

Kohut认为自我客体包括三个部分:自我、自我客体以及自我和自我客体之间的关系。按照自我心理学的观点,抑郁症是一种自恋型的人格障碍,是因为客体自我关系出现问题而表现的自我失调。抑郁症患者的自我失调分为以下几个阶段(Yip,2005):第一阶段,自我客体关系发展中出现问题,就是与他人的关系出现问题,认为他人不值得信任;第二阶段,理想化自我客体的失落。与理想目标的分离,无法和理想的自我客体共生或合作;第三阶段,自恋的发展,面对自我客体的失败产生无助的感觉,感到羞愧并逐渐发展成强烈的自恋。Kohut认为,客体自我的失落使个体发展出对自我和客体自我的疯狂自恋;第四阶段,愤怒和罪恶的恶性循环;第五阶段,无意义和失败感增强;第六阶段,感到彻底失败和自杀。

4. 鲍尔贝(Bowlby)的依恋理论

依恋是指个体对某一特定的个体(通常是主要照顾者)的长久的持续的情感联系。依恋的客体对象通常是能形成对主体情感呼应并与之建立强烈情感联系的个体(张文新,1999)。根据鲍尔贝(1980)的观点,抑郁症是儿童和青少年时期的依恋关系中没有和其重要他人建立起一种安全的、固定的关系导致的疾病,是一种对长期分离和失落的反应。被依恋的客体对象无意识地拒绝也会诱发抑郁。儿童和青少年时期依恋对象的缺失很可能导致抑郁症的产生。他认为抑郁症的产生过程分三种状态:悲伤(sadness)、抑郁和抑郁障碍。悲伤是一种对不幸事件的正常反应;抑郁是个体生活和应对机制的瓦解以及个人与外在世界的互动的缺乏;抑郁症是一种严重的抑郁,它已经影响了个体的日常生活、社会功能和情绪控制。鲍尔贝把抑郁症描述为一种严重的无助、无望和难以建立情感连接关系。按照他的理论,儿童与父母之间不安全的依恋是抑郁症产生的原因。

5. 温妮卡(Winnicott)的成熟过程和促进环境理论

Winnicott认为个体在成熟的过程中支持性的(holding)的环境非常重要,

他认为这种支持主要是父母对婴儿的爱,这种成长的照顾非常重要,决定婴儿未来一生的心理健康。他从环境的角度来看精神疾病,认为精神疾病的产生是因为人和环境的互动出现了问题。支持性的环境对婴儿的成长提供了保护,使婴儿感到身体和心理上的安全,在发展的过程中感到满足和轻松。支持性环境的一部分是促进性环境(facilitating environment),促进性环境有三个功能:综合功能(integration),指个体产生一种对社会环境的归属感并与之进行有效的互动;个体化(personalization),指个体感到成为一个独立的个体;客体关系(object relating),指婴儿学会和他的重要他人建立联系的过程。个体在促进性的环境中能逐渐成熟并在心理上独立。

温妮卡认为个体的精神健康是顺利成熟的结果,精神疾病则是在成熟的过程出现了问题。他认为个体在和支持性的社会心理环境的自主、有效互动的过程中逐渐走向成熟。不同于病理取向,他认为精神问题不是一种疾病,是个体和社会环境互动出现问题(Winnicott, 1965),是个体对社会环境中的冲突问题的一种妥协,是一种环境匮乏而导致的情绪发展出现问题。他对三种类型的抑郁症做出了区分:神经精神病性的抑郁、反应性抑郁和精神病性抑郁。神经精神病性抑郁是一种内源性抑郁,它是由于失去好的客体(good object)而导致的,也就是促进性环境出现问题而导致的;反应性抑郁是对个体所爱的人死亡的一种反应;精神病性抑郁是精神分裂症的伴随特征。他认为个体失去促进性的环境则对自己和他人产生愤怒,长期抑郁压制了愤怒情绪并转化为内疚和矛盾情绪。最后,抑郁症患者变成一个被"假独立与真依赖"内在冲突所控制的个体。

与弗洛伊德的传统精神分析观点相比,新精神分析学派强调了儿童成长过程中与微观环境中重要他人的互动(如父母)对儿童的健康人格的形成有重要的影响,不良人格是青少年抑郁症形成的内在根源。新精神分析学派既看到了环境因素,也看到了个体内在人格和自我因素在抑郁症形成中所扮演的重要作用,并提出了人与环境的不良互动是导致精神病产生的原因。新精神分析学派的观点使我们在认识抑郁症的成因时视野较为开阔,看到了个体和微观环境的两个维度。但该学派忽略了对人与环境不良互动的深层的宏观社会背景的关注。

(三)人本主义理论强调了亲子互动中父母对孩子无条件的接纳和爱是青少年自我实现和抵制精神疾病的重要条件

当弗洛伊德强调不良亲子关系对青少年精神健康的负面影响时,人本主义心理学家则关注到了积极、健康的亲子关系是预防青少年产生精神疾病的重要的必要条件。

人本主义学派的重要代表人物是马斯洛（Maslow）、罗杰斯（Rogers）等。人本主义者重视主观性及实现倾向，把实现倾向与心理健康相提并论。他们反对研究病态人格，主张研究人的价值和潜能的发展。因为他们相信，人的本质是善良的，人有自我实现的需要和巨大的心理潜能，只要有适当的环境和教育，人们就会完善自己、发挥创造潜能，达到某些积极的社会目的。马斯洛基于他对人类基本需要的理解而提出了动机理论，这些基本需要是：生理、安全、归属和爱、尊重、认知、审美和自我实现，这些动机得到满足才能达到心理健康。马斯洛的动机理论是建立在乐观主义的假设上的，即人的内在天性是善良的。内在天性有成长与实现的动力，但比较微弱，容易遭受挫折、否认、压抑而引发疾病与神经症。马斯洛认为自我否认是心理疾病及困扰的主要原因。马斯洛在其需要层次论中，将自我实现的需要作为一个较高层次的需要。认为自我实现的倾向是一种建设性的、指导性的力量，驱动个体不断扩展自我以及做出积极的行为。有时，自我实现的驱力会与获得自己和他人认可的需要发生冲突，尤其是在个体觉得必须服从于某些约束或先决条件才能得到认可时。因此罗杰斯认为父母对子女无条件的积极关注在儿童的成长中十分重要。通过无条件的积极关注，儿童会感到即使他们可能有错误和过失，总是处于被爱和认可的氛围中，这种爱和认可发自自然，不是他们必须努力才能得到的。因此，罗杰斯建议，当儿童行为失当的时候，其父母应该强调他们不认可的是这种行为，而非孩子本身。

可见，人本主义强调从积极的角度去理解精神健康，强调父母照顾儿童过程中对孩子的无条件的接纳和尊重，如果孩子行为出现问题，父母要把对儿童行为的不认可和对儿童本身的接纳分开，也就是说，在教育儿童的过程中，不接纳的是问题行为，而不是孩子本身。当孩子的自我成长需要在父母的照顾下得到满足，自我得以健康成长时，抑郁症等精神疾病就不会产生。尽管人本主义理论没有直接说明青少年抑郁症产生的原理，但是却从一个积极的视角帮助我们理解如何从亲子互动的角度去预防抑郁症的发生，对开展青少年抑郁症的家庭预防工作具有重要的参考作用。

（四）社会学习理论强调了儿童在人际交往和应激条件下，正强化的缺失所导致的习得性无助和低自我效能感是抑郁症产生的主要因素

班图拉（Bandurn，1963）在其《社会学习与人格发展》中用学习理论的

术语分析了人格和社会性发展的问题。班图拉认为，个体行为起源于以偶然强化为中介的直接学习和模仿。儿童的社会行为，如对他人的信任、对自己的攻击冲动的抑制、道德行为和性别行为不是性本能发展的产物，而是直接学习、模仿和强化的结果。直接学习是儿童行为产生的最基本的途径，儿童通过观察自己行为的后果，逐渐形成"何种行为在何种情况下是适宜的"假设，这些假设指导着儿童的行为。例如，儿童偷窃得到父母的默许甚至是鼓励，偷窃行为就会继续并增加；如果盗窃行为得到父母的惩罚，儿童就会停止这种行为。模仿学习是儿童行为习得中一种更重要的途径或机制。因为人类的一些行为是无法直接学习的，必须模仿。如儿童在成长的过程中，必须要学习既坚持自己的主张，又服从社会要求。这些行为无法直接学习，只能通过对现实的和象征性榜样行为的模仿而获得。父母是儿童社会性行为形成过程中，最常模仿和直接学习的对象。强化是儿童获得行为的重要机制。它分为直接强化和替代强化。直接强化是儿童对自己行为所产生的结果对该行为以后重复发生的可能性影响。在直接学习中，儿童行为的后果构成了对该行为的直接强化。替代性强化是榜样行为的结果对学习者的学习所起的强化作用。

行为主义认为抑郁是在应激条件下的错误学习，是一种习得性无助的结果。青少年抑郁症的形成主要是由于在应激状态下缺乏正强化，导致其不能充分利用其资源去解决问题。关于应激性生活事件在抑郁障碍发作过程中的作用，已经进行了多年研究，学术界普遍认为抑郁障碍的发作与生活事件有密切关联，尤其是首发抑郁症，发病前重大生活事件的发生率比复发抑郁更多。Leskela，et al（2004）的研究提示，抑郁障碍患者病前几乎有91%的人发生过生活事件，在病前1年中平均发生4.1件。Mayer，et al（2006）对青少年的研究表明，患抑郁障碍的风险与经历的应激性生活事件次数平行。

20世纪70年代末以后，班图拉的研究兴趣转移到自我效能感（self-efficacy），自我效能感是指个人对影响其生活的事件能够施加影响的信念。自我效能感与人的行为和动机之间有密切的关系，因为人对自己的判断影响着其将来对自己行为的期望。因此，自我效能感决定着人试图去做什么以及在做的过程中要付出多大的努力的预期，从而对个体的行为起着重要的引导作用。个体的自我效能感来自两个方面：一是他迄今在某一领域所取得的成就。父母过分保护会损害儿童的自我效能感，因为父母的这些行为剥夺了儿童成功的机会，也剥夺了儿童体验成功的机会。二是对他人（父母）活动效能的观察。儿童通过对父母、同伴的观察，可以为自我评价提供参考。一些研究表明，低自我效能感（如过分重视失败，负性认知和情感、低学习效能）是引起焦虑、抑郁、沮丧等心理健康问题的原因之一（陈秀丽，2003）。自我效能感包括学习效能感、社交效能和应对效能。有研究认为低学习效能直接或通过其对儿童、青少年学业成绩、亲社会行为以及问题行为等的影响而造成其目前及今后的抑郁。低社交效能感的儿童、青少年往往对自己的社交能力缺乏信心，倾向于采取回避的社交行为，远离同伴，导致其在困难时，得不到同伴的支持和帮助，难以很快从失败的阴影中走出来，容易陷入抑郁。自我效能感低的儿童、青少年常常怀疑自己不能控制环境中的潜在威胁，对环境事件充满担心，常处于强烈的应激和焦虑唤起状态，使自己深陷抑郁情绪（胡赤怡，2004）。

社会学习理论强调了儿童在应激条件下，社会性行为产生过程中的正强化的缺失所导致的习得性无助和低自我效能感是抑郁症产生的主要因素，说明青少年在碰到应激事件时如果得不到及时的肯定和帮助，就会导致自我效能感的降低，这种由外部因素引发的行为改变及其所导致的青少年对自我信念的改变是引发抑郁症的主要原因。该理论从一个微观层面的内外因两个角度来解释抑郁症的形成原理，强调了压力事件和个人社交技能的缺乏在抑郁症的形成中扮演重要角色。但该理论没有从较为宏观的社会变迁角度去理解青少年压力的形成、社交技能缺乏以及低自我效能感之间的关系。

（五）认知发展理论强调了个体的认知因素对亲子关系和抑郁症的形成具有决定性作用

1. 皮亚杰的认知发展理论强调了儿童在亲子关系形成过程中的主体作用

皮亚杰的认知发展理论对亲子关系研究的贡献在于它改变了人们对于儿童的看法（雷永生，1987）。行为主义认为人是环境的消极适应者，儿童的发展完全由环境决定。精神分析理论把儿童发展看做是性本能的生物成熟过程。皮亚杰对上述观点持反对态度，认为儿童一出生就是其自身发展积极的动因，他积极从环境中寻找、选择自己适宜的刺激，积极主动地与环境发生交互作用。儿童在这个过程中不断建构自己的经验系统（认知结构），形成和改变着自己的知识体系。儿童对于客观世界的知识既不是来源于主体，也不是来源于客体，而是来源于主体和客体之间的相互作用。通过这种作用，环境事件与个体自发的成长在知识的发生中整合为一体。皮亚杰的理论对我们理解儿童社会性发展的实质具有十分重要的意义。根据他的观点，父母对儿童的抚养不是一个类似于用模具对孩子进行塑造的过程，而颇似一个与有自己观点的伙伴"谈判"的过程。

他认为，儿童对环境的适应方式发生周期性的改变，相继产生新的适应方式。儿童的认知发展分为4个阶段：感知运算阶段（0～2岁）；前运算阶段（2～7）；具体运算阶段（7～11）；形式运算阶段。到了形式运算阶段，儿童脱离具体经验而推导结果的能力得以发展。皮亚杰的认知发展理论对我们理解亲子关系中，子女主体发展的独特性有积极意义。

2. 贝克的抑郁理论认为青少年负性认知是抑郁的根源，这种负性认知与对父母的模仿和批评性的互动有关

贝克（Beck，1977）根据其临床观察提出了抑郁的认知理论，该理论包括三个主要概念：认知三元素（cognitive trail）、认知图式（negative schemas）、认知错误（cognitive errors）。

（1）认知三元素

贝克认为抑郁的产生，主要是因为个体有不适当的认知图式，在面对负性事件时，引发负向的认知模式而产生对事件的扭曲的思考，这种扭曲的思考导致了抑郁认知三元素，也就是对自己、世界和未来都持有负面的想法。元素一是对自己的看法和思考，抑郁患者对自己的看法和思考比较负面，认为自己无能、不适当、有病、没有人要，他们认为自己有很多缺点，所以不受欢迎，没有价值，也相信自己缺乏享受幸福的基本条件。元素二是患者习惯把自己目前的经验向负性的方面解释，认为命运对他们要求过高，他们总是把自己和环境的互动看做是失败的，自己是失败者，认为很多事情都是遥不可及的。元素三是抑郁患者对事件的后果或未来持负性悲观的看法，预期未来时总感到是悲观的、绝望的，他们倾向于沉溺于过去失败的经验中，看不到未来成功的可能性。因此，抑郁患者在情感、动机和行为上，都会产生抑郁的现象。

（2）负向的认知图式

认知图式是指个体根据过往的经验所形成的比较稳定和持久的认知方式或认知结构。贝克认为抑郁患者的认知图式是负向的，在其输送和选择信息的时候，总是倾向于负面的、不好的或对自己不利的信息。

（3）认知偏差

贝克认为，抑郁患者之所以形成负向的认知图式，是错误的信息处理方式所导致的。其中包括6种基本的认知错误：

A. 武断推论（arbitrary inference）：在缺乏证据的情况下，任意下特定的结论。

B. 断章取义（selective abstraction）：根据片段的部分资料就对整个事件下

结论。

C. 过度概括（overgeneralization）：根据一小部分独立的信息就下全面性、广泛性的结论。

D. 夸大和贬低（magnification and minimization）：把一件不重要的事情解释为非常重要，而把一件重要的事情解释为毫不重要。

E. 个人化（personalization）：认为所有的事情都跟自己有关，所以自己对所有的事情都该负责。

F. 极端两极化的思考（absolutistic dichotomous thinking）：对于事物的看法总是极端的二分法或绝对主义，不是好就是坏（Beck, Rush, Shaw and Emery, 1979）。

由于抑郁患者具有上述的认知模式，他们会习惯性地、以不合理的负向观点来评估自己、环境和未来，因而产生了悲伤的心情、讨厌自己、哭泣、失落、无助、绝望等情绪反应。

贝克认为抑郁青少年倾向于：对自己有负性思考；用负向的方式解读自己的经验；对未来有悲观的看法。认知图式的形成是个体由过去的经验所做的推论而形成的一种持久的思考形态或认知结构。对于青少年来说，大部分的认知经验都是从与父母或家人的互动中获得。因此，青少年的负向的认知图式很可能来自和父母互动的经验。因此，Peter et al（2001）指出负向认知模式在青少年抑郁症的形成中扮演关键性的角色。而这些负向的认知模式是模仿重要他人，受到父母家人的批评、拒绝、或是体验到不可控制的压力事件所形成的。Sanford, Szatmari, et al（1995）也认为青少年抑郁认知模式的形成是由模仿双亲而来，与父母的批评性的互动与青少年负性认知的形成有关。

（六）青少年对亲子关系的主观感受与抑郁症的产生有密切关系

Young, et al（2011）研究表明，儿童对父母情感忽视和控制的感受与精神病的产生之间有密切的关系。儿童感受到父母的情感忽视会导致其在儿童期和成年患上各种不同类型的精神病。尽管研究表明父母对11岁的儿童的情感忽视和控制明显预示其孩子在15岁时会患上精神病，但是，只有被儿童感受到的情感忽视与其长大后患精神病有关。因此，我们不应该忽视孩子对父母抚养行为的主观感受，如果一个孩子抱怨父母不关爱他、不理解、不支持他，这可能成为一个其长大后患精神疾病的有力证据。

（七）青少年的依恋类型与亲子关系

Scott, et al（2011）研究发现，青少年的依恋不等同于亲子关系，但与亲子关系的质量有密切关系。具有安全型依恋的青少年，其亲子关系的主要特征是：父母的教导，负性情感的表达、能观察到的父母的情感温暖与生气。此外，依恋类型与青少年的社会心理适应行为如父母认定的反叛行为，教师认定的情绪和行为问题有关。回归分析发现，安全型的依恋预示着青少年的行为适应性和独立性良好，亲子关系的变化性好。

三、影响青少年的亲子关系及抑郁症的家庭因素

（一）家庭治疗理论认为家庭中的不良人际互动是青少年精神疾病产生的根源

20世纪60年代家庭治疗的出现拓展了人们对自身行为的理解，为我们更全面地理解人类行为提供了新的视角，也为我们认识抑郁症等精神疾病提供了新的视角。家庭治疗理论从家庭环境的人际互动中去寻找抑郁症等精神疾病产生的原因，认为家庭是个体最早也是最重要的人际活动场所。作为一个具有独特性质的自然社会系统，家庭会形成一组规则，体现对家庭成员角色的分配和要求；家庭有一个组织化的权力结构，形成外显和内隐的沟通模式，并寻找到协商和解决问题的复杂方法，有效执行各种任务。家庭成员在家庭系统层面上生成的各种关系是深刻而多层次的，并对每个家庭成员的成长和发展产生重要的影响。尽管家庭治疗的各个流派对症状产生的原因阐述不一，但对症状的功能以及从家庭环境的人际背景中寻找心理行为障碍的原因这一点，它们的观点却是一致的，即从家庭生命周期的发展中寻找个体行为障碍的原因（赵芳，2008）。家庭治疗假定青少年抑郁症的产生是由于家庭成员之间的功能关系（如距离、亲密或支持）所致，在家庭中的不适应过程就会导致障碍，治疗目的就是要通过选择适当的互动和交往模式，来重新建立一种更加适当的功能。

根据家庭系统理论，抑郁症的家庭危险因素可以分为五个层次：个体亚系统，关注与每一个独立的个体家庭成员（父亲、母亲、孩子）有关的特征；亲子亚系统，包括亲子关系的每一个方面，例如依恋、养育方式、支援和冲突；婚姻亚系统，包括配偶关系的每一个方面，如婚姻冲突；整个家庭系统：包括三人关系，例如母亲、父亲和孩子之间的相互关系，以及各个亚系统与其他亚系统及整个家庭环境的关系；家庭外层次：包括家庭之外影响整个家庭及每位家庭成员的各个因素，例如社会经济因素和应激。疏离的家庭模式（家庭成员间缺乏温暖、亲情、眼神交流或情感反应），以及缠结的家庭模式（父母之一与孩子过度的亲密，或者父母缺乏权威）是儿童患抑郁症的一个危险因素。男孩和女孩对这种家庭模式的反应不同：在缠结的家庭模式中的女孩比

男孩更容易发展出抑郁症状，2岁时的家庭的缠结或疏离预示着7岁时的抑郁症状。有一个抑郁症成员的家庭中的相互作用模式是循环因果的过程，包括各个子系统之间的相互作用。这样的相互作用会促进或维持抑郁症状的发展（王继堃、赵旭东，2011）。

1. 米纽秦（Minuchin）的结构家庭治疗对精神疾病和亲子关系的看法

结构家庭治疗认为家庭是一群彼此在行为、情绪上相互依赖的人居住在一个共同的空间内，经过相当长的一段时间发展出彼此熟悉的、已经定型的互动模式以及许多与此相关的规则的聚合体。家庭成员根据家庭规则互动，引发和检查自己的行为并对其他人的行为产生期待，再根据检查的结果对自己的行为作出调整。这些互动模式形成一张用来互相补充需要的网，并产生出各种家庭情景。

一个健康的家庭系统是：结构是开放的、不断变化的、具有弹性的；发展朝向一定的可以重新建构的方向；必须随着社会环境和家庭生命周期的变化不断作出调整，以满足家庭成员不断变化的需求。结构家庭治疗认为青少年出现病症与病态的家庭结构或家庭结构功能失调有很大的关系，一是功能失调的权力层级和界限；二是对于改变的适应不良。不良的家庭结构会孕育病症，最常见的不良家庭结构表现为纠结、疏离、联合对抗、三角缠和倒三角。如孩子在纠结的亲子次系统中长大就容易出现精神疾病。纠缠和疏离是指各个次系统之间没有清楚的边界，该封闭的不封闭，该开放的不开放，从而导致家庭角色混乱，家庭成员出现问题和病症。纠结和疏离常常导致家庭某些成员之间联盟、疏离其他成员并导致联合对抗的现象。三角缠就是指家庭成员在沟通的过程中通过第三方来实现双方的互动。倒三角是指未成年子女支配父母，或子女与父母争权的现象。

家庭是一个由多个次系统构成的生物系统，每个系统都有自己的功能且彼此相互影响。家庭中的主要子系统有亲子次系统、夫妻次系统和手足次系统。当家庭中的第一个孩子出现时，亲子次系统开始出现并与夫妻次系统并存。如果孩子受到外在环境的强烈的压力，不只会影响到他们与父母的关系，同时会影响到父母次系统的内在互动；同样，如果父母受到外界环境的强烈压力，不只会影响夫妻之间的关系，也会影响他们与孩子的关系。结构家庭治疗理论强调在处理亲子系统的问题时，首先要找出该次系统的成员；其次要强调亲子两代间权力阶层上的差异，父母要有权威，有足够的权力执行亲职功能；再次，由于亲子次系统的任务和功能是在不断变化的，在孩子成长的过程中，父母要不断调整养育方式，以满足他们不断变化的需求。

结构式家庭治疗强调家庭结构和功能，从理念的角度上讲，它比较符合中国儒家思想主张的"君君、臣臣、父父、子子"的传统思想，认为在家庭内各人有不同的分工和本位，而权力也沿着本位、资历、职务、辈分等清楚划分及由上至下地排列。只要家中各人紧守岗位，恪尽本分，不做非分之想或出界的打算，家庭便能运转正常。在家庭里，父亲要尽父职，母亲要尽母职；父亲不能允许孩子取代自己的位置而成为母亲的亲密战友或知己（梁吕少秋，1997）。但是，该理论的缺点在于过分强调了父权和男权，把传统的男女性别角色期待神圣化，强调父亲的工具性角色和母亲的表达性角色。其观点与现代价值观主张的家庭关系中的亲子平等有冲突。

2. 鲍恩的家庭系统理论对亲子关系和精神疾病的观点

家庭系统理论的创始人鲍恩等人从对精神分裂患者的家庭研究中发现，家庭中的人际关系受到个体化（individuality）和归属（togetherness）两种反作用力的影响。个体既需要独立，也需要别人的关心和陪伴，人能否成功地协调这两个极端，取决于他们是否知道怎样控制自己的情绪，也就是其"自我分化"的程度。自我分化既是个人内部又是人际间的概念，类似于自我的力量，它具有思考和反应的能力，是一种即使面对焦虑，也能富有弹性和聪明行事的能力。自我分化是鲍恩理论的核心，它用于理解家庭的亲密度，其核心是个人与父母的关系。一个心理健康的人能不断地与父母进行情绪上的分离。鲍恩用"未解决的情绪依恋"（unresolved emotional attachment）来形容亲子之间的紧密、完全共生的、无法分离的低分化的依恋状态，如果孩子不能自我分化，他们的生活会被周围的人驱使，情绪和精神问题就很容易产生。

两个自我分化程度较低的人结婚，就容易出现混乱，还会把压力投射给孩子，这就是家庭投射过程。焦虑水平还会从一代传到一代，与家庭融合程度越高的孩子，接受到的压力就越大，当个体接受太多压力时，他们就企图和家庭分离，这就是情感隔离。年纪小的孩子出现情感隔离，就会在情绪上和家庭分离，他们与父母的接触只是表面化的；如果青少年出现情感隔离，他们会做出离开家庭的举动，如离家上学或工作，甚至离家出走。一般来说，焦虑水平越高，情绪依赖就越强，儿童就越容易产生情感隔离。

鲍恩的家庭系统理论关注父母在原生家庭中的交往方式对亲子关系的影响，认为不良的交往模式可以代代传递，该理论还关注一个人如何把自己的情绪投射到特定的家庭成员身上，以及各个家庭成员对其他家庭成员的反应。家庭治疗的重点就是帮助父母思考与孩子的关系，建立新的亲子交往方式，从而减少家庭中的破坏性情绪。

3. 萨提亚（Satir）的经验性家庭治疗理论对亲子关系和精神疾病的观点

萨提亚把有关对自己的感觉和想法，称为自我价值。个体良好的自我价值是心理健康的基础。该模式认为，一个人的自我价值不是天生的，而是后天学来的，特别是在童年学来的，家庭在个体自我价值的形成过程中扮演举足轻重、决定性的影响。孩子的自我价值在四个方面受到父母表现的影响：①父母是否满足孩子生理上的需要？②父母和孩子是否维持稳定的关系？③父母对孩子的反应是否有可预测性？④父母对孩子的评价是好是坏？因此父母如果能满足孩子的需要，维持温暖的关系，给予预期的反应和好的正面评价，孩子就会建立正面的自我价值观，否则，孩子就会建立负面的自我价值观。通常孩子在童年期建立的价值观相当顽固，除非他将来有机会重新认识自己，否则很难改变其自我形象。

萨提亚模式还强调了亲子之间的沟通模式在儿童自我价值观形成中的重要作用。认为父母与孩子沟通时传达的言语、表情、声调、行为，随时随地都在向孩子传达着"他（她）是否有价值"的讯息。良好的沟通要顾及到自我、对方和情景三个方面，良好的沟通是一致性的沟通，在这种沟通中，沟通者的言语、表情和声调都保持一致，沟通双方都觉得舒服、自由、诚实，极少威胁彼此的自尊。不良的沟通常见的有4种：①讨好型。沟通者总是用一种讨好或迎合的方式，取悦他人，从不会说"不同意"，他们忽略了自我，好像自己没有一丝价值，其行为好像在说"我是不很重要的"，他欠缺安全感，心里焦虑的是对方是否喜欢他。②责备型。责备型的沟通者总是在说"不同意"，把自己的价值建立在别人的服从上，忽视对方的情感。他的内心也是缺乏安全感，用攻击的姿态来防卫。③超理智型。沟通者说的话都是道理与分析，总是显示自己"非常有道理"，但像机器人一样没有感情，忽略了对方也忽略了自我的感情需要，他也是没有安全感的，他用表现自己的理性能力来进行防卫。④打岔型。打岔型的沟通者说的话不切题，反应不到位，沟通者把自我、对方和情景都忽视了。打岔型的人是欠缺安全感的，打岔是他的防卫方式。因此，萨提亚认为影响沟通的最主要的因素是自尊，与技巧无关，家庭成员间的沟通模式会相互影响。如果父母采用表里不一的不良的沟通方式，孩子也会采用不良的沟通方式。家庭中的不良沟通方式将导致孩子自我价值感的低落，而很多父母却没有意识到他们的不良沟通方式对孩子自我价值感的打击。

总之，萨提亚认为青少年心理健康的基础是自我价值，而亲子沟通的模式是影响青少年自我价值的最主要的因素。

(二) 其他家庭因素的作用

父母的教养方式不当或亲子关系不良在青少年抑郁症发病中起重要作用。父母对孩子不良的教养方式影响青少年的自我态度，导致孩子低自尊和人际关系敏感，使孩子成为抑郁症的易感人群。父母的教养态度是教养观念、教养行为和对孩子情感表达的一种稳定组合方式，它反映了亲子关系的实质。一些研究表明抑郁症青少年患者的父母在教养方式上具有低情感与理解、高拒绝、否认与高惩罚、严厉的特征（卓东炳等，2002；程文红，2006）。即父母对孩子的情感投入不足，缺乏对孩子的理解、关怀、支持和鼓励，使孩子长期得不到关心和温暖，形成孤独、缺乏安全感、内倾的人格特征。父母对孩子较为严厉，有时对孩子的合理要求也盲目回绝，使孩子感到被贬低和否认，伤害了孩子的自尊心和自信心，使孩子产生自卑感、无价值感和无能感。台湾学者 Liu（2003）的研究发现青少年抑郁风险的提高与父母缺乏对孩子的关心、父母对孩子的态度冷淡、父母给予孩子负性信息等有关，进一步分析发现，只有关心—冷淡这个维度和孩子的抑郁相关，而自治和过度保护则没有明显的预测效应。缺乏父母的关心是抑郁的最为主要的影响因素，而批评或干涉性的控制则排在第二，但却不是那么重要的因素。他认为，中国人是关系取向的，家庭成员强调爱的维持和情感的联系，而来自父母的过度干涉不太可能导致抑郁，但孩子和父母的过度距离感则会导致抑郁。国内学者李旭和钱铭怡（2002）的研究也支持了上述观点，认为父母对孩子的过分保护和干涉对孩子的归因和抑郁没有直接的负性影响。

也有研究认为，父母的教养态度影响孩子的认知方式，从而导致孩子对抑郁具有易感性。父母采用批评性的、过度期待、缺乏关注和过度保护的教养态度，会导致孩子产生不合理的信念（研究中为非适应性的完美主义信念），进而导致孩子对抑郁的易感性（Enns，2002）。还有研究认为，父母的教养态度影响孩子的归因方式和自我观念的形成，从而增加抑郁的易感性。孩子从父母那里得到关于他人和自己的信息，如果孩子从父母那里得到的反馈信息一直都是负面的，那么，负性的自我概念就会形成，从而提高对抑郁的易感性（Parker，1997）；孩子常常从父母那里听到批评性的言语，就会在负性事件时做出负性的自我归因（Jaenicke，1987）。国内学者李旭（2002）、岳东梅（1997）等的研究发现，父亲的惩罚、严厉对青少年的归因和抑郁有不利的影响，而西方父母的惩罚行为未作为一个抑郁的危险因素。这与中国的文化有关，在中国文化下，对子女严格管教甚至是惩罚是传统的管教子女的方式，从社会心理来看，有其存在的合理性，这可能使得孩子更多地进行自我谴责、内化并从认知上去适应，而不是从行为上去排泄、外化，从而形成认知的歪曲，导致抑郁。一些研究认为，青少年与父母的关系不良，导致其社会支持系统缺乏，在应对生活事件和压力时容易引起适应困难和无能感而导致抑郁（程文红，2006）。

综合以上文献的观点后，笔者用图 2-1 对家庭教养方式（含家庭关系）造成青少年抑郁症形成的论述做一个归纳：

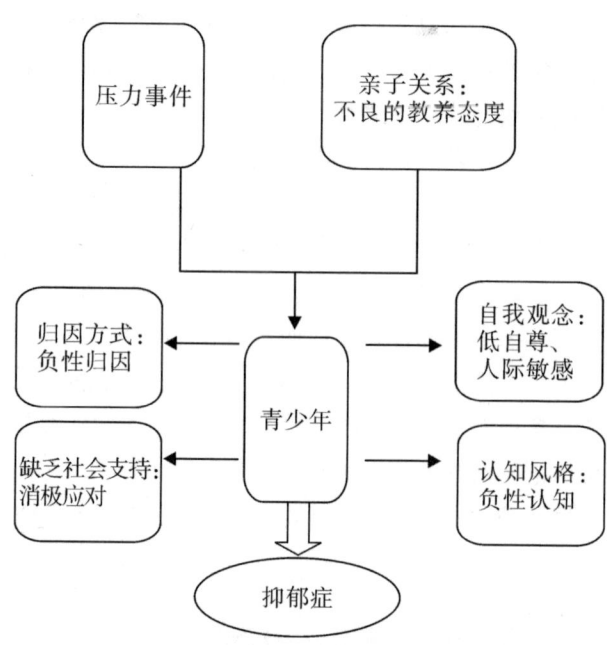

图 2-1　亲子关系对青少年抑郁症形成的影响

2. 不良亲子沟通与青少年抑郁的形成有关

从 20 世纪 70 年代开始的父母与青少年亲子沟通的研究结果比较一致，即父母与青少年的亲子沟通与青少年的社会适应相联系，良好的亲子沟通与青少年的自尊、心理健康呈正相关，而与青少年的孤独、抑郁呈负相关（转引自绕燕婷，2004）。

3. 父母的婚姻冲突直接或间接影响青少年抑郁症的形成，对女性青少年的影响大于男性

一些研究表明父母的婚姻冲突直接或间接影响青少年抑郁症的形成，且对

女性青少年的影响大于男性。经典的精神分析理论认为父母的婚姻冲突有可能引起儿童的自恋受损以及自我谴责或惩罚，从而导致抑郁。大量的研究表明，儿童的适应障碍与父母的婚姻冲突存在肯定的关系。儿童的适应障碍表现在内隐问题和外隐问题两个方面，而抑郁和焦虑是儿童最常见的内隐问题（转引自胡赤怡，2004）。也有研究认为，父母的婚姻冲突并不直接导致青少年抑郁，而是通过亲子关系障碍来间接影响青少年抑郁（Cole，1993）。也就是说，父母婚姻不和，导致亲子关系冲突，诱发青少年抑郁。国内李一云（2005）等人对城市抑郁症青少年的研究也表明，抑郁症患者中父母离异、夫妻关系不和等家庭问题突出。

有的研究认为，父母婚姻冲突对孩子的影响与冲突的内容有关，冲突的内容如果直接针对孩子的教育，则会将孩子卷入父母的婚姻冲突中，使孩子产生无助、负性自我评价、羞耻、自责与内疚，导致认知功能失调，同时，孩子也会从父母冲突中习得不良的解决问题的方式，造成社交技能和解决问题的能力不足，导致缺乏外界正性反馈而抑郁（程文红，2006）。也有研究表明，父母婚姻冲突对青少年的影响存在性别差异，女孩受父母婚姻冲突的影响较大，离婚增加了女性子女患抑郁症的风险。有的认为是女孩和母亲的关系较为密切，容易受妈妈的影响；有的认为自卑可能是女孩在经历父母离异后出现抑郁的重要因素（Simons，1999）。

4. 父母离婚与青少年抑郁症的形成有明显的关系

大量的研究表明，青少年的抑郁与父母的婚姻关系破裂之间存在着明显的关系，但对这二者关系形成的机理的观点不同。一种较为综合的观点是：父母离婚之所以导致青少年抑郁，主要的机理是父母缺失、经济困境和家庭冲突三个因素共同作用的结果（Amato & Bruce，1991）。也有研究不同意上述观点，认为原本的家庭冲突对单亲家庭孩子的抑郁没有影响，因为这些孩子已经对家庭冲突有免疫能力了。父母离婚通过两种方式影响青少年：一是父母离婚引起了大量的继发问题或应激；其二是父母离婚改变了青少年对这些应激的反应性，在某些境况下可能恶化，在另外一些情况下又可能缓和出现的抑郁。而离婚后出现的经济困难，对上述两种方式都有影响。

也有观点认为，父母离婚与青少年抑郁症的形成之间的关系是多元的，父母离婚只是导致青少年抑郁的因素之一，需要有关父母的其他因素的共同作用，才能导致青少年抑郁。父母离异、母亲身体状况不良、母亲的抑郁心境、母子关系不良这4个因素中的任意3个，在青少年时期同时或累加出现，都可能导致青少年以及成年早期的抑郁。

5. 父母抑郁，尤其是母亲抑郁对青少年抑郁症形成有显著的影响

许多研究发现，父母的心理问题和孩子的心理行为问题有一定的关系。一些研究表明，母亲的抑郁和孩子抑郁之间有显著的关系，母亲有抑郁情绪则孩子出现抑郁症的风险很高，因为母亲更容易表达出敌意的情感和行为。因此，母亲的抑郁比父亲的抑郁对孩子的影响更大。也有研究表明，母亲的抑郁情绪并不直接作用于孩子，而是以间接的方式作用于孩子（转引自易春丽，2006）。

6. 父母对青少年情绪行为的反应与抑郁症的产生有密切的联系

父母对青少年情绪行为的反应与抑郁症的产生有密切的联系，其机制有两种，即诱发机制和抑制机制。诱发机制认为青少年的消极行为会诱发父母的消极反应，父母的消极反应又导致更多的孩子的消极行为，这种恶性循环的结果是孩子对忧伤情绪管理能力下降，不良情绪导致的不良社会心理行为（包括抑郁症）的风险增加。相反，抑制机制认为青少年的抑郁行为会抑制父母的消极行为反应，尤其是愤怒，从而在无意中增加了孩子的抑郁行为以及患抑郁症的风险。这两种机制都得到了很多研究的支持（Schwartz et al，2011）。Schwartz et al（2011）等人进一步对母亲对青少年消极行为的反应与抑郁症产生之间关系的研究发现，如果女性青少年愤怒或攻击行为引发了母亲的愤怒或攻击性反应，如果青少年的烦躁情绪引发了母亲的烦躁情绪，如果青少年的烦躁情绪抑制了母亲的愤怒和烦躁情绪，这三种情况都可能导致青少年将来患抑郁症。这个研究结果也说明了女性青少年比男性青少年更容易受到家庭环境影响，尤其是母亲的影响。

四、积极心理学对家庭关系的观点

积极心理学强调从增进家庭幸福感的角度来研究家庭，侧重于研究各种家庭关系在增进各个家庭成员幸福感体验方面的作用，由于现代家庭中核心家庭居多，积极心理学研究的主要对象是家庭亲密关系（夫妻关系）和亲子关系。

1. 夫妻关系

积极心理学认为，夫妻关系对于家庭成员的幸福感体验具有极其重要的作用，夫妻间稳定的亲密关系对孩子的发展也有较大的影响，生活在良好婚姻状态中的家庭的孩子，其心理或者情绪障碍的发生率只是其他孩子的四分之一到三分之一。影响家庭亲密关系的主要因素包括夫妻之间的了解和被了解，对家

庭行为的归因，夫妻双方的彼此接纳和尊重，夫妻之间的互惠，亲密关系的长期性或连续性（任俊，2006）。

2. 家庭亲子关系

积极心理学认为，随着心理学和社会学研究的深入，早期研究者关于母亲是孩子成长中最重要的角色，父母花在孩子身上的时间越来越少这样的一些观念正在改变，尽管从父亲与孩子接触的时间上看总量少于母亲，但是父亲（有时甚至是祖父母）对孩子的影响同样起着重要的作用，许多时候父亲的影响并不比母亲低。同时，由于家务劳动的社会化程度提高和人们的工作时间比过去缩短，以及家庭孩子数量的减少，这样，人们花在孩子身上的时间自然就会增加。在养育孩子的过程中，父母双方的分歧是一个普遍的现象，几乎每个家庭都会出现这样的现象，只要双方的分歧不大，这种分歧并不会对孩子产生很大的不利影响。东方文化中严父慈母型的养育模式只是在教育方式要求程度上的差异，其在教育目标上是一致的，父亲的严厉教育和母亲的亲切安慰，在某种程度上符合中国传统文化中的阴阳平衡（任俊，2006）。

第二节　影响青少年亲子关系和抑郁症的人际因素

随着对青少年抑郁症成因研究的深入，研究者们发现青少年成长过程中的环境因素（如各种压力事件）是引发抑郁症的重要条件，而在解决问题过程中青少年是否能从人际交往中获得充分的资源去解决问题是导致抑郁症产生的重要因素，人际关系和社会支持等中观因素在抑郁症产生过程中的作用得到了重视。主要观点有：

一、抑郁的人际关系理论

（一）沙利文的观点

沙利文于1953年提出了其著名的精神病学的人际关系理论，他把精神病学概述为人际关系的科学，强调人的社会本质，认为人格、精神疾病的诊断和治疗都可以从人际关系的角度来理解。他的理论标志着精神分析理论由对个体行为动力（力比多）的关注转到对个体和其主要照顾者之间的互动的转变。他的人际理论把人类冲突的根源看做是源于早期母亲和婴儿的互动和个体情绪安全的需要（Sulivan，1953）。个体的自我系统不断与社会系统以各种动力形式发生作用。他认为抑郁症患者的个体经验体现了与人际不安全或人际失落相对应的愤怒、憎恨和内疚。这种强烈的情绪达到一定的程度就会威胁到个体的自我系统，导致抑郁症的形成。抑郁症患者常用"糟糕的我"（Bad me）描述对自我的否定（Bacal，1990）。

（二）人际互动理论

Coyne（1977）认为：当个体开始表现出情绪低落的症状时，或已经表现出抑郁的症状时，周围的人开始可能表示关心，并试图鼓舞他的情绪。他人的行为和意愿可能因为有分心的作用，而暂时减缓当事人的负面情绪。但是，当个体的抑郁行为持续出现的时候，其他人可能因无法理解为什么会持续出现这些症状，而产生出愤怒或敌意的负面情绪。而在大部分的文化中都提倡不要去攻击或批评一个已经在受苦的人，周围的人会抑制而不表现出他们的负面情绪。他们在口语上可能继续表现出支持和鼓励，但同时却流露出很多非语言的负面情绪，这种口语和情感内容的差距导致一种不一致的混合信息，使抑郁患者难以确认他人的支持是否真诚可靠。由于抑郁个体不敢批评或放弃和他人的关系，他的抑郁程度将继续升高。这时，他人只有离开或躲避抑郁患者，他们之间的关系才能持续下去，演变成一种"相互操纵"（mutual manipulation）的僵局（黄光国，2000）。

（三）抑郁的人际关系理论

抑郁的人际关系理论是最近几年从认知行为模式、心理分析模式和社会学习理论中衍生和发展出来的新模式。主要由人际互动的观点来解释抑郁的产生，包括2个主要的观念模式。一是的抑郁行为理论，认为抑郁的某些症状之所以产生，是因为反应—随机正强化的比例减少所导致，也就是说抑郁的形成是由于个体缺乏社交技能及他人的正向反应而减低了外在环境的增强。二是强调了抑郁、社交功能损伤和人际关系不佳三者彼此交互的影响。此外，患抑郁症的人和具有抑郁倾向特质的人可能因为不适当的行为风格而造成人际关系功能失调，进一步导致抑郁情感的增加。

从人际互动的观点来看，许多学者把抑郁与社交功能受损视为一个硬币的两面，抑郁个体一方面反映和呈现人际交往困难；而另一个方面抑郁的行为也可能导致令人讨厌的人际互动以及拒绝行为，从而保留或增加抑郁的情绪。一般来说，抑郁患者常常有偏差和负面的想法，因此，他们高估别人反应的负面性，并经常觉得自己不被他人接受和喜欢。由于情绪的困扰以及负面的自我形象，抑郁症患者常常需要他人的肯定，但由于缺乏足够的社会技巧来获得别人的认可和肯定，反而制造出紧张的情景与事件。结果不但引起了别人的困扰，也增加了自己的情绪挫折（陈昌兰，2001）。

一些研究还指出了家庭的人际互动影响青少年抑郁症的形成。Compas et al（1987）的研究指出，青少年抑郁的高风险是由于持续地暴露于不良家庭互动环境的结果，如缺乏支持与鼓励性的互动、较多的冲突、批评与愤怒的互动。Keitner（1990）的研究也指出在抑郁症的最初形成过程中，有问题的家庭互动容易诱发抑郁症的产生，而抑郁症也会导致患者人际交往上的困难，继而影响家庭功能的发挥。此外，一些研究还指出家庭互动关系和同辈互动关系都可以预测抑郁的发生，而家庭关系似乎比同辈关系更能有效地预测青少年抑郁症的发生（Barrera et al，1992）。

二、社会支持与青少年抑郁症

社会支持是一个人获得来自家庭成员、亲友、同事、组织和社区的物质和精神上的帮助，个体从这个层面获得的帮助能够减轻心理应激、缓解精神紧张状态和提高社会适应能力。国外一些学者的研究表明，缺乏社会支持（如缺少朋友、社会退缩、孤独感以及在学校缺乏快乐感）被列为引发青少年抑郁的第三大因素。对抑郁与社会支持的相关性研究表明，感受到高水平的主观支持与5年内的低抑郁倾向相关，社会支持还是5年后低抑郁倾向的预报因素，这提示社会支持是抑郁障碍的长期保护因素（杨艳杰等，2010）。当个体受到压力时，社会支持作为应对压力的一个重要资源，其可利用度与个体在特定情境下的抑郁等负性情绪有着重要的联系，这提示我们有必要进一步探讨社会支持在青少年抑郁中所起的作用，以更深入地揭示个体负性情绪的产生机制，理解社会支持的多方面作用。

对青少年而言，其社会支持构成分为两大类，一类是纵向来源，如父母、老师；另一类是横向来源，如同学、朋友。国内学者的研究发现，社会支持感受与大学生的压力感显著负相关，即使压力感较高，如果社会支持良好，则大学生抑郁、焦虑也相对较少（李伟、陶沙，2003）。抑郁倾向大学生的社会支持在朋友、大学同学及中小学同学支持上的提名百分数比非抑郁倾向组显著较低，对大学同学支持的满意程度也显著较低，表明抑郁倾向大学生群体在周围环境发生变化、需要重建人际关系的过程中，未能在新环境中发展起积极有效的同伴横向联系，这给其环境适应增加了不利因素（淘沙等，2003）。

第三节 影响亲子关系和抑郁症的社会因素

一、国家政策与亲子关系、青少年抑郁症

（一）独生子女政策对家庭结构和亲子关系的影响

20世纪70年代末以来，中国这个世界上人口最多的国家，发生了两件具有重大影响的历史事件，一是改革开放；二是人口控制，即独生子女政策实施。这两件事对中国的家庭和家庭关系产生了很大的影响。独生子女政策的实施，减缓了中国的人口增长速度，使中国城市家庭规模急剧减小。但中国是一个传统文化根深蒂固的国家，在现代化和传统文化的双重作用下，中国的家庭结构和代际关系呈现出一些自己的特点，主要体现为：

1.核心家庭是我国城市最主要和最普遍的家庭模式，核心家庭对亲属关系的依赖较大，核心家庭之间存在关系紧密的"核心家庭之网"

核心家庭这个概念由美国社会学家默多克（Murdock）首先提出，是指已婚男女和未婚子女所组成的家庭。大量的研究表明，核心家庭是我国城市家庭的主要形式。国内学者潘允康（1992）提出"核心家庭之网"的概念，"核心家庭之网"指有亲属关系之间的家庭组成的社会网络，就多数情况而言，它是由可能组成联合家庭的几个独立核心家庭组成的一种特殊的社会组织，具有特殊的结构和功能，突出了中国核心家庭与西方核心家庭的不同。西方的核心家庭对亲属网络之间的依赖比较小，独立性大，受其控制也较小；我国的核心家庭对亲属网络之间的依赖性比较大，独立性比较小，形成了核心家庭之网。"核心家庭之网"源于密切的亲子二代关系。在西方，亲子关系是单向接力模式，A→B→C…，亲代只对子代负责，子代无需对亲代负责，亲子关系比较淡漠；而中国的亲子关系是双向反哺式的，即A代抚养B代，B代赡养和孝敬A代，亲子关系比较浓厚。核心家庭之网一般由亲子两代家庭组成，即母家庭和子家庭。母家庭是指由父母组成的家庭，子家庭指由已婚子女组成的家庭。母家庭是家庭网络的中心。核心家庭之网的主要功能是经济交流、生活交流和情感交流。经济交流是指母家庭对子家庭的资助和子家庭对母家庭的赡养，生活交流是指实际生活中的相互帮助、照顾、辅助和援助等，情感交流是指母家庭和子家庭之间情感上的往来，而这种往来是透过经济和生活交流实现和表达的。同时，母子家庭之间的沟通和交流常常是通过第三代（孙子女）来实现的。孙子女是母子家庭生活，尤其是情感沟通的桥梁。可见，中国的核心家庭

对亲属网络的依赖和联系较多，网络家庭之间平时的交往密切，遇到特殊事情和变化时，也能竭诚相助。

2. 城市中部分家庭是在核心家庭和主干家庭（直系家庭）之间不停转变

尽管核心家庭、主干家庭是中国社会最普遍和最主要的家庭类型，但在家庭生命周期的某一阶段，一些核心家庭，特别是独生子女家庭由于赡老抚幼、互相照顾的需要而组成直系家庭的情况比较普遍（潘允康，1990）。但是现在的直系家庭和传统意义上的三代同堂已经有了很大的不同，"一家二主，有分有合、分而不离"是现代家庭的新特征。"一家二主"指纵向的亲子关系主轴已经让位于横向的老少夫妻并行的双轴，即使与父母同住，也在价值观、生活方式和权力模式上保持相对的独立性；"有分有合，分而不离"指经济独立、伙食自理。核心家庭"分而不远"和直系家庭"疏而不离"弥补了西方家庭过于疏离和中国传统直系家庭过于依赖的缺陷（徐安琪，2001）。一些对独生子女家庭的研究表明，尽管城市中的"三口之家"是城市核心家庭的普遍形式，但这种与祖辈分开居住的生活方式，并不意味着独生子女家庭与祖辈间的完全分离。独生子女家庭与祖辈间的接触和交往高于非独生子女家庭，无论是日常生活中的同祖辈之间的日常往来，还是在小家庭遇到麻烦时向祖辈求助的比例，独生子女家庭都高于非独生子女家庭。这种分开居住，频繁往来，同地而处，分而不离的居住形式既保持了独生子女家庭及其祖辈在生活上的各自独立性，避免了某些代际冲突，又在一定程度上兼顾了不同代际的家庭成员的心理需要和在日常生活中相互援助的需要（陈功，2002）。

3. 代际关系民主化和代际关系冲突显性化

家庭中的代际关系主要是亲子、婆媳或翁婿间的互动关系。尽管中国家庭的核心化趋势增加，但中国式的家庭网络与西方不同，分开居住后依然保持着较为频繁的直面交谈、面对面的心理沟通和互动。同时，代际互动方式更趋于民主化。尤其是"反向社会化"的出现，提高了未成年子女在家庭中的地位和决策权，同时使中年父母提高了对迅速变化的社会的适应能力，亲子之间的"代沟"也减少了，增加了理解、宽容和取长补短的融合（周晓虹，1997）。但两代人在文化、经济、思想、生活方式和政治态度上的差距，使得代际关系出现隔阂、疏离和矛盾的局面。代际关系冲突使青少年成长面临严重的困扰，他们面对的是一个没有楷模先例可言的世界（刘桂莉，2005）。

4. 独生子女家庭中，家长角色内涵发生变化，父母和祖父母扮演着"教师"和"同龄伙伴"的角色

风笑天（2003）认为，由于独生子女父母比过去的父母们有较高的文化，加上对子女教育有较高的期待，亲子交往中容易出现"过度关注"和"过度互动"。家长除了对孩子进行生活照料、情感安抚、规范熏陶和能力培养之外，越来越多地参与到孩子的学习活动中。从孩子上小学一年级起，父母就被纳入到孩子的学习过程中去，充当"家庭中的教学辅助人员"，父母角色中增加了"教师"的角色内涵。同时，独生子女无兄弟姐妹的客观处境，又使父母不得不承担其"兄弟姐妹""同龄伙伴"的角色。"教师角色"以及"同龄伙伴"角色的增加，使得孩子与父母的互动更加频繁、亲子之间的角色距离更为接近，促进了亲子之间关系朝着更加密切、更加平等的方向发展。也有少量的独生子女在这样的家庭关系中形成心理和行为上的问题。同时，由于独生子女家庭大多与祖辈分而不离，除父母之外，祖父母和外祖父母也更多地参与了独生子女的教育和伙伴角色。但是，独生子女的父母和上一辈人之间的认识和经验不同，经常造成了在孩子身上出现不同的意见和态度，增加了"代沟"，成为代际关系矛盾和紧张的一个主要根源。

5. 独生子女政策的实施改变着亲子互动方式，父母教育孩子中存在一些偏差

刘晶波（1999）认为，独生子女政策的实施，改变了亲子的互动方式，父母和孩子由分散式的互动（即父母与孩子的互动为交叉、分散状态，互动可以是个体之间，也可以是群体之间）变为聚焦式互动（单个孩子成为家庭成员中的核心人物，成为亲子互动行为的焦点）。聚焦式的互动一方面把孩子推向家庭人际网络的中心，另一方面也使父母意识到孩子是其生活中最重要的部分。"围着孩子转"成为不同地域、不同阶层家庭的共同主题。李春梅（1996）认为，现代意识与传统伦理、家庭观念的斗争影响着独生子女父母的教养态度，处于传统与现代文明冲击下的独生子女父母，一方面希望孩子独立发展，具备现代人独立自信的人格特征，另外一方面又习惯地把孩子当做自己生命、理想、人格的延续。导致在教养态度上存在一些偏差，如溺爱和体罚并施，对子女期望过高，早期教育盲目片面（重视智力），封建家长作风依然存在。

（二）社会转型中的代际关系变化

社会学倾向于从代际关系的角度来看亲子关系，认为代际关系是家庭诸种

关系中最重要的关系形式，也是社会关系的基础，其核心是亲子关系。从一般意义上讲，代际之间亲情关系最深厚，亲代对年幼子代寄予希望，关怀备至；子代感念亲代养育之情，有回报之心，从这一点上看，亲子关系是诸种社会关系中最为紧密的。代际关系并非主要靠血亲力量维系（尽管它具有作用），而是依赖社会力量，即家庭外在公共力量，特别是代际义务、责任、权利的履行和享有，不同代际成员的地位、日常行为方式等，均在社会力量的制约之下。社会力量规定了代际关系的原则，约束亲子代的行为，引导代际关系发展方向。维系代际关系的公共力量主要是法律、政策、道德、家规家训、风俗习惯。这五种力量在代际关系义务、责任、权力、亲情和交换等内容的维系方面都发挥着各有侧重的作用，即代际关系的不同内容均需借助相应的外在力量来维系，这是一种多元的、立体的维系系统。因此，亲情关系随着时代变化而变化，当代际之间义务和责任较强时，亲情关系单独体现的形式较少，主要附着于义务、责任的履行过程中；而当义务和责任有所降低时，独立的亲情关系就显得重要了。新中国成立前，代际亲情关系受传统道德影响较大，亲情关系中亲情与严厉并存，亲子之间平等沟通不够，它并非最理想的状态。新中国成立后城市计划经济时代亲子关系有所改善，由于赡养和照料义务减少，矛盾缓解，亲代对子代的亲情关照较多，而子代对亲代的亲情反馈则并不很强，总体定义为较强。城市计划经济时期，亲代义务和责任处于强和较强状态，子代赡养功能因社会保障制度建立而削弱，照料义务仍然保持，但亲情和交换关系受到重视，整体关系为双较强关系。市场经济时代，城市亲代义务、责任进一步增强，子代义务则因雇佣性照料服务出现进一步削弱。亲代为子代付出成为主导，子代不仅付出较少，还可享受对亲代不断增大的财产继承权利。由于子女减少，亲情沟通被重视，整体关系为强与较弱关系（王跃生，2011a）。代际关系中的亲情交流主要靠道德力量来维系，有道德的代际关系相对比较和谐，亲情更为浓厚。当代中国代际关系中存在的一个主要问题是子代教育高期望、高投入与务实性短期行为并存，亲代主导或"包办"特征突出，功利色彩浓厚（王跃生，2011b）。

二、传统文化与亲子关系、抑郁症

大多数学者都认为，除了生理因素和心理因素之外，社会文化因素对青少年的精神健康有很大的影响。文化是一个比较难定义的概念，通常来说，文化指个体在其社会生活过程中所学习和积累，被社会大多数成员所认同的知识、信念、价值观、风俗和习惯等等。文化有两种状态：首先是可以观察得到的现象，即某个社区里面的人们的生活方式；其次是意识领域，即有组织的知识和信念系统，它指导人们去组织经验和进行选择（Tsang，1995）。尽管我们很难给什么是中国文化下一个确切的定义，因为中国文化很复杂，包含的内容也很丰富。但中国文化有一些关于个人和家庭的主要特征，如重视父母权威、家庭和集体责任、父母和子女的结合、人际关系中的技巧、个体人际网络的重要性、情绪控制、道德的培养、教育和成就的价值等等（Tsang，1995）。在家庭气氛上，强调"以和为贵"，"家和万事兴"。

（一）父母权威与亲子关系

权威在英文字典里面是决定、命令，或者解决、处理问题的权力（power）；权限（jurisdiction）是控制、命令或者决定的权力。也就是说，权威是行使权力的权利（Raviv et al，1991）。父母所拥有的控制儿童行为的权利就是父母权威。

父母权威关系作为儿童社会化过程中的一种核心社会关系，日益受到重视。皮亚杰认为，个体心理社会化主要受两种人际关系的交互影响，一种是以协作和合作为特征的同级平等关系（如同伴关系），一种是以尊重和单项服从为特征的权威约束关系（主要是儿童与成人之间）。从这个意义上讲，研究权威关系对青少年的发展更有意义。在亲子关系中，通常由父母掌握着权力和限制，儿童的合作就意味着对父母权威的顺从和尊重。父母指导着孩子，孩子在碰到困难时，也会寻求父母的指导，有时也反抗父母的指导，但更多的是遵从父母的教导，从而自然地形成了亲子关系中父母占有权威的地位（周宗奎，1997）。

近几年来，一些研究者开始重视从跨文化的角度探讨青少年时期亲子关系的特点、青少年个人自主与父母权威信念的特点及它们之间的关系。青少年所处的文化与环境特点不仅决定着亲子冲突的内容，同时，也影响着冲突表达方式和解决方式。在那些尊重父母权威、强调家庭责任重于个体自主的家庭、社会或文化中，个体期望获得或被赋予自主的年龄一般较晚，而在崇尚个体自主与独立、主张个人实现的社会环境中，个体与家庭的联系较弱，对父母权威的尊重也显得不那么重要。关于父母权威的合理性和个人自主的不同信念模式会影响亲子关系的性质。一般来说，赞同父母权威、不公开反对父母、对个体自主性较低的要求常常伴随着较少的亲子冲突与疏离（张文新，2006）。

中国文化强调个人对集体的归属、合作和群体的和谐。在家庭关系中，集体主义的价值观强调家庭成员之间相互依赖，强调集体和家庭的需要先于个人的需要。在个人利益和家庭利益发生冲突的时候,个体成员首先要考虑家庭的利益而放弃或抑制个人的利益,否则被看成是自私的行为。同时,中国文化背景下的社会化过程还注重培养儿童遵从权威和各种社会规则,承担社会义务(Chen & Yang, 1986)。

那么,随着社会变迁,传统的父权思想是否还对中国家庭的亲子关系产生影响呢?一些香港学者的观点是传统的"严父慈母"观念在香港的中国家庭中已经淡化(Shek, 1995),母亲更多地扮演着孩子学习和生活中的向导的角色,民主型的教养方式不断增加,而专制型的教养方式在逐步减少(BGCA, 1994)。

台湾学者(杨中芳等,1992)的研究认为,当代社会中父母对孩子的控制和影响力仍然很大,台湾的子一代(childs)一方面对孝和顺从的认识已经和上一代不同,不再无条件地服从和满足父母的要求;但另一方面,60%的受访者说,当与父母冲突的时候自己仍然会服从父母以免自己感觉到内疚和不安。大陆学者张文新(2006)认为中国传统文化目前在我国城市和农村仍有相当的影响力。对中国青少年父母权威与青少年自主期望的研究表明,中国城乡青少年对父母权威的认同度不存在显著差异,城乡青少年都比较尊重父母权威。青少年自主的要求和尊重父母权威不是两种完全对立的心理结构,渴望获得自主和独立,并不意味着对父母权威的否定。

(二)孝道对亲子关系的影响

古人云:"百行孝为先",对孝道的重视和推崇,可以说是中国传统文化最为显著的特征之一。孝道作为中国传统文化的核心之一,是中国传统社会亲子伦理关系和相互义务关系的精确反映。"孝道"旧称奉养父母的准则,作为儒家伦理道德之首的孝道,它不仅仅是指服从和尊敬父母,而是由文化界定的处理人际关系的样本与准则。中国人的许多行为都与个体对孝道的信仰程度有关。中国文化在某种意义上可以称为孝的文化,而孝道可以说是中国家庭文化的核心。

传统孝道的主要内容包括①养亲尊亲:不仅是要奉养年老的父母,还包括对父母的态度要恭敬,要为父母分忧解愁,尽量让他们高兴。②传宗接代:"不孝有三,无后为大",在儒家看来,家庭的建立就是为了维系男性宗系,完不成这个任务,就是最大的不孝。③善续善述:不仅指在物质上赡养父母,要用恭敬的态度赡养父母,而且子女要在内在精神上与父母保持一致。④光宗耀祖:不仅要求子女对父母尽义务,而且还要立德、立言、立功,扬名于后世,这是孝道在家庭伦理中的最高要求。⑤移孝作忠:在家做孝子,在外作忠臣。移孝作忠把孝道由家庭移向社会,这是封建社会由孝道转入孝治的关键(范鹏,1994)。

在社会转型过程中,传统文化中的孝道是否对当代中国社会的亲子关系产生影响呢?一些学者认为,传统的孝道内涵随着时代的发展一直处于嬗变之中,这些嬗变也启迪了对传统孝道的现代转向以及新孝道的构建的思考。台湾学者黄坚厚(1989)等人的研究表明,研究对象认为重要的孝行不因年龄、受教育水平而存在差异。青年们所列的重要孝行,仍然保留传统孝道的精髓——尊亲、悦亲及养亲,只有绝对顺从、传宗接代及随侍在侧等传统孝行则因不符合现代生活而逐渐不被接受。大陆学者冯辉(2010)对不同年龄群体(老年、中年、青少年、青年)对传统孝道的态度的研究表明,在社会转型过程中,传统孝道的核心:尊亲、悦亲、养亲仍然没有变化,但孝道出现一些新的时代特征:传统的生育思想弱化,养亲敬亲更注重精神化,家庭关系平等化,代际关系民主化。现阶段的孝不仅局限于子女对父母的"孝",而且强调父母对子女的"慈",更重视基于亲子之间平等的孝,不再强调权威与服从。如果说传统孝道是一种集体主义孝道的话,那么,新孝道的构建应该可以纳入更多的个体主义元素。新孝道仍以子女对父母的深厚感情为基础,追求温馨愉悦的家庭氛围,但它更强调自主自发的多元实践。新孝道的精神从传统忠孝观转向科学与民主意识、亲子人伦规范从片面义务的价值取向转向亲子人格平等的双重价值取向。这些转变体现在亲子互动中,从父母的角度看,意味着对子女个别差异和分化过程的尊重和接受;而从子女的角度看,则是重视自己内在独立同时也正确看待和维系对父母的感情依恋。因此,这种个体主义孝道可以促进亲子关系的健康发展。在强调关系亲密的同时,也重视子女的内在独立。协助子女成长为在内在独立和关系亲密之间的维系平衡与和谐的成熟个体(黄华,2008)。张文新、张坤(2004)对青少年的研究发现,青少年认为传统孝道在当今社会还有其存在的必要性,特别是传统孝道的核心内容(尊亲、悦亲、养亲)至今仍然保持不变,青少年对这些方面的赞同程度依然很高。对随侍奉养、敬爱祭念、抑己顺亲、荣亲留后四个方面,青少年的赞同程度依次降低,这种变化趋势也正反映出随着社会的变革,青少年自主与独立意识增强,孝道观念由他律到自律的转变。就整个传统孝道来说,青少年的赞同程度不存在显著的性别差异,然而,男青少年对荣亲留后、敬爱祭念的赞同程度极其显著地高于女青少年,女青少年对抑己顺亲的赞同程度极其显著地高于男青少年。非独生青少年对抑己顺亲、随侍奉养的赞同程度显著高于独生青少年。张坤（2006）的进一步研究发现，青少年对孝道的态度对亲子互动有显著的影响，青少年对孝道的态度与亲子亲合存在显著的正相关，与亲子冲突呈显著的负相关。青少年对敬爱祭念、抑己顺亲、随侍奉养的态度对亲子亲合有显著的预测作用；青少年对抑己顺亲的态度对亲子冲突的强度有显著的预测作用；青少年对敬爱祭念的态度与亲子冲突的次数有明显的预测作用。

（三）亲子关系影响青少年的孝道观念形成和人际适应

杨国枢认为孝道并不是天生的，是在早期的亲子互动中学习到的，即只有体验到积极的亲子关系，孩子才会接受并内化孝道概念。孝道来源于孩子对父母的同理心和认识。这种同理心和认识从亲子间亲密互动和情感联系中获得，由此逻辑上我们可以推论亲子依恋状况影响孝道信念的形成。为了更好地研究孝道与心理特征之间的关系，叶光辉提出了互惠型孝道和权威型孝道两个类型。互惠型孝道反映了孝顺是为了回报父母的养育之恩，也是人际互动中亲密情感的自然结果；权威型孝道反映了子女应该压抑自己的欲望，牺牲自己的利益来满足父母的要求。金灿灿等（2011）对 2327 个城市中学生孝道信念的维度和类型特点进行了分析，发现男生权威型孝道（子女应该压抑自己的欲望，牺牲自己的利益来满足父母的要求）得分显著高于女生。孝道类型结果也显示，权威型男生的比重较大，互惠型女生的比重较多，这表明虽然现代社会光耀门楣、延续家族发展的责任和要求已淡化，但权威型孝道这一典型的社会规范仍发挥着对家族和社会的支撑作用，男性需要在家族传承中扮演重要角色的思想仍然留存在人们的观念之中，使得他们较女性更为认同权威型孝道。金灿灿等人的进一步研究发现，亲子依恋、孝道观念和人际适应三者之间存在密切关系。互惠性孝道与亲社会倾向呈显著正相关，与人际疏离呈显著负相关，权威性孝道与人际适应两维度的相关不显著；互惠性孝道在父子和母子依恋质量对于亲社会倾向和人际疏离的预测中起部分中介的作用。具有较好父子和母子依恋质量的青少年，亲子互动良好而顺畅，更有可能基于亲情和回报、父母养育之恩产生互惠性孝道信念，使得他们会认为人与人的交往是基于感情和反馈的互动原则，从而愿意付出和给予他人帮助，拥有良好的家庭外的人际关系和适应状况。

（四）中国文化与精神健康

Tsang（1995）认为，对中国人的精神健康有影响的文化思想主要包括：

1. 人与自然和谐的态度。对中国人来说，自然不仅仅是指自然环境，也包括人类的制度、权威，还包括自然本身、超自然的天（heaven）。这个观点不仅反映在学术研究中，也反映在人们日常生活的俗语中，如"人算不如天算"，"顺天者昌，逆天者亡"。

2. 对理想的健康状态持一种平衡和稳定的态度。中医的观点，特别是传统中医中的阴阳五行说以及微观世界和宏观世界统一的观点影响人们对身体和心理健康的看法以及如何保持健康。按照这样的理论，一个人保持阴阳平衡，并到达五行（金、木、水、火、土）的某种适度状态是非常重要的。

3. 重视家庭，视家庭为提供支持的基本资源。大多数学者都认为，尽管家对世界上所有的人都很重要，但中国人更加重视家庭，不仅因为家是社会的基本单位，是个体解决问题时最主要的资源，还因为家庭作为应对压力和问题时的潜在资源，具有很高的价值。

4. 人文关怀和人际关系取向。中国人生活中的一个主要特征就是重视人际关系，独立和敌对则会面临压力，与个体的社会角色地位一致的行为被肯定，行为的特征受人际关系的紧密程度所制约。受传统影响，民间的辅导工作在帮助个人解决问题时鼓励人文主义的关系取向，反对与他人公开的冲突。学者们建议如果有选择的话，在解决社会问题时走中间道路是明智的选择，谋略者主张以柔克刚。在这样的一种文化环境中，中国人已经学会如何去灵活、实际、动态地适应物质和精神生活。

从深层次上说，传统与现代的文化冲突对青少年抑郁症的产生有一定的影响。目前中国正处于新旧体制交替的社会转型时期，价值观念从一元到多元，人际关系从紧密到疏离。社会竞争的加剧使青少年的孤独感增加，自我价值感和安全感不足，原有的社会支持系统不断被削弱使他们产生困惑和负性情感，致使各种心理应激因素急剧增加。而这些内心冲突的产生与中国人的传统文化，特别是青少年的社会化过程有密切的关系。中国儿童社会化呈现出以下特点：对依赖性的培养；顺从一致性的培养；培养谦逊的品德；进行自我克制的训练；接受羞耻感与处罚；以父母为中心（Bond，1990）。这是一种培养集体取向、他人取向、关系取向、权威取向、服从和自我抑制取向心理特点的社会化方式。而在迈向现代化的过程中，青少年心理发展的方向是个人取向、自我取向、竞争取向、平等取向和自主表达。可见，青少年的观念和传统文化之间发生了明显的冲突，一方面，青少年有自我满足与需求的愿望，另外一方面又受到以父母和社会规范为代表的传统文化的制约。青少年早期接受的依赖、求同、自我抑制的人格培养和塑造，在成长过程中容易导致独立性差、社会适应不足，在面对困难和挫折时，容易出现紧张、焦虑和抑郁等负性情绪。同时，由于青少年学会了抑制那些被主流文化价值体系排斥的情感欲望和异端的思想行为，抑制了个性的发展和个体本能欲望的表达，从而引起焦虑不安和抑郁情绪，这与抑郁症的形成有直接的关系。

（五）社会性别对亲子关系的影响

社会文化通过影响家庭中的角色分工，进一步影响青少年的亲子关系。"男主外，女主内"、"严父慈母"就是中国文化对父母性别角色要求的典型写照。尽管一些研究表明，随着社会发展，传统的"严父慈母"观念在香港的中国家庭中已经淡化（Shek，1995），母亲更多地扮演着孩子学习和生活中的向导的角色，民主型的教养方式不断增加，而专制型的教养方式在逐步减少（BGCA，1994）。但是，也有一些研究发现，青少年的亲子关系中依然存在性别差异，主要体现在以下几个方面：

1. 亲子冲突的频率和强度方面有性别差异

一些研究表明，在青少年与父母的冲突总体水平较低的情况下，母子冲突的频率和强度显著高于父子冲突的频率和强度（方晓义等，2003）。这其中的主要原因是因为生孩子是女人的事情，养孩子乃至教育孩子也往往被认为是母亲的天职。因为社会文化所提出的这种性别角色规范要求，亲子关系往往被替换为母子关系，在孩子年幼时尤其如此。父亲养育功能的弱化从现实层面上导致了亲子冲突中父子冲突不如母子冲突明显，如果由父亲来承担这一育儿职能，父子冲突也会急剧加大（郑丹丹，2007）。也有文献研究（Tsang，1997）认为，尽管女性青少年常常报告出与父亲的冲突比与母亲的冲突较多于男性青少年，但这可能并非是事实，是由于男女两性情绪表达上的差异所造成的，女性更愿意表达和说出自己的问题和困惑。

2. 青少年对父母冲突的感受上没有性别差异，但父母对与孩子冲突的感受上有差异，父亲的感受更强一些

从青少年与父母冲突感受上看，青少年与父母冲突的强度并无显著差异，即虽然母亲与青少年的冲突多于父亲，但母子冲突引起的消极情感反应并不大于父子冲突。其原因就在于母子之间的亲合程度较高，当冲突发生时，它起着一种保护带或缓冲带的作用，而父子之间缺乏这样一种保护机制（张文新等，2006）。在父母对亲子冲突的感知上，也存在显著的性别差异，即父亲对亲子冲突严重性的差异显著强于母亲，可能的原因是父亲与孩子在一起的时间较母亲少，偶然发生一次冲突，父亲的印象会比较深刻；也可能是冲突使父亲的权

威性和家庭地位受到挑战比较敏感,从而对冲突的选择性记忆比较强(刁静、桑标,2009)。

3. 亲子亲和方面有性别差异,青少年与母亲的心理距离更近一些

Ho et al(1987)对文献研究发现,中国人对母亲的情感表达强于父亲,而与父亲的心理距离大于与母亲的心理距离。张文新(2006)等对国内青少年的研究表明:女青少年比男青少年与母亲有着更为融洽和和谐的关系,在与父亲的关系上没有性别差异,男女青少年均感觉与母亲的关系更为亲密和谐,这表明了青少年,尤其是女青少年与母亲有更多的互动和更强的情感联结。Tsang(1997)对香港青少年的研究发现,青少年认为与母亲的关系好于与父亲关系,主要是因为在与母亲冲突中他们能应用冲突管理的方法,而在与父亲冲突中他们常采用回避的方式来处理问题,影响父子关系质量的最主要的因素不是亲子冲突,而是父子双方价值观的差异、青少年对这种关系的重要性的认识和双方解决冲突的策略的应用。

三、移民与精神健康

国外的一些研究发现,移民,特别是在那些被迫离开家庭的移民,他们的精神健康问题比较突出。主要的原因之一是移民在进入一个陌生的环境中时面临更多的压力,同时,移民的过程也是个体和自己过去及家庭的分离过程。移民到城市的人比移民到农村的人精神疾病的发病率更高。移民的方式对精神疾病的产生也有一定的影响,那些被迫移民的人比主动移民的人更容易患上精神疾病(Bernarch,2002)。

移民有两种类型,一种是跨境移民;一种是内部移民,即在同一个国家中从一个地方流动到另外一个地方。这两种移民都会导致精神疾病的产生。影响移民产生精神疾病的因素很多,最主要的因素一是居住在所移民到的国家或地方的时间。与文化震撼的观点相一致,移民时间短的人更容易患上精神疾病(Charles et al.,2000)。二是年龄因素:年纪大的移民比年龄小的移民更容易患精神疾病。有研究发现,移民最容易患上的精神疾病之一是抑郁症(Harrison,1983)。

社会压力理论常常用来解释移民与精神疾病之间的关系。精神病的社会压力理论从个体的所处的社会和文化压力来理解行为异常,对心理学只关注个体因素对异常行为的影响是一种有益的补充。该理论认为移民产生精神病的主要原因是新环境的适应障碍。移民在面对着社会流动诱惑的同时,也面对着取得成功中必须克服的障碍,他们被期望去奋斗而不是获得成功。事实上,如果他

们期望通过移民来获得社会地位的提升，首先必须面对流动过程中社会地位的下降，而社会地位的下降在精神疾病的产生中是一个很重要的因素（Bernarch，2002）。当然，移民是否成为一个压力事件取决于三个因素：一是移出地和移入地之间的文化差异；二是移民的原因和理由；三是移入地居民对移民的态度。当移民成为一个压力事件时就会对精神健康产生影响。

四、社会主义市场经济的发展对亲子关系、抑郁症的影响

经济因素是整个社会发展中最重要的因素，它在不同程度上影响着任何一种社会关系，亲子关系也不可避免地受到其影响。在中国社会由计划经济走向市场经济的过程中，经济发展对亲子关系的影响也是十分明显的。首先，市场经济的发展对父母的教育观念和教育意识产生了一些影响，家庭普遍重视对孩子的智力开发，加大了对子女智力开发的投入，对孩子学习成绩的期望值上升。其次，市场经济追求的平等、民主、机会均等原则对亲子关系也产生了积极的影响，青少年要求民主平等、独立的意识日益增强，要求建立民主平等的亲子关系。第三，市场经济的发展在一定程度上影响了亲子沟通交流的频率（孟育群，1998）。尤其在城市双职工家庭中，父母与孩子沟通的频率日益减少，常常导致青少年与电视、计算机为伴，容易产生情感疏离。

第四节 对亲子关系和抑郁症的多维度思考

一、文献回顾简评

（一）从相关文献研究中发现，青少年抑郁症的形成涉及生理、心理和社会多方面的因素，具体包括个体的生理因素、个体的成长经验、认知风格、家庭因素、人际关系和社会因素等，但如何把这些因素整合起来，对青少年抑郁症有一个多元的理解，是青少年抑郁症研究中的空白点。

对青少年抑郁症的研究最初主要关注青少年自身的因素，如生理因素、早期经验、认知风格。然后开始关注家庭因素对青少年抑郁的影响，如父母的教养方式、亲子沟通、父母婚姻关系、父母抑郁。之后，相关研究从家庭取向发展到人际取向，重视环境因素和个人因素二者的相互作用。同时，对文化因素的重视也成为一个研究青少年抑郁的重要议题。但这些因素之间本身也是相互联系和互相影响的。如父母的教养方式受父母所处的社会时代因素、社会文化的影响；青少年个体成长的早期经验、认知风格的形成与社会环境有着密切的关系；人际关系作为一种社会关系和社会变迁也密切联系着。以上这些因素分别属于微观层面、中观和宏观层面，现有的相关研究成果过分注重某一个层面的因素对青少年抑郁症的影响，而缺乏一个整合的多元视角。

（二）早期对亲子关系的研究比较注重父母的作用，近年来开始关注儿童、青少年对父母的影响，从单一取向到互动取向，但很少有研究把亲子关系看做是一种受个体、家庭、人际和社会等因素影响的多元的社会关系来进行研究。

早期对亲子关系的研究比较关注父母的教养方式、教养行为对儿童心理的影响，比较少关注儿童对父母的影响。符号互动论的产生，使我们从父母与孩子互动的角度来理解亲子关系。之后，有关亲子互动的研究日益增多，但主要考察亲子交往的特点与父母、儿童某一方面特点对亲子关系的影响，对亲子关系的研究依然还是局限在微观层面，很少有人把亲子关系放在一个较为开放的家庭内外的各种关系网中去研究。特别是在中国文化处境下，亲子关系并非孤立的，它与家庭内的其他关系，如夫妻关系、祖父母（外祖父母）关系、婆媳关系和翁婿关系有密切关系；同时，它也和青少年家庭之外的最主要的社会环境即学校中的人际关系有着密切的影响，亲子关系与青少年家庭外的社会关系，如同伴关系、师生关系等都有密切关系。同时，亲子关系作为一种社会关系，它发生在一定的社会情境之中，和其所处的社会时代有着密切的关系。但是，现有的对亲子关系的研究大部分把它视为一种微观的人际关系，缺乏将其视为一种复杂的社会关系，从个体、人际和社会相结合的多元的维度来进行研究。

（三）虽然现有大量研究强调了不良亲子关系是造成青少年抑郁的主要因素之一，但对亲子关系如何影响青少年抑郁症形成的机制（过程）以及青少年抑郁症产生以后又对其亲子关系有什么影响似乎关注不多。

目前很多对抑郁症的研究从关注个人到关注其家庭系统，如 Peter et al（2001）指出负向的双亲教养态度与孩子的抑郁症状之间有密切的关系，亲子之间的负性互动越多，孩子的抑郁症状就越多。Kaslow, Deering & Racusin（1994）发现，不良的双亲教养态度与孩子的抑郁症状之间有密切的关系，亲子之间负性互动对青少年抑郁和抑郁症候群的产生有重要的影响。Compas（1987）也指出，青少年抑郁的高风险来自于不良的家庭关系。但是，现有的研究中对亲子关系如何影响青少年抑郁症形成的机制（过程）的研究还很少见。此外，青少年得了抑郁症这样一个社会生活事件对整个家庭，特别是家庭中的亲子关系又有怎样的影响在现有的研究中也很少被提及。

（四）重视对正常青少年群体的亲子关系的研究，缺乏对边缘特殊群体的亲子关系的研究。

现有的国内外关于青少年亲子关系的研究对象主要是在校的普通大、中、小学在校学生和学前儿童为主，缺乏对各种不同年龄阶段和不同类型的人群的亲子关系的研究。如青年人的亲子关系、中年人的亲子关系、老年人的亲子关系；残疾人的亲子关系、精神疾病患者的亲子关系、吸毒人员的亲子关系等特殊边缘人群的亲子关系研究。

（五）以量的研究为主，研究方法比较单一。

主要表现为：大量研究采用以被研究对象的自我报告为主的问卷调查研究，注重亲子关系的静态特征及其对儿童心理健康的影响，较少采用质性研究取向，从青少年的视角来理解抑郁青少年亲子关系的形成过程及其与抑郁症之间的关系，在研究过程中常常忽略了青少年的主观经验。

二、本研究的基本视角

以上研究中存在的问题和不足，为本研究的开展提供了一个新的空间，即从青少年抑郁症患者这个特殊群体的角度，从社会工作"人在情景中"的视角出发，运用生态系统理论的框架，找出生态系统中微观、中观和宏观各个子系统中对抑郁青少年的亲子关系和抑郁症的形成影响最大的因素，并采用一个系统的、多元的视角将这些因素整合起来研究抑郁青少年的亲子关系和抑郁症的形成机制就成为了本研究的特色。经过对访谈资料的初步分析发现，在本研究中对抑郁青少年影响最为显著的宏观因素是社会转型对个体成长的影响，即以教育为阶梯的社会流动；而对抑郁青少年的亲子关系和抑郁症的形成影响最明显的中观因素是青少年的人际关系，主要是指发生在学校这个教育场景中的师生关系和同伴关系；对抑郁青少年亲子关系影响最为显著的微观因素是青少年个体成长的经验，即青少年在不同年龄阶段与父母和祖父母（外祖父母）的互动方式以及其面对的其他主要的家庭关系。因此，本研究将以多元视角来理解抑郁青少年的亲子关系和抑郁症的形成过程，维度之一是：中国社会结构转型；维度之二是：青少年的人际关系；维度之三是：青少年的个人成长历程，具体见图 2-2。

本研究中的抑郁青少年出生于 20 世纪 80 年代末、90 年代初，他们伴随着中国改革开放而成长。20 世纪 90 年代初，邓小平南巡讲话后，中国社会的改革和发展进入一个快速期。这种社会的大变革对家庭和个人都有深刻的影响。因此，研究这个时期的家庭关系，不能脱离社会的变革和家庭、个人的社会流动。

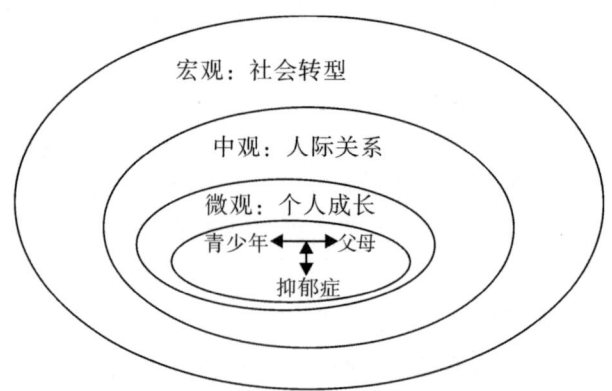

图 2-2　本研究的基本视角

中国人的亲子关系受文化的影响比较大，它不是一种独立的核心家庭关系。中国人的家庭与其原生家庭有着千丝万缕的联系。同时，中国社会又是一个极其重视人际关系的社会。当我们在理解亲子关系时，一定要把它看做是复杂的家庭和社会关系网中的一个部分。

青少年是成长中的个体，在其发展的不同阶段有其自身的需要和特点，处于不同年龄阶段的青少年与父母交往和互动的方式也会不同，因此，需要以青少年的个人成长经历为主要线索来理解青少年的亲子关系。

总之，本研究将以社会工作中"人在情景中"的视角出发，以生态系统理论为指导，整合青少年社会化过程中对其影响最突出的三个维度，即青少年的个人成长、人际关系和社会转型，用多维度的视角来开展对抑郁青少年亲子关系及其对抑郁症形成的影响的研究。

第三章

研究方法

本章主要讨论本研究采用的研究取向、研究方法、研究过程、研究伦理、研究的信度以及质性研究方法的限制等问题。

第一节 质性研究

亲子关系是个体发展中最早建立的社会关系，对个体的发展具有重要的意义。亲子关系对青少年的心理健康具有重要的影响，目前国内外对青少年亲子关系和青少年的抑郁症的研究多采用定量研究，从研究者的角度阐述亲子关系与青少年抑郁症之间的关系，研究结果大部分是研究者对青少年亲子关系的客观观察、测量和统计结果分析和研究者对其的理解。这些客观定量的研究，很难充分表达青少年本人对其亲子关系的主观感受和理解，也难以从"人在情景中"的社会工作的视角来全面、深入地理解青少年的亲子关系、亲子关系与抑郁症以及其他社会因素之间的复杂的关系。因此，本文采用质性研究取向，运用深度访谈来研究探讨这个议题，具有理论的必要性和现实意义。

一、对研究范式的认识

社会科学研究是人们了解、分析、理解社会现象、社会行为和社会过程的一种活动。研究者所持有的基本信念和价值观对社会科学研究有着重要的影响。正如库恩指出：科学对于事实的观察和说明总要通过现存的"范式"（Paradigm）或理解的框架而展开，"范式对于科学研究的重要性，如同观察与实验"（库恩，1970/1985）。

对社会科学范式分类的方法，研究者的观点也很不相同。比较常见的是把社会科学的范式分为实证主义、后实证主义、批判理论和建构主义四种，这四种范式的差别主要体现在本体论、认识论和方法论三个方面，它们对一些社会科学研究中的重要问题有不同的看法。本体论主要是回答社会科学研究对象的

"真实性"问题，涉及"现实的形式和本质是什么？事物到底是什么样子？它们是如何运作的？"认识论是回答"知者和被知者之间的关系"，即知者是如何认知被知者的？对这个问题的回答受到本体论的制约。某个研究者如果相信"问题是独立存在的"，那么他/她必定采用知者和被知者之间的二元对立关系或价值的相对独立的立场，以便能发现"这个问题是什么？它是如何运作的？"。方法论需要解决的问题是"研究者是通过什么方法发现那些他们认为的可以被发现的事物的？"对这个问题的回答又受到本体论和认识论的制约，因为不同的研究范式的差异会导致对方法的不同看法和不同的处理方法（李晓凤，2006：14）。

本体论关注的是世界的本质问题。即世界是否存在？如果存在，是以哪种方式存在？实证主义者认为社会实体（social reality）是真实存在的，并等着人们来发现它。后实证主义则认为真实的现实是存在的，但只能被部分认识。建构主义认为社会情境是流动的，透过人们的互动而创造性地被建构。现实具有地方性的特点，是具体地被建构出来的。批判理论则认为真实的现实由社会、政治、文化、经济、种族和性别等价值观念塑造而成，是在时间中结晶化而成，由潜藏在后面的社会结构所主导。

认识论关注的是研究者最终能否认识到现象。实证主义认为研究结果是真实的；后实证主义认为研究结果可能是真实的；而批判理论认为研究结果受到价值观念的过滤；建构主义也持类似的观点，认为研究结果是被创造出来的。

方法论上实证主义主要采用量化的研究方法，认为真实只有一个，反对多元，为了得到真实的现实要采用实验或操纵的方法，对研究假设进行证实，定量研究是实证主义主要采用的研究方法。后实证主义认为如果采用严谨的方法，可以对真实进行局部的了解，它采用实验或操纵的方法，对假设进行证伪，也可以采用质性研究方法进行研究。批判理论在方法上采用对话或辩证的方法，通过研究者与被研究者之间的交流和对话，逐步去除研究者的"虚假意识"，以达到意识上的真实。建构主义通过诠释或辩证的方法，把研究过程看做是一个研究者和被研究者不断辩证对话而沟通建构研究结果的过程。

质性研究的主要理论基础是后实证主义、批判理论和建构主义。本研究主要采用建构主义理论指导下的质性研究取向，以青少年成长的社会环境为背景，从青少年与其父母、家人、同伴和老师互动的角度去理解抑郁青少年的亲子关系的形成和发展过程，及其与青少年的师生、同伴关系的相互作用，把亲子关系放在一个青少年的社会关系系统中去理解和研究，进而讨论青少年抑郁症的产生与青少年所处的社会环境的关系，以及抑郁症的产生对青少年亲子关系的影响。

质性研究中有着许多不同的研究范式，这些不同的范式的哲学基础不同，简单地告诉读者该研究是否为质性研究没有太多的意义。所以，研究中有必要清晰地阐明研究的哲学基础，因为在不同的哲学基础上的质性研究要求采取不同的资料收集、资料分析和资料解释的方法（石丹理等，2005）。本研究的主要哲学立场是建构主义，但在分析资料的过程中采用了扎根理论的方法，并通过使用建构主义范式中的对主观性的承认，对可信度、真实性、三角测量、研究者的反思及深度理解的程度等标准来检查研究的质量。

建构主义范式融合了胡塞尔的现象学理论、海德格尔与加德梅的诠释学以及符号互动论等哲学观点。建构主义研究范式认为：建构是尝试对生活经验加以诠释或理解；建构的本质是建构者本身所获得的信息；建构是一种广泛分析，并达到共识的经验；建构必须有意义，但这些意义可能是简单的，且不完整的；建构内涵的适当性无法与其他范式加以衡量；建构常常面临挑战与修正，当建构者觉察到新信息与旧信息有明显的冲突时，建构者就会修正原来的建构框架（潘淑满，2003）。建构主义范式的本体论、知识论和方法论有以下特点：

1. 本体论

建构主义主张相对实在论，认为所谓"事实"是多元的，因历史、地域情景和个人经验等元素的不同而有所不同。因此，用这种方式建构起来的事实，不存在真实与否，只存在"合适与否"。研究者和被研究者之间是一种互为主体的关系，研究结果是由不同的主体经过互动而达成的。研究是一个交往各方辩证对话共同建构研究结果的过程。研究不是为了控制和预测客观现实，也不是为了改造现实，而是为了在人我之间、个体与世界之间，过去与现在之间构建起理解的桥梁（李晓凤、佘双好，2006）。在本研究中，笔者的关注点是让抑郁青少年呈现自己生命历程中不同阶段的主观经验，理解青少年亲子关系与抑郁症的形成是一系列的社会、政治、经济、文化、家庭变迁和个体自身成长等一系列因素造成的。目的一是让青少年抑郁症治疗和康复服务中的服务提供者意识到只从一个"客观"立场去诊断、治疗疾病，消除症状是"不合适"和"不恰当"的，要积极探索以服务对象为本的，从抑郁青少年主观经验出发去治疗和预防抑郁症的途径和方法；二是让抑郁青少年意识到医生对精神疾病的判定不是永恒的"事实"，启发抑郁青少年从自身的角度出发去建构疾病的意义和对疾病的不同理解，唤醒其在疾病康复过程中的主体意识和主观能动性。

2. 知识论

建构主义认为社会事实和社会现象的本质相对存在于不同的情景和脉络中，研究者的任务不是去建构一个独立于个人价值信念系统之外的客观世界，而是应用对话与辩证的方式，与被研究对象的行动主体产生对话关系，最后透过归纳、比较与对照过程获得一致性，在研究过程中，研究者必须与研究对象保持密切的互动关系，直到经验与价值信念融入，所以这是一种主观经验的再现（潘淑满，2003）。在本研究中，笔者尽力去理解被研究对象的主观生活经验世界，去聆听、理解被研究者在其生活世界中的认知、感受和行动，并透过这个互动过程，建构出抑郁青少年对疾病的独特理解，得出抑郁症是研究对象应对过高的生活压力和不良亲子、同伴及师生关系的一种独特方式的结论。这种知识（主观经验）的再现，有助于研究对象摆脱有关抑郁症的"科学知识"的压迫和控制，看到自身的能力。

3. 方法论

建构主义研究范式重视研究者对日常生活经验的研究，必须建立在日常经验的脉络中，才能完全捕捉行动背后所隐藏的意义，研究方法的选择必须考量研究方法与策略本身是否重视对现象的诠释。在本研究中，笔者不是孤立地理解抑郁青少年亲子关系，而是把它放到中国社会转型这样一个丰富、复杂的社会环境中来研究；不是孤立地看影响亲子关系形成的各种因素，而是把亲子关系作为青少年的最重要、最基本的人际关系，把它放在和青少年其他的重要的社会关系（同伴关系、师生关系）相互作用的角度来理解，即从关系中的关系这样一个角度来研究亲子关系和抑郁症的形成过程。本研究主要采用深度访谈，通过对抑郁青少年生命历程为主线的半结构访谈，进入研究对象的生活经验的脉络中去了解其与父母和家人互动的方式及其行动本身的意义和结果。在访谈过程中特别注意挖掘研究对象生活中的重大事件，以及研究对象对这些事件的看法、感受。在这样一些事件中，青少年一方面会呈现自己的认知和行动中的主观意图，另外一方面，这些事件背后又有社会变迁和家庭变迁的脉络，从而能使研究者捕捉行动背后隐藏的意义。从本研究来看，青少年亲子关系的形成与其所处的社会环境有密切的关系，特别是与其主要的社会关系系统有着密切的联系，抑郁青少年与其家长、老师和同学之间的互动有着密切的关系，每个主体或环境的变化都会对青少年的亲子关系产生影响。

二、为什么选用质性研究

第一,本研究是社会工作(实践)取向的研究,研究的目的是为了后续的行动和干预,即探讨如何从社会工作的角度来理解和干预青少年的家庭和社会环境,促进青少年抑郁症患者的康复,比较适合采用质性研究。因为"定性研究范式在理念上比较倾向于社会工作的内在逻辑,比较贴近社会工作的理念,并且比较与社会工作的实践相关联。在社会工作实践的适用性方面,定性研究在'语言'上也更接近社会工作实践的真实环境,而这是由定性研究本身的特点与性质决定的"。"定性研究主要是一种有关对主体(被研究者/信息提供者/研究参与者)进行诠释的、自然的研究方法","定性研究强调在自然真实的环境场合中进行研究活动,研究者自己作为工具、深入现场获取资料,包括观察、参与观察、深入访谈等","注重'理解'及对'日常生活'与'意义'的探索。质性研究重在探索被研究者的想法和观念,从被研究者自己的参考架构去理解他们的主观经验及社会现实对他们的意义"(马凤芝,2002:181)。从这个意义来说质性研究是协同探究的过程,这个过程本身就是实践取向。

第二,本研究希望从抑郁青少年的视角来研究亲子关系,透过其主观经验去理解和解释其与父母互动的经验及其与抑郁症的关系。本研究从青少年的视角理解其亲子关系的形成机制和变化过程,比较适宜采用质性研究。人们对某个研究对象的研究,不仅取决于对象本身所具有的属性(客观性),而且还取决于我们如何对待研究对象的态度(主观性),也就是研究者的研究视角(perspective)。研究视角决定着研究者对研究对象属性的界定,即人们总是从特定视角去研究研究对象的某个方面。研究对象的属性是多元的,研究的视角也是多元的。因此,对任何一个对象的研究,都可以是多元的。相应地,研究方法也必然是多元的。本研究的对象是青少年抑郁症患者的亲子关系,重点了解青少年与父母交往中的主观经验。对于青少年期亲子关系的一般特征的考察可以用问卷法为主要手段,但要想了解和挖掘青少年与父母互动中的主观经验及其变化过程,了解亲子关系变化背后的原因,更适宜采用自然观察、深度访谈等更具有生态效度的质的方法。不了解青少年的解释方式和逻辑,就无法了解其亲子关系的建构过程。

第三,质的研究更为关注处于"边缘化"状态的人群。从质性研究的历史和现状来看,质性研究的对象更为关注处于边缘化状态中的人群。文化人类学对土著部落的研究,社会学中的芝加哥学派对城市底层人群的研究,无不体现出这一特征（余东升，2010）。而青少年抑郁症患者，正是当代社会中不断被标签化和边缘化的人群。由于国内目前精神卫生知识社会普及程度很低，大多数人对精神疾病认识不足，对患者缺乏应有的理解和同情，偏见与歧视现象较严重，青少年抑郁症患者也常常因为到医疗机构就诊的经历而被周围的人认为是"疯子"，被排斥、被边缘化。因此，在研究过程中给予抑郁青少年尊重和关怀在本研究中显得十分重要。本研究希望通过收集资料的过程，经处于精神疾病困扰中的青少年提供一些必要的理解、尊重和关怀，通过研究者去聆听他们的生命故事，给予研究对象理解、支持和鼓励，体现社会工作追求社会关怀的价值理念，并为研究结束之后的干预服务奠定基础。

第四，现有对青少年亲子关系的研究主要以定量研究为主，较少从青少年视角、从人与环境互动的角度来研究青少年的亲子关系。目前对亲子关系的研究主要采用定量研究，特别是用研究对象自我报告法者居多，大多采用问卷调查的方法。常常是把一个源于西方的测量工具略作修改，甚至不做修改就放在不同对象的身上使用，不考虑其年龄、民族、社会文化和个人特点，研究的目的更多的是验证西方人研究的理论，较少关注在中国文化处境下的青少年亲子关系的特质，忽略了对精神疾病困扰中的特殊青少年群体亲子关系的关注。质性研究比较重视从被研究对象的视角看问题，有助于从抑郁青少年的视角来理解亲子互动的过程以及在此过程中青少年对自己行为意义的建构。

三、什么是质性研究

质性研究来自于不同的范式，后实证主义、批判理论和建构主义是质性研究的主要理论基础。关于什么是质性研究方法，并没有一个合适的定义能够涵盖所有的质性研究。因为质性研究起源于很多不同的学科，受到不同的思潮、理论和方法的影响，是一个跨学科、超学科、有时甚至是反学科的研究领域。陈向明（2000）认为：尽管社会科学界对什么是质性研究没有一个明确的定义，但大部分研究者已经对质的研究的主要特点达成了一定的共识，质性研究具有以下一些主要特点：

（一）遵循自然主义的研究传统，在自然情景下进行研究，注重社会现象的整体性和关联性

质的研究必然在自然情景下，对个人的"生活世界"和社会组织的日常运作进行研究。要了解个人和组织，必须把他们放到丰富、复杂和流动的自然情景中进行考察。对一个事件进行考察时，不仅要了解事件本身，还要了解事件发生和变化时的社会文化背景以及该事件和其他事件的关系。对部分的理解

必须依赖于对整体的把握，而对整体的把握又必然依赖于对部分的理解。在本研究中，笔者不是孤立地理解抑郁青少年亲子关系，而是把它放到中国社会转型这样一个丰富、复杂的社会环境中来研究；不是孤立地看影响亲子关系形成的各种因素，而是把亲子关系作为一种青少年的最重要、最基本的人际关系，把它放在和青少年其他的重要社会关系（同伴关系、师生关系）相互作用的角度来理解，即从关系中的关系这样一个角度来研究亲子关系。对于亲子关系与抑郁症形成之间的关系的理解，也不是简单地从因果关系的角度来理解，而是从"人在情景中"的社会工作视角出发，把二者之间的关系放在青少年的整个生活世界中，综合地分析和理解青少年的亲子关系、同伴关系、师生关系与青少年的社会流动、压力形成等因素之间的关系。

（二）研究的目的是对研究对象的个人经历和意义建构做解释性的理解（interpretive understanding）

研究者通过自己的亲身体验，对研究对象的生活故事和意义建构做出解释。除了从研究对象的角度出发，了解他们的思想、情感、价值观念和知觉规则，研究者还要了解自己是如何获得对对方意义的解释、自己与对方的互动对理解对方的行为有什么作用、自己对对方行为的解释是否确切。因此，在研究过程中，笔者尽量放下自己对研究对象的"前设"或倾向，比较开放式地去倾听研究对象对个人成长中不同年龄阶段的亲子关系特点的阐释。这个过程是研究者和研究对象共同去建构的，在此之前，大部分受访对象并没有思考过这样的问题，透过访谈的过程，研究对象在研究者的提问和启发下，逐渐清晰地描述出个人成长过程中的各个阶段亲子关系的特点，以及它对同伴关系、师生关系的影响，也看到了个体所处的社会结构对亲子关系、抑郁症的影响。透过这个过程，研究者了解到了受访者对亲子关系的理解、感受和价值判断的原则，并在此基础上建构出抑郁青少年亲子关系的特点和形成机制；亲子关系与同伴关系、师生关系的相关作用的机制；亲子关系与抑郁症形成的关系作用原理等。

（三）研究是一个演化发展的过程

研究是一个动态的过程，在这个过程中，研究对象和研究者本身都可能会变，收集和分析资料的方法也会变，建构研究结果和理论的方式也会变。研究不可能是一次定终身。

在本研究的过程中，笔者不是按照事先的预定形成的研究假设和访谈提纲来收集和分析资料，而是按照研究对象对个人成长经历的介绍，逐渐发现在其成长的不同阶段，亲子关系呈现出不同的特点，这些特点的出现与青少年的个人成长的内在需要（如独立、建立理想自我、建立友谊和亲密关系等）与外在环境之间的变化，如家庭生命历程、个人成长的重要事件（读书、升学压力、父母外出赚钱、新的学校适应等）有着密切复杂的关系。并把某一时空发生的事情拼凑成了一幅以社会转型中的家庭变化和个人的社会流动为背景，从抑郁青少年个人成长来看其亲子关系，以及亲子关系、同伴关系和师生关系等多种人际关系互动的角度来理解抑郁青少年的亲子关系、亲子关系与抑郁症之间关系、亲子关系与社会结构的丰富的多维图画。这样的描述和理解更加接近于青少年的生活世界，而不是把亲子关系从青少年复杂丰富的生活世界中抽离出来孤立地理解，这样研究出来的结果更具有可信度。

（四）通过归纳的方法形成理论和概念

质的研究者在收集和分析资料的时候采用自下而上归纳的路线，分析资料和收集资料同时进行，用"深描"（thick description）呈现资料，透过细节来表现研究对象的文化传统、价值观念、行为规范、兴趣、利益和动机。理论的建构也采用归纳的路线，从资料中产生理论假设，并不断通过相关核对和不断比较逐步得到充实和系统化，通过研究者自己收集的资料建构理论。

在本研究中，笔者首先反复阅读资料，发展出"比较"的框架和"分类"系统，参考原先的研究理论框架，回应原来的研究问题、内容，将大量的访谈资料进行裁剪、分类、拼装，辅之以受访者的个人背景资料，来呈现复杂的概念、分类和内容，最后得出研究结论。比如对于抑郁青少年的亲子关系研究的资料分析中，最先呈现的是一些比较具体的概念，如"怕"、"不亲"、"沟通不来"、"压抑""被打骂"、"恐惧"等，这些概念后面可以再抽象出三个亲子关系的类属即权力、情感和人际沟通。这样，就形成了本研究中抑郁青少年亲子关系的三个基本特征：权力关系、情感关系和人际关系。此外，受访者在谈到其亲子关系时，他们会说"分阶段"，"小的时候"、"小学阶段"、"中学阶段"、"上大学以后"，这些概念的后面呈现的是青少年个人成长的脉络；受访者在说到和父母的关系时，常常出现"经商"、"父亲不在家"、"住校"、"买学"、"借读"等概念，而这些概念的出现呈现出中国社会改革开放的社会转型的脉络；受访者在谈到和父母的关系时，常常会带出一些把他们在学校的经历如"老师骂得很凶"、"怕老师"、"得不到老师的肯定"，在仔细阅读这些材料的过程中，亲子关系和其他人际关系交织在一起的脉络也就呈现出来了。这样，本研究中抑郁青少年亲子关系的三个维度或脉络（context）：社会

第三章 研究方法

转型、青少年的个人成长和人际关系就自然形成了。这三个脉络和社会工作"人在情境中"的理论视角就自然对应起来了，宏观的视角是中国社会结构转型；中观的视角是人际关系的形成和发展；微观的视角是青少年的个人成长。笔者再按照这三个视角把研究中出现的概念进行分类、归纳和总结，就形成了本研究的结论（具体见最后一章）。

（五）重视研究者和研究对象的关系

研究者一方面要和研究对象建立良好的关系，公正地对待研究对象和研究成果，恰当处理敏感信息；另一方面要对自己的角色、个人身份、思想倾向、自己与研究对象的关系以及这一切对研究结果所产生的影响进行反省。

在本研究中，研究者和研究对象建立了良好的信任关系。研究者通过 Y 医院的医生、心理治疗师和社工的介绍，首先以实习指导老师的身份和研究对象接触，和他们一起参加 Y 医院精神科的社会工作服务；在得到研究对象接纳的情况下向其认真地介绍研究的目的、内容和意义以及研究者和研究对象的权利和义务。这些做法都得到了研究对象的积极回应，如他们会主动地把自己写的一些随笔和日志给笔者阅读，关心笔者研究的进度，一些访谈对象至今仍和笔者保持着联系。

访谈过程中注意营造一个宽松、信任的气氛。为了营造一个轻松和谐的访谈气氛，每次访谈时笔者都先请受访对象说说自己的兴趣爱好，有时和他们一起听歌聊天，然后才进入正式的访谈议题。访谈的地点除了在医院之外，还会选择在大学的校园。由于抑郁青少年在医院的住院时间比较短，一般在 3 个星期，笔者的初次访谈大部分是选择在病人出院之前，此时病人病情稳定，意识比较清醒。第二次访谈时，有的病人已经出院或将要出院，在医生的同意下可以外出，访谈的地点会选择在大学校园。此外，对于部分门诊病人的访谈也是在笔者就职的大学办公室、书吧或茶室中进行。在访谈结束时，笔者也会主动地说："刚才我问了你很多问题，你有什么问题要问我吗？"此时，受访对象常常会问我一些他们关心的话题和今后和我联系的方式。如："你们学校什么专业比较好啊？""你觉得我上哪所大学好一些？""我今后有问题的时候是否可以和你打电话或写电邮？""你的 QQ 号码和电话号码是多少？"

尽量从受访对象的角度去理解抑郁青少年对事件的认识、感受和意义的建构。在访谈过程中，研究者比较多地使用同感的技术，尽量站在被研究者的立场上去了解他们对事件的认识、感受和意义的理解；同时，注重采用澄清的技术去倾听和回应受访对象的叙述。如,"你的意思是……";"我是否可以这样理解你刚才说的话……""你此时的感受是……"。

技巧地处理一些敏感性话题。对青少年的访谈中不可避免地碰到一些"性"的内容,如果直接地问受访者,可能会遭到拒绝或敷衍。此时,我常常用一种开放式的态度和青少年去谈论,如"我不明白现在男生和女生的关系到什么程度了,你们如何看待早恋",从中去理解到中学生谈恋爱这种特殊的同伴关系与其亲子关系之间的相互作用。

第二节 深度访谈法的运用

一、对深度访谈法的认识

什么是深度访谈?

在社会科学研究中,访谈法是一个普遍应用的研究方法,是一种最古老、最普遍的收集资料的方法,也是社会科学研究中最重要的调查方法之一。访问的过程实际上是访问者与被访者之间双方面对面的社会互动过程,访问资料正是这种社会互动过程的产物。按照对访问过程的控制程度,可以将访问分为结构式(封闭型)访问、无结构式(开放式)访问、半结构式(半开放式)访问。结构式访谈主要用于定量研究中,以便收集统一的资料,并对其进行分析。而质的研究在初期往往采用无结构型访问的形式,了解被访问者关心的问题和思考的方式;然后,随着研究的深入,逐步转向半结构式访谈,重点就前面访谈中出现的重要问题以及尚存的疑问进行追问。目前学界所指的深度访谈,就是指半结构式访谈(转引自杨善华,2005)。根据 Minichiello et al (1995) 的意见,深度访谈是在研究者和被研究者之间的会谈,这种会谈把焦点放在后者自我的感知上,用他或她自己的语言,讲述其生活和经验。通过这个过程,研究者就能进入,并随后理解被研究者对社会现实的自我诠释。

1. 主要特征

汤姆·文革拉夫(Wengraf, 2001)认为深度访谈有两个主要特征。

(1) 访谈的问题是事先准备的(半结构的),在访谈过程中要对大部分访谈问题进行修改,最终作为整体的访谈是研究者和研究对象共同的产物。也就是说,研究者访谈的问题要有开放性。研究者无法预先确定每一个具体的问题,只能有一个主要问题的框架。研究者要注意听取研究对象的叙说,并在此过程中不断改进问题，以澄清和扩展问题。同时，为研究对象提供足够的空间以便让他自己来把握访谈的进程。

（2）要深入事实内部。这是深度访谈最主要的目的。何谓深度？如何才能深入事实内部？文革拉夫认为"深度"指的是了解某些事实的更多的细节知识；表面事实后面有一个深度的事实，表面事实容易误导人们对深度事实的认识。按照格尔茨的看法，研究者在面对复杂而又含混的文化结构时，先掌握他们，然后再转译。也就是说，研究者先进入被访问者的日常系统去，了解被访问对象用来解说他们生活事实的习惯语句，然后再将所得信息转译为社会研究语言，并对此信息的意义做出解释。所谓深度事实，首先要考虑它对于被访者的意义，然后才能考虑研究者的意义情境（杨善华等，2005）。

从操作层面来讲，访谈中是否"深"可以从三个方面来衡量：一是对研究情景的把握。也就是说访谈者和被访谈者双方要能够打开心扉、坦诚相见，实现心与心的交流，才能进入心灵的深处，对深处进行访谈才是访谈的真正使命（陈向明，2000）；二是内容的把握。重要的是从受访者那里获得能够表达他们所思所想、所作所为的真实资料，从他们的角度理解和建构其言行的意义；三是需要有充分的资料，事件的发生过程和情景的深描，分析与情景之间的有机结合，身临其境的感觉等，从而对是否为深度访谈做出自己的判断（方敏，2002）。

在如何才能获得"深度"的事实上，阿科塞与奈特提出了与半结构深度访谈相应的"渐进式聚焦法"（progressive focusing），这种方法从一般化的兴趣入手，逐渐发现被访者的兴趣点，然后再集中展开。目的是为了从人们的话语中了解人们在情景中的问题领域，并试着用他们自己的术语来了解事情（杨善华，2005：53~54）。可见，在深度访谈中我们真正重视的是人们对生活事件的理解和解释，受访者被看做是研究主题的信息提供者，而不是研究对象。研究者以尊重的态度试图从受访者身上得到正确而深入的资料。

2. 既是收集资料的过程，也是研究的过程

质性研究中访谈的最主要目的是深入事实的内部，注重的是对访谈资料的解释性理解，强调"事实"本身必须通过研究者的主观诠释才可能揭示其意义。从意义学的角度讲，首先要强调它对被访问者的意义，然后才能考虑研究者的意义。正如有的学者指出：从意义学的角度来看，深度访谈的实质是对被

访问者在访谈时赋予自己的话语的意义以及被访问者赋予访问场景的意义探究。一旦研究者明确了这一点，便可以以一种积极的能动的态度和立场去实现这样的探究；而这种态度和立场的标志就是在访谈当时就开始这样的认知。从这个意义上看，深度访谈既是资料收集的过程，也是研究的过程（杨善华等，2003）。

深度访谈不是研究过程中的一个阶段，即资料收集完毕访谈也就结束了，深度访谈是对事件或现象的发生、情景、过程和受访者内在体验的挖掘，这个挖掘的过程是在双方主体间互动的过程中完成的，是双方共同建构的结果。因此，访谈者不仅要在访谈的过程中及时整理资料、分析资料，以发现新的问题或补遗，做进一步的访谈，更重要的是研究者在分析资料、建构理论的过程中，随着分析问题的深入，可能也应该产生新的问题，需要与受访者再交流、沟通，需要再去访问。当研究报告完成后，在条件许可的前提下，应请受访者过目，如双方有不同的意见，要尊重受访者的意见，进行修改。因此，在质性研究中，访谈不是研究中的一个阶段或环节，而是从一开始就贯穿至整个研究过程结束时的循环往复的研究工作（方敏，2002）。

二、深度访谈法的运用

（一）抽样

本研究采用目的性抽样，即按照研究的目的抽取能够为研究问题提供最大信息量的研究对象（Patton，1990：169，转引自陈向明，2000）。深度访谈在抽样时常常采用目的性抽样，关心所选择的样本是否具有完成研究任务的特性和功能。本研究采用目的性抽样，研究田野点为昆明Y医院，对象为接受治疗的门诊和住院青少年抑郁症患者。由于研究田野是一家医院，研究必须遵守Y医院的管理制度，如访谈只能在医院进行（门诊病人除外），访谈必须得到主管医生的同意等。本研究中研究对象的抽取过程如下：

1. 向医生、社工和心理治疗师介绍研究目的、对研究对象的要求（年龄、性别、患病类型等），请他们推荐合适的访谈对象，先后被推荐进入本研究的个案共有16个。

2. 笔者与被推荐的对象进行初步接触，评估其是否可以成为正式访谈对象。结果发现其中有一些个案不符合研究条件，如年龄太大；病情严重；住院后病情诊断发生改变；本人不愿意等。经过初步接触，笔者排除了5个被推荐的访谈对象，这5个人的基本情况是：

姓名	性别	年龄	身份	删除原因	备注
E	女	25	大二学生	超龄	高中休学了2年，工作了3年才考上大学
I	男	16	初中肄业、无业	病情诊断改变，入院初为抑郁症，后诊断为适应障碍	
N	女	19	高三学生	家人愿意但本人不愿意参加研究	
O	女	21	大二学生	该年龄段被访问对象太多	
P	男	16	初三学生	刚入院，病情较重	

3. 确定访谈对象并初步见面。经过筛查，最终确定了11个正式访谈对象并向他们介绍本研究的目的、意义、方法及保密原则等，征求对方是否愿意参加研究。

4. 与愿意参加本研究的人员进行初步访谈，评估其是否可以作为研究对象，确定正式的访谈对象。与符合访谈条件的对象签订协定，对方即成为正式的研究对象；对不符合访谈条件的，向其家属或本人作出解释。有些受访对象通过初步接触发现其病情较重，比如有一位抑郁青少年（不满18岁）的家长很愿意孩子参加研究并签下了知情同意书，但经过我的初步接触，感觉该青少年病情较重，不适合做深度访谈，我就放弃了这位受访对象并向其家长作出解释。

5. 抽样中注意兼顾性别和年龄因素。鉴于很多相关研究发现亲子关系具有一定的性别差异，本研究在抽样时注意考虑性别因素，尽量做到男女各半，最终访谈对象中有6个女性，5个男性。此外，由于青少年这个年龄段的跨度比较大，笔者在抽样时也尽量考虑了研究对象的年龄段，最终确定的11个访谈对象的年龄介于15～21岁之间，覆盖了青少年早期、中期和晚期，受访对象的平均年龄为16.6岁，以中学生为主（中学生7人，大学生4人）。

6. 抽样中注意兼顾病情的轻重程度。上述11个访谈对象中包括病情为重度、中度和轻度的抑郁症患者。轻度的抑郁症患者共3人，主要为门诊病人；中度的抑郁症患者4人；重度患者4人，其中3人在第一阶段访谈结束后不久又第二次入院接受治疗。

为什么只选11个受访对象？一方面，质的研究方法的主旨是理解性地解释受访者的言行及其意义建构，注重对研究对象内在经验的把握。质性研究重视的不是样本的规模，而是样本信息的丰富程度，质性研究的目的不是从样本研究的结论推断总体，而是从研究对象提供的信息中去找到其对于研究对象的独特性意义。McCracken指出，因为绝大多数质性研究的目的是要发现、而不是去验证种种文化和分析性范畴，所以，用深度访谈方法所做的质性研究中，"少即多"（less is more）是一个重要的原则，它指导我们在面临"多少样本才算是足够的"问题时做出正确的决定。他建议，重要的事情是与较少的几个访谈对象工作得更长点、更用心点，而不是和更多的人做点草率的表面工作。对Mccracken（1988）和其他的质性研究者来说，8个访谈对象对质性研究来说就足够了。这个数字是建立在经验基础之上的，这种经验发现在访谈了8个对象之后，文化范畴一般就"饱和了"（saturated），不会再出现新的范畴。这一小小的对象群体不是一个更大世界的某个部分的"代表"，而只是"为研究者提供了一个机会，让研究者对文化的特征、组织和逻辑窥见一斑"（Mccracken，1988）。有的学者如Morse（1994）认为，现象学研究中访谈对象的数量为5~25个，扎根理论中为20~30个。她说："资料饱和是保证质性研究质量的关键，但并没有一个公认的达到资料饱和的标准的样本数量。"另一个方面，质的研究中效度检验中要求原始资料的丰富性。这不仅要求资料的深度，还要求有足够的个案覆盖一定的时空，并试图通过资料的丰富性检验结论与资料间的一致性以表明研究结论的可靠性。其实，质性研究中是否有效度和效度概念本身是有争议的，一些激进者甚至认为效度概念本身不适合质的研究。尽管如此，多数质的研究者仍然沿用了"效度"这个术语来谈论研究结果的可靠性。在这个意义上，有学者提出：为保证结论与资料间的一致性，每一个结论起码应有三个以上的例证作为支持（转引自方敏，2002）。

根据上述抽样原则，开始进行访谈之前笔者并没有刻意去确定访谈对象的数量。但有一个原则性的标准，即"资料达到饱和，再收集时已经出现了重复，此时研究者可以退出现场。"（转引自方敏，2002）。资料饱和是研究者中止研究分析的基本要求。但对饱和的看法却没有一个统一的标准，有的研究者认为只要研究资料分析中没有出现新的概念即是研究的饱和；有的认为与其说是研究饱和，还不如说有充分的资料支持概念（Guest et al，2006）。笔者从进入田野开始初步访谈并对资料进行初步分析的时间大约是一年半，期间笔者一边进行访谈，一边进行资料的初步分析，当访谈和分析到第9个时，信息开始出现重复了，为了进一步检验信息是否真的饱和，笔者又继续访谈了2个对象，再收集时已经出现信息重复，证实没有出现新的主题信息，此时笔者退出现场。

因此，本研究的最终受访对象为11人，这11个访谈对象的年龄分别属于青少年早期、中期和末期，即初中、高中和大学阶段的青少年学生，男女比例基本平衡（5男，6女），包括来自大城市、中小城镇和农村的青少年，其家庭所在地除了云南本省之外，还有邻近的重庆市和贵州省，具体情况见文末附件1和表3.1。按照人类学家M·米德的观点："人类学的抽样逻辑中，研究结果的效度不在于样本数量的多少，而在于样本的限定是否合适，该样本能否作为一个典型的、能够代表本文化完整经验的个案进行准确的研究。"即"该样本是否可以比较完整地、相对准确地回答研究者的研究问题"（陈向明，2002：104）。可见，本研究的个案具有典型性，且数量能够满足研究的需要。

在撰写和修改论文的过程中，我又开始对访谈对象进行回访或进一步的访谈。一些家住外地或外省的访谈对象，因联系不上而无法进行回访；对家住本地的访谈对象，我都通过面谈、电话访问的方式进行了一次回访，从回访的情况看，没有发现病情诊断错误的非抑郁症患者，回访过程中获得的一些新信息又补充到研究资料中，直到没有新的主题出现。

（二）进入现场的方式

进入现场的方式主要有三种：一是自然进入，即研究者一开始就自我介绍，告诉研究对象研究议题的性质、研究的动机、研究者准备如何做、对资料的保密和匿名等。这是一种比较理想的进入方式，但常常因为种种原因而无法实现。二是逐步暴露式。在研究开始时，研究者简单地向被研究者介绍自己的研究计划，然后随着被研究者对自己的信任增加而初步展开。采用逐步暴露式进入现场的理由是：质性研究中，研究问题和研究方法都会随着研究过程的进行而不断变化，研究者事先的设定不一定会如期实现。一开始就向被研究者和盘端出一个复杂的研究计划不但没有必要，而且也不可能会符合今后发生的"客观实际"。被研究者也可能会对这个"堂而皇之"的研究计划感到不知所措，不知道能否与研究者很好合作而拒绝参加研究（陈向明，2000）。三是隐蔽式进入。研究者预料自己的研究肯定会受到"被研究者"拒绝时，一般采用隐蔽式进入。在本研究中，笔者将采用自然进入与逐步暴露式相结合的方式进入研究田野，并以自然进入为主，逐步暴露为辅。

自然进入时，我首先向Y医院的科室领导介绍自己的身份和研究目的，在得到许可的情况下开始进行抽样准备。笔者向精神科的医生、心理治疗师和社工介绍了本研究的目的和内容，请他们向患者和其家属做宣传。医生、社工和心理治疗师把自愿报名的受访者转介给笔者后，笔者先对其进行初步的面谈和筛选，然后与符合研究条件的受访者签订研究协定。如果受访者的年龄在18岁以下，则需要与其父母中的一方签下知情同意书后，笔者才开始进行访谈。

笔者采用的另外的一种进入现场的方式是逐步暴露研究者的身份。笔者首先通过和医生的交谈，了解住院患者符合研究条件的受访者，锁定未来的受访者。在受访者参加Y医院精神科每天下午的社会工作服务活动时，我以一个社会工作教育者（实习督导老师）的身份出现，和预先选定的受访者一起参加活动，并在活动过程中和活动结束后和他们进行短暂的交流。之后，请医院社工或社工实习学生①替我约见受访者，此时，我的身份是大学老师。由于这里的患者和社工及社工实习学生有很好的关系，他们一般不会拒绝和我见面。见面后，根据面谈的效果再逐步公开我的研究者身份和研究目的，并邀请其参加本研究。

（三）研究关系的建立

深度访谈中受访者被看做是研究主题的信息提供者，而不是研究对象。因此，研究过程中研究者和被访者的关系显得十分重要。Johnson认为我们可以把深度访谈视为一种社交形式，如同朋友之间的互动关系，双方有亲和的关系之后，才会有更多的自我揭露，一旦彼此建立关系，研究对象才会很自在的进一步深谈（Johnson，2002）。要使研究对象配合你共同研究，积极提供研究信息，不仅要感情沟通，而且要使对方感到你的研究对其没有伤害，而且有帮助，同时研究者与研究对象相处时要真诚可信，要让对方了解你的研究及你本人的情况（王玉华，2001：37）。

笔者与研究对象关系的建立过程如下：首先，向医生和心理治疗师介绍本研究的目的和研究对象选择要求，请他们推荐合适的住院和门诊患者作为访谈对象并向他们了解该研究对象的基本情况、病情、心理状况和家庭情况等。第二步，在医生、社工或心理治疗师的引荐下接触研究对象。对于住院或病愈出

---

① Y医院精神科是我所在大学的社会工作实习基地，笔者从2005年开始每年7~8月份在该医院指导学生实习，已经持续了5年，我指导的实习学生毕业后有3位学生先后在这里做社工（正式编制之外），学生实习中笔者常常到现场督导。

院的青少年抑郁症患者,笔者采用先以志愿者身份参加大组治疗①,初步接触抑郁青少年。在大组治疗结束后,笔者直接约见拟访谈的对象并公开自己作为大学老师和研究者的身份,向他们讲解研究目的、内容和方法及相关保密原则,征求其是否愿意参加研究。第三步,与愿意参加研究的 18 岁以上的志愿者鉴定研究协议。对于 18 岁以下的研究对象则约见其家长,并与家长签订研究协议书。第四步,进入正式的访谈阶段。第五步,访谈结束后通过面谈、电话或邮件等方式对访谈对象进行回访,如对方有需要,在研究结束之后提供若干次义务的心理辅导(由笔者在研究结束后提供或由其他人提供心理辅导)。

那么,透过上述过程笔者是否和研究对象建立起了良好的研究关系呢?在此分享一个访谈中的小故事。

"只要有一个人理解我就够了"

在我对小 B 第二次访谈结束后的某一天,我以一个实习教师的身份带学生在 Y 医院实习,在督导学生的过程中,我偶然发现小 B 因第二次病发再次入院治疗。社工告诉我她的情况似乎比首次入院时要糟糕,除了吃药打针之外,她不与其他病人接触,不参加她第一次入院时很喜欢的大组治疗,也不与医院的社工、心理治疗师交流。知道她的情况后,我感觉好像是我的一个朋友病了,想去探访她一下。于是,我请医院的社工向小 B 转达我的愿望,并预约见面时间。小 B 答应见我,我们见面时她对我说的第一句话是:"高老师,你的研究论文写好了吗?"。我对她说:"还在修改中。"接着,我们像拉家常一样的说了很多,主要内容是她出院后的情况。她告诉我她妈妈不久前突然去世了,她承担了照顾家庭的责任。在这个过程中,我很少提问,只是聆听她的生命故事,并向她反馈一些听故事中的一些感受,以及对她的赞赏。这次见面后的某一天,医院社工小李对我说:"高老师,你太厉害了(指技术高明),小 B 和你见面后她的情况大有改观,主任查房时她说:这个世界上只要有一个人理解我就够了,现在她愿意来参加活动了。"

这个偶然发生的小故事常常让我思考,如何才能与研究对象建立比较好的信任关系呢?

首先,研究者对被访者的态度十分重要,研究者要有一种人文关怀的态

---

① Y 医院精神科常有一些社区志愿者参加大组治疗活动并为住院患者提供服务,患者对志愿者比较接纳。

度,一颗聆听的心,真诚地积极回应者访者;同时,也要和服务对象分享自己的感受。与小B建立关系过程中笔者也有很多的挣扎。记得刚开始接触小B时,我能明显感受到她的回避、不信任和敷衍,我对小B也有一些不舒服的感受,觉得她是一个很难弄的访谈对象。我也和医院的社工和心理治疗师分享我的这些感受,她们在与小B的接触中也有同感。第一次的访谈也不够深入,当时我也不能肯定小B是否可以成为正式的访谈对象。在后面的几次访谈中,我把上述感受与小B分享,慢慢理解到这是小B被学校的老师和同学伤害后的一种自我防卫。

其次,研究者要有对另外一个生命的好奇和欣赏。每个人的生命故事都是独一无二的,对生命的好奇和欣赏,才能让你真正理解被访者在其生命过程中被型塑的人格和个性特征,也才能了解访谈者赋予访谈内容和场景的意义。与小B的第一次访谈结束后,在整理访谈资料的过程中,我常常问自己,是什么力量让一个山区的少数民族女孩成为一个令人羡慕的名牌大学的学生;又是什么样力量让她成为一个精神病患?这其中有怎样的艰辛和挑战?面对她承受压力时的表现,我常常由衷地发出欣赏和感慨。

第三,研究者在面对他人的质疑中不断地进行自我反省。在与我的导师讨论访谈资料时,他常常问我,为什么你这段访谈做得很流畅?这段访谈好像很紧张?仔细思考后我发现,当我把自己当做一个学者、老师时,我和研究对象之间的张力很大,距离很远,自己也很紧张;而当我把研究对象作为一个需要关心和了解的朋友时,双方的互动是最顺利的,就像上面提到的我与小B之间发生的故事。因此,放下研究者、教育者的身份,放下"先见",才能游刃有余地深入事实的内部,访谈也才能成为你和你的访谈对象共同建构的产物。

(四)访谈的主要内容

1. 以青少年抑郁症患者的个人成长历程为访谈的切入点

个人成长史是深度访谈的最佳切入点。首先,个人的生活史,基本上等同于舒茨的"生平情景"概念。舒茨认为,个体自童年开始,就通过自身的经验和父母、同伴、朋友、老师的言传身教获得应对各种事件和生存所需要的各种知识。这些知识由日常语言和方言的命名而类型化。对个体来说,这些关于日常生活事件的类型化知识不断积累,把这个世界既作为现存对象来接受,也作为具有过去和未来的对象来接受。这样的类型化知识和个体生活过程中获得的知识共同沉淀为经验储备,这种经验储备就是个体此后理解社会现象、采取相应的社会行动的基础,舒茨称之为"生平情景"(biographical situation)。

"生平"是指个体经验储备形成的历史性（霍桂恒，1996）。其次，个人成长史体现了个体在其生命过程中形成的人格和个性特征，对被访谈对象的个性和人格特征的了解有助于我们理解被访谈者赋予访谈内容和现场的意义。

以个人生活史为切入点的深度访谈隐含了这样的假设：宏观的社会变迁以及社会文化会以不同的方式投射到不同的个人身上，从而影响个人的生命历程。由此，对于个人生活史的访谈本身就显现出一种社会意义，可以由此去透视社会文化对个体的影响，通过被访者的讲述去进一步发现这样的社会文化和变迁最后在个人身上留下了什么。由个人生活史去了解被访者的另一层意义在于，每个人的生命过程都是独一无二的。所以，对个人生活史的访问，在某种程度上意味着被访者在其生命过程中被形塑的人格和个性特征的显现；而被访者赋予其访谈内容的意义与他的人格和个性特征是密切相关的（杨善华、孙飞宇，2005）。因此，了解被访者的人格与个性特征无疑有助于我们理解被访者赋予访谈内容和场景的意义。

2. 在访谈的过程中注重挖掘被访谈者的生活事件（异常事件），以及被访者对这些事件的看法和感受

在有关生活史的访谈中，异常事件应当引起我们足够的重视。所谓异常事件，就是被访者在日常生活中经历的与常态不符的事件。被访者一般都会对此类事件记忆深刻，并以故事的形式讲述出来。一般来说，普通人的经验只有在与"故事"交融在一起的时候才会获得意义。通过被访者生活史中的故事，我们可以发现日常生活中的反思、决断和行动以及被访者想要赋予故事的意义。

在青少年讲述个人生命历程的过程中，笔者注意深入了解属于被访谈者自己和家人的异常事件，如青少年与父母的冲突事件，父母之间的冲突事件，家人之间的冲突事件，学校生活中的重大事件，亲人去世，青少年个人角色的转变（如转学、进入重点高中、上大学等）。透过这些异常事件有助于笔者去了解青少年抑郁症患者如何在一种具体的社会情景中去应对和处理他们面临的问题。在这样的一些事件中，青少年一方面会有自己的理性认知，行动中透露出明显的主观意图；另外一方面这些事件背后又有着社会和家庭的影响，研究者需要理解和解释的意义因此也会凸显出来。

3. 访谈提纲与提问的方法

在提问之前，笔者先拟订了一个初步的半结构式的访谈提纲，作为收集信息的范围。访谈提纲的主要内容包括：请介绍一下你的成长历程；在你的成长

过程中发生过哪些印象深刻的事情？你与父亲（母亲）的关系如何？你与同伴和老师的关系如何？生病后你和父母的关系是否有一些变化（请举例说明）？住院过程中对你帮助最大的人或服务内容有哪些？

在实际的访谈过程中，笔者从访谈对象的个人生活史开始，将访谈引入一种自然的状态，以倾听为主，随着受访对象的叙述以追问的方式展开较为深度的访谈。一般是先请访谈对象说说自己的成长历程，当受访者谈到自己小的时候是爷爷奶奶带大的，笔者就会去追问，爷爷奶奶和受访者的关系是怎样的？回到父母身边后和父母的关系如何？这二者之间有没有什么关联？为什么小的时候被送到爷爷奶奶家？这样，受访者的父母婚姻关系、家庭关系、婆媳关系、父母职业和文化水平等特征就会逐步地展现出来。这样得到的访谈资料非常丰富，与本研究关系密切的信息通过追问等方式也能够看到，在访谈中也体现了对受访者的主体性的尊重。

要特别说明的是，本研究的资料除了来自于对抑郁青少年本人的访谈外，一部分资料还来自于其个人自传和家长对患者的介绍材料①，以及一些抑郁青少年出院后和我继续保持联系时采用的手机短信和电子邮件资料。访谈的次数多少主要根据收集研究资料的充分程度来确定，最少的2次，最多的5次，每次访谈时间大约在1小时~2.5小时之间。是否进行深度访谈取决于资料的深度和效度、研究者和访谈对象的关系、互动、理解等，访谈次数的多少和访谈对象的个数只是为深度互动提供了条件或者说减低了效度威胁。

除了访问抑郁青少年之外，笔者还对11位受访者中的5个家长（4位母亲，1位父亲）进行了访谈，从中获得的资料也是本研究中的资料来源之一。需要说明的是家长提供的信息主要用于与青少年呈现的信息的相互印证，以便辨别被研究对象对于事实的叙述是否真实或者用于理解"假的意义"。从访谈结果看，家长提供的信息和青少年提供的信息基本一致。

由于Y医院在治疗过程中要求每位患者由一位家属在其住院期间提供24小时陪护，以保证患者的安全。通常情况下，抑郁青少年的陪护主要是其母亲，因此，笔者在医院能接触到的患者家长主要是青少年的母亲，访谈对象L因父母离异，陪护是其父亲。

---

① Y医院精神科分院的治疗模式是生物—心理—社会治疗模式，要求每个来住院的病人要写个人成长记录，家长也要写对病人的看法，以便对患者开展心理治疗时使用。笔者在征得医生和病人的同意下，查阅了这些资料。

三、研究伦理

（一）保密和减少伤害

为了秉持社会工作中最基本的保密原则，本研究对受访者和研究田野进行了化名处理。在受访地点的选择上，主要在受访者熟悉的医院的心理治疗室进行访谈。对于出院或门诊的抑郁青少年，笔者一般在本人就职的大学校园为主要访谈地点。如果是在大学做访谈，访谈时间一般在周末人比较少的时候。对访谈资料的整理由笔者独立完成，并对每个受访者进行编号，对其居住地等身份背景信息进行化名或比较粗的分类，使其不容易被辨认。

如果谈过程中碰到一些与性有关问题或者涉及受访者比较深的个人隐私时，笔者会根据受访者当时的感受和身体反应来做出相应的调整，如笔者发现受访对象有一些为难情绪时便主动提出："如果你觉得不方便或不愿意说可以不讲，如果你愿意讲，我承诺这部分不录音，也不作为研究资料。"类似的做法还有很多，恕不再逐一列举。

总之，本研究希望最大限度地减少对受访对象可能带来的伤害。在访谈之前，笔者告知访谈对象，如果他（她）在访谈的过程中有不良的感受，他有充分的自由随时终止研究关系，如果他决定离开，可以通过面谈、电邮、手机短信告知笔者，也可通过医院社工、家长、医生转告笔者。

（二）尽量让被研究对象从中获益

社会工作的研究不仅是为了研究，研究的最终目的是为了服务。笔者认为深度访谈的过程本身就是一个倾听的过程，在此过程中，笔者尽量给予受访者以同情和赞赏，使患者得到一些人文关怀。同时，在知情同意书中，笔者也承诺研究结束后，受访者如有需要，将得到若干次的免费的心理辅导服务。为了避免笔者与研究对象的关系过早地转变为治疗者与服务对象的关系，免费心理辅导一般在笔者论文初稿完成后提供。对短期内有需要的研究对象，笔者委托其他人完成心理辅导。但是，本研究发现，即使没有回报，大部分研究对象仍然愿意参与研究，研究结束后要求进行心理辅导的个案也不多。这一方面是因为大部分研究对象认为研究过程本身对他们来说就已经是一种回报了，他们很希望与人交流，被人理解，但现实生活中他们很难找到能理解他们的人。很多被访对象参与访谈后的感受都比较好，因为已经很久没有人愿意耐心地聆听他们的故事，他们在与笔者的交谈中，长期淤积在心里的压力得到了一定程度的释放，并从交谈中找到了一些新的生活希望，这或许就是对研究参与者的一种回报了吧。另外一方面是因为研究对象之所以愿意参与本研究，主要的原因是希望其他青少年不要活得像他们那样辛苦。

（三）签署"知情同意书"

对接受访谈的每个受访者，笔者都与其或家长签订了"知情同意书"。受访者年龄已经超过 18 岁，笔者直接和其签署研究协定；如果其不满 18 岁，笔者则与其父亲或母亲签订知情同意书。知情同意书的主要内容包括研究者有义务对研究对象的核心信息保密，在公开发表时将对其基本信息做适当的修改使其不容易被辨认；研究对象提供的面谈、文字、手机短信、email 的内容都将作为研究的内容；研究对象有权在任何时候终止参与研究。

四、资料分析过程

深度访谈之后，进入对资料的整理、分析、解释及有所发现的过程。在本研究中资料分析过程和资料收集过程是交叉和同步进行的，做到在整理资料的基础上分析和在分析框架内的整理。在深入分析资料的阶段，笔者按照 Struass 和 Corbin（1990）对"理论饱和"（theorietcal saturation）的界定来寻找核心概念并形成理论，在开放性编码的阶段注重概念的饱和，在纵向编码的阶段强调充分呈现编码模式的各个要素；在选择性编码阶段侧重于主线故事下各概念之间关系的验证。

（一）分析前的初步整理

在访谈结束之后，及时整理资料非常重要。不仅要对录音资料进行逐字逐句的整理，还要注意记录下受访者在受访过程中的喜怒哀乐，因为质性研究相信，这些都是可以用做分析的资料。因此，每做完一个访谈，我就及时对录音资料进行转录，并用备忘录的形式写下我在访谈中的观察、感受和初步分析，并决定下一次访谈的问题和需要补充收集的资料。

（二）开放式登录（coding）

寻找访谈资料的意义的过程是通过登录来完成的。在登录的过程中，研究者要以开放的心态，尽量"悬置"个人的研究"倾见"和研究界的"定见"，将所有的资料按照其本身所呈现的状态进行登录。登录的目的是为了发现概念类属，对类属加以命名，确定类属的属性和维度，然后对研究的现象加以命名和类属化（陈向明，2000）。

在对访谈资料分析的基础上，一些概念的类属逐渐浮出水面，如"谈不来"、"害怕"、"不亲"、"凶"、"被打骂"，笔者把这些概念类属归纳为"父母权威"、"情感"、"沟通"三个上位概念，在这三个上位概念的基础上，形成了青少年视角下的"亲子关系"概念的三个主要维度。再用这三个维度来分析青少年在不同年龄阶段与父母互动时,分别呈现出哪些特征(概念的类属),这样,一幅生动的、动态变化的不同年龄阶段抑郁青少年亲子关系的特征图就呈现出来了。

(三)寻找本土概念

所谓本土概念(in vivo codes)就是被研究者经常使用的、用来表达他们自己看世界方式的概念,它们常常是被研究对象自己的一些独特的词语。比如,大部分受访者不认为自己是抑郁症,认为自己只是有一些抑郁倾向、抑郁情绪,只是有一些心理问题,不是精神疾病,因此,笔者就采用"抑郁青少年"这个本土概念来替代"青少年抑郁症患者"这个医学术语。又比如,笔者在分析资料的过程中发现受访者常常使用"买学"这个概念来说明父母通过关系和金钱来让孩子进入重点学校读书,"买学"比起"择校"一词更真切和有内涵。又比如在谈到和父亲的关系时,受访者常常用"怕"、"不亲"比起学术界常常用的"严厉"和"情感温暖"等词要形象和生动,并突出了孩子对父亲的情感反应。

(四)建立编码和归档系统

第一轮登录完成以后,就可以把所有的编码集聚起来,形成一个编码本,以反映资料浓缩以后的意义分布和相互关系。第一次建立起来的编码不一定是唯一的、正确的、最好的,必须在对资料不断分析的基础上加以调整和检验、修正或抛弃,并增加一些新的编码。

在建立编码和归档系统部分,笔者采用了时间取向图表、事件清单、事件网状图等图表来帮助完成上述工作,具体详见以下各章节中的图表。

(五)深入分析并得出研究结论

在对原始资料进行了登录并建立了编码本和归档系统以后,便可以开始深入分析和归类。归类主要是指按照编码系统将相同或相近的编码合在一起,将相异的号码区分开来。深入分析主要是指将资料进一步浓缩,找到资料中的主题或概念,并建立主题或概念之间的联系,得出研究的初步结论。如笔者在分析资料后最终找到亲子关系的"冷漠化"和青少年抑郁症"多重失去"的主要特征。

五、研究者的本位和反身性思考

质性研究与采用实证主义范式的量的研究不同,不认为研究者可以站在一个客观超然的立场上去观察和了解研究对象。因为这种方式拉开了研究者与研究对象的距离,限制了理解的深度,一方面削弱了观察者对被观察对象的关怀、接纳、了解的可能性；另一方面，距离之远也使得研究对象欠缺意愿与机会帮助研究者了解现象。况且，我们是通过我们的价值、使用我们的语言、概念以及我们在社会上的位置去看世界，并没有一个观察者可以站在一个客观超然的位置上去进行价值中立的观察研究。重要的是研究者能不断反省自己的立场、社会位置和价值观对认知世界的限制，以提升研究的可信度。正如一些研究者所说，"研究者应该反省自身的主体性，并检讨它对研究的影响"（毕恒达，1996：45）；"研究者必须坚持自我反身性，要有反思科学的精神，祈盼通过对话不断地自我理解与建构，认清在知识建构中自我的位置和局限，以及各种不同的社会—权力关系对知识建构的影响"（古学斌，2004：467）。可见，反身性不仅应该反思研究者的身份、角色如何影响了研究关系、研究过程和知识的建构，而且批判反思也应该成为建构主义质性研究的质量标准（陈向明，2000）。

在本研究中研究者有三重的身份：1. 青少年的母亲。笔者的女儿目前17岁，生活中如何去处理与女儿的关系，化解与其的冲突也是笔者最为头痛的问题。因此，在研究中笔者常常会不自觉地去比较抑郁青少年与父母的关系与自己家庭中的亲子关系有什么相同和不同的地方，目的是能更深入地理解抑郁青少年亲子关系的特别之处，同时也提醒自己不断调整自己和女儿的互动关系。第二个身份是心理学取向的社会工作者。我在国内读硕士时受到的是心理学的训练，从1988年到2000年一直在大学从事心理学的教学工作并在学校开展一些青少年心理咨询服务。2000年，笔者转入社会工作专业从事教育工作，因为不知道什么是社会工作，就把社会工作当做心理学工作来做，自嘲为"一个心理学取向的社会工作者"。因此，最初的研究视野比较窄，只是关注亲子关系是如何导致青少年抑郁症产生。随着本研究的深入，笔者个人的研究视角也发生了很大的转变，从一个微观取向的心理学的视角逐渐转变为社会工作多维度的视角。第三个身份是社会工作教育者和实践者。2005年笔者获得香港理工大学社会工作硕士（MA in China）课程毕业证书后，才理解了心理学和社会工作有什么不同。2006年进入香港理工大学读PhD学位之后，才开始学习如何做社会工作的研究和服务。在本研究中，笔者尝试尽量放下原来习惯的定量研究的逻辑，从一个所谓的客观观察者的角度努力转变到从抑郁青少年的角度，通过与青少年的互动交流来共同建构其生活场景，并达到一种视域融合。通过本研究，笔者的视野开阔了很多，看到了一幅多维度的、鲜活的抑郁青少年的生活世界画面，笔者身上的社会工作者的味道浓了，心理学的味道淡了。这时笔者身边又想起了我的导师叶锦成教授常常说的一句话:"博士毕业才是你社会工作研究的开始。"本研究的过程也是笔者研究视角转变的过程,它帮助笔者实现了从一个心理学教育工作者向社会工作教育者的转变。

反身性(reflexivity)是从哲学概念进入社会学、人类学、心理学的一个概念,不同学科对其的认识和理解也不相同。反身性是质性心理学中的基本议题之一,Parker(2005)认为,反身性是指研究者对研究关系中,关于研究的体制位置中,个人及历史层面的关注和回观。Parker认为反身性是一个不断辩证展开的过程,是与他人(环境)互动的历程研究,本身也是一个不断蜕变的生成过程,分为以下几个层次:1. 我是谁?指研究者自身的脉络。研究者有自身的个人历史、社会历史、身份认同,自我是问题的起点,是研究者首先要面对的。2. 我的位置。指研究者自身的脉络,我的位置在哪里?我要做什么?机构的特权、体制的限制是什么?在这些限制中我如何选择?3. 研究者的立场。指研究者的意识形态的立场。研究者的立场可能是不自觉的,通过反思而有自我意识,再经过深思熟虑后采取立场。4. 为了谁而去沟通与发表指研究者对研究对象的承诺和研究报告的呈现。研究者对研究对象有其自身承诺:研究者要如何诠释?如何呈现?这些都涉及研究者与研究对象之间的同盟关系,也是其社会实践中的一环。研究者在与研究对象的协商过程中,建立各自的主体性。

而人类学中对于反身性的理解则不同,认为反身性是一种关于对象知识的生产返回到关于自我(文化自我)的知识生产的取向,我们原来习惯的思维是从自我到他者,从主体到客体,这是一种由此及彼、由近及远、由熟及生的思绪;而反思性取向则反转过来,从他者到自我,从对象到主体,是一种转而由此及彼、由远及近、由生及熟的复杂程序。概括而言,人类学的反身性是使作为我们出发点的自我反而成为认识兴趣所指向的对象,按照拉保尔·利科的说法就是"通过对他者的理解,绕道来理解自我"。在人们熟知的意义上,反身性是指研究者对他所处的整个环境及其他与环境的相互影响的必然性的明确认识(引自高丙中,2005)。如果从定量研究来说,研究者既然已经意识到了对于研究的人为影响,就要克服它对研究结果的影响,以达到科学的认识。而反思人类学的知识创新的思路则认为,既然研究者的背景和研究活动发生的环境必然要以各种形式出现在研究中,那反过来把原来作为干扰因素的要排除的而实际上只是悬置起来的"影响"写出来,是否也是一种知识呢?(高丙中,2005)。按照拉图尔科学人类学所建构的科学图景而言,以"是否真实"、"真理或谬误"这样的字眼去评价是不合时宜的,而只能是从它的叙事和构造是否有道理?是否有意义?是否最终能被人们所认可?是否最终影响并塑造了我们的科学实践这些方面来展开评价,知识并非仅仅去表象某种东西,而是去塑造某种东西(曾晓强,2003)。笔者比较认同人类学对反身性的理解,即研究者可以通过对他者的理解,绕道来理解自我。

社会工作界的 Roni(2004)指出,反身性是指研究过程中的一个持续不断的自我对话和自我检查的过程,也是一个对研究结果的清楚的认知,研究结果的呈现在收集、分析和写作的过程中都受到了研究对象本人和研究者的个性、价值观、学识基础和已有研究结果的影响。社会工作者的反身性有三级水平:第一级水平,是从一个临床实务工作者变为研究者,并开始探索研究者对于这种角色转变的认识;第二级水平是研究者本人作为研究工具是如何影响对研究资料的分析和解释;第三级水平,也是最重要的水平,也就是再次返回实践中来看,反问自己"研究发现对实践有什么意义和作用?"

不可否认,作为一个母亲的身份固然让我会比较容易站在父母的立场上去理解亲子关系。比如,在我和一些研究对象的家长接触的过程中,我很快就发现他们都很爱孩子,很关心孩子,为了给孩子治病费尽心力。可是,研究对象却认为父母不爱自己,自己感受不到爱,缺乏爱,为什么父母与子女之间对同一个问题的认知和感受会有如此大的差距呢?从一个研究者的角度来看,如何突破这种家长身份的限制呢?首先,要突破自己身份和年龄的限制去理解青少年,就要用"为什么会这样?"去引领自己寻找新的解释。通过问青少年"你理想中的亲子关系是怎样的?"我发现原来父母和子女对"爱"的理解不同,父母对的爱理解是"爱就是对孩子生活上的关心,学习上的关心,让他吃好,穿好,上好的学校,为孩子好"。这种爱是一种居高临下的给予,比较强调爱的经济层面和社会层面的特征;而青少年对爱的理解是"尊重、平等、关怀",强调一种平等的互动,精神上的沟通、理解和交流,突出了爱的心理属性。其次,作为一个青少年的母亲,从与孩子的冲突中去自我反省,也可以加深对青少年的理解。

女儿进入高中以后,我常常和她发生冲突,冲突过后的反思也让我增进了对女儿的理解,改善了我们之间的关系。比如,我的女儿常常对我说:"你对你的学生说话那么温柔、有耐心,而你对我常常是凶巴巴的,没有耐心,你爱你的学生多过爱我。"我觉得自己很冤枉,在我的意识里面,我认为自己爱女儿多于爱学生,心想:"我对你严格要求,都是为你好啊。"冲突后的进一步思考让我明白了，女儿认为尊重她，和她说话要看着她，听她讲完想说的话是最重要的。我也渐渐明白了青少年对亲子关系的理解与父母之间的差异。可见，笔者的多种身份既对理解青少年的主观经验有一定的限制，同时，也为深入理解研究对象的经验提供了帮助，就像一个硬币的两个面向，不可能把它们分开。田野中的经验告诉我，只要我们愿意多问"为什么会是这样"，"这对研究对象有什么意义"，"我的研究对现实真的有用吗？"这样一些反身性问题，研究者和研究对象之间的距离会越来越近，在一定程度上达到"视域融合"，从而共同建构出新的知识。

　　作为一个社会工作教育者，教师的身份、地位和专业权威常常使我们与服务对象之间有较远的距离，影响我们去深入了解服务对象。同时，社会工作专业的理念、理论、知识在实践中的应用也常常促使我们以平等、尊重、关怀的原则对待服务对象，对服务对象以同感的理解和关怀。在香港理工读社会工作硕士期间，在督导指导下的800个小时的以青少年精神病患者为服务对象的专业实习，笔者近10年的青少年心理辅导的经验以及10年的社会工作实习督导的经验，使我能部分超越身份和年龄的限制，比较深入地理解青少年的主观经验，比较近地走进其生活世界。例如，2010年夏天，笔者督导学生实习的过程中，一个在精神病社区康复俱乐部实习的学生对我说："这些会员太笨了，机构的督导让我们教会员学会接听电话，向来访者介绍康复俱乐部的服务，可是我怎么教他们也学不会，我都快失去耐心了，又不能骂他们。"我对这个学生说："你是一个做事情很认真、很有条理的人，在生活中你是不是希望别人都能听从你的教导，像你一样做人做事？实习中你是否也用这种态度来对待这些会员了呢？！"听完我说的话，这个实习学生的眼泪哗哗地流了下来。但是，这次对话并没有拉开我和她的距离，反而拉近了我和她的关系，她也更愿意和我说心里话了，而不是仅仅把我当做一个老师。实习结束后她对我说："以前觉得你很严格，有点怕你，这次实习后觉得你挺亲切的，也很能理解我。"我之所以能得到青少年和学生的认可，在于我能从一个较为宽泛的个人、家庭、社会历史多维度去理解人的行为，这得益于我从2002年开始的社会工作专业训练与实践。不可否认，一个教师和教育者的身份对访谈也是有影响的，在访谈中我明显地感到，当受访对象在讲述父母之间的冲突，自己在冲突中的感受和对父母的评价时用词是十分小心的，他们尽量不去贬低父母，努力在我的面前呈现一个"好学生"的形象。

　　从研究中笔者也发现，个人的三重身份对理解抑郁青少年主观经验的最大限制是文化背景的限制，作为一个青春期在改革开放前的传统中国社会度过的一个成年人，比较难以理解现代青少年对自由、平等、尊重的追求和向往的程度，也很质疑父母能从多大程度上去满足青少年的需要并和子女进行良好的互动。毫无疑问，研究的整个过程是受我的多重身份的影响的，建构出来的社会"事实"或者再现的抑郁青少年的主观经验，既受制于社会历史文化，也受制于研究对象在特定的访谈环境（如医院）中的主观能动性，还与笔者的身份和经验有关，研究发现是这样一些因素交织作用折中的结果，但它不是随意建构出来的。

本研究对现实有什么意义？笔者能从研究中获得什么？读者又能从阅读中获得什么呢？

在分析和书写的过程中，笔者常常会看到自己家庭的影子。笔者为什么会选择这样一个研究题目，可能并不仅仅是为了完成一个博士论文，也有期望深入了解自我的动机。在分析和写作过程中，笔者常常会不自觉地把自己的成长历程和这些青少年做比较。在某些方面，他们的经历和笔者很相似；在一些方面又有不同。比如，笔者也有很权威、严厉的父母，小时候和父母的沟通交流也比较少，在面对各种困难和挑战的时候自尊和自信也不足够，在进入令周围很多人羡慕的香港理工大学学习的过程中也经历过从内地西部城市到香港这个国际大都市的语言、文化和生活方式的诸多不适应，甚至是障碍；在博士论文开题和写作的过程中也有焦虑和抑郁。一个正常人与一个精神异常的人也有很多相同之处啊，精神病只是一种病态吗？病态中也有常态。笔者之所以幸运地成为一个"正常人"，和他们的差别在于笔者的同伴和人际关系比较稳定，与理工的同学和老师的关系还不错。笔者成长于毛泽东领导的计划经济时代，服从权威、服从家长是文化主流，个人权利的凸显意识比较淡漠，不太会去强调个人的权利、地位以及与父母的平等。笔者常常在想，为什么我们这个时代精神病人越来越多？家庭、社会和个人在其中又扮演什么角色呢？社会大众常常把精神病人的处境和遭遇归咎于其自身有这样那样的缺陷，这是否是在推卸各种大小环境的责任呢？青少年精神健康服务中改变宏观社会环境是重点，还是改变微观家庭与个人是重点呢？同样，笔者相信每一个读者在阅读的过程中，或多或少都能找到一些和自己密切相关的东西，能通过理解抑郁青少年的过程，加深对自己的理解和所生活的世界的理解，对未来人生发展多一些启示吧，这也许就是笔者的写作的价值所在。例如，当你明白了对抑郁青少年来说，"抑郁症是应对压力的一种方式"，不是每个人都用主流价值观中的"知耻而后勇"来解决自己的问题时,你对精神病人的歧视和偏见或许能够减少,对他们的包容和接纳就会增加。

六、研究中的可信性问题

不同范式下的质性研究对"什么是研究"这个问题的回答是不同的,对如何增进研究的质量或严谨性的策略也是不同的。建构主义认为,研究着重于理解与参与研究的各方对现实的共同塑造,是一个参与建构现实的过程。因此,对建构主义范式的质性研究的检验原则是:主体各方达到的共识是否对他们自己有"解释力度"、"信息丰富性"与"复杂精致性",而检验的方式也是一个开放的、不断演化的、通过实践而逐步修正的过程。各方通过对共识进行对比,直到找到各方认为最丰富、最复杂、精致的结果(陈向明,2000)。

尽管大多数质性研究者认为,科学方法的严谨性策略(如随机抽样,推论、信度与效度)是不容易应用到质性研究中的,科学化的重新复制研究在质性研究中就成为一个不可能也不受欢迎的目标了,但是,追求质性研究的严谨性必须作为质性研究的一个重要议题,在质性研究中,"可信性"就成为一个替代"严谨性"的一个关键性议题。而回应性、研究者的偏差和被研究者的偏差是影响研究确实性与可信性的关键(Lincoln & Guba,1985)。回应性是因研究者在场域中的出现而产生的潜在的扭曲效应。研究者的偏差是指即使在最严密的设计与具有善良意向的质性研究中,研究者透过自己的预设与主张的诱惑,会过滤研究的内容。被研究者的偏差的威胁主要是指研究对象可能不愿意给资料,甚至用说谎来保护个人的隐私,或者避开一些不愉快的事实,更极端的是研究对象甚至会想着如何对研究者有帮助而给予一些我们想听到的答案,或者我们让被研究者带领而离题了。

质性研究认为,客观的、固定不变的实体是不存在的,研究是一个主体间不断互动的过程。因此,效度不是一个商品,可以用方法买到,效度就好像是质量,只能在一定的目的和环境中加以检测(Brinberg & Joseph,1985)。为了提高本研究的可信性,本研究主要采用了长期投入、侦查法、三角检验、收集相反案例、反馈法等方法来增进本研究的可信性。

(一)长期投入

长期投入是指延长在研究场域的时间策略,这个技巧源于早期人类学家在外地田野中的工作经验。长期的投入可以改善回应性和被研究者的偏差,可以使被研究者拒绝提供信息和说谎的概率下降。在本研究中,由于研究田野点是我们的实习基地,研究者从2002至今每年都带学生实习,与患者的接触时间比较长，与医生、心理治疗师、社工的关系较好，有利于减少回应性和从多方了解被研究者的资料。同时，由于大部分抑郁青少年与笔者所督导的社工实习学生有很好的信任关系，使得被研究者对笔者也产生了一定的间接认同。在访谈过程中，笔者还有意识地让社工实习学生参与旁听访谈，以减少回应性。

由于长期投入，笔者在论文的撰写和修改阶段又碰到了2个因病情复发再次入院的抑郁青少年，有机会对其进行更深入的了解，获得了更为丰富和细致的资料。此外，由于笔者承诺访谈结束后对被访对象提供义务的心理辅导服务，有3个被访对象（2个是抑郁青少年，1个是抑郁青少年的母亲）至今还是笔者的服务对象。长期的服务让笔者能了解到研究对象的深入的资料并核实前期访谈信息的真实性。从结果来看，没有出现明显的回应性，证实了研究发现的有效性。例如，在论文初稿撰写完成后，笔者对L进行了4次心理辅导，使其病情得到明显改善。后来，由于L考上了外地的一所大学，服务中断。笔者一直担心L在新环境中病情会复发（研究者偏差的表现）。2011年年底，L的母亲来找我做心理辅导，告诉我L上大学后适应学校生活的情况良好，交了一个女朋友。笔者问L的母亲，其儿子在不服药的情况下为什么康复得那么好？L的母亲告诉我，最主要的原因是L上大学的第一年就谈了一个女朋友，这个女孩很优秀，人际交往的能力很强，对L也很好，同时，L上大学之后，因为这个女孩的出现，L的同伴关系、父子关系、母子关系也得到了改善。L康复的案例也说明了本研究对青少年抑郁症本质特征是多重失去的理解及其康复服务中多重给予的策略的合理性，以及抑郁青少年同伴关系、亲子关系之间存在交互性作用。

需要指出的是，长期投入而延长研究时间的缺点是容易产生"研究者的偏差"，如"因亲密产生疏忽"从而导致偏差地看待被研究者，这就需要我们不断自我反省或通过收集相反案例、反馈法等方法来克服。

（二）侦察法

该方法类似于侦探人员在侦破案件时采取的方法。研究者按照研究问题的性质、目的和所依据的理论不断地对研究的各个层面和环节进行搜寻，找出有可能影响效度的"威胁"，对其进行检验，然后想办法将其排除。笔者在对被研究对象进行访谈的过程中，为了了解抑郁青少年谈到的一些重要信息是否属实，我会在访谈后和一些受访者的母亲或父亲进行交流时核对。比如，对于受访者G说自己很怕父亲以及自己患病过程的情况等重要内容，我在访谈G的母亲时对这些信息进行了核查，情况基本属实。此外，对受访者和其父母的关系的谈话内容，我也会找一些机会和受访者的主管医生、精神科心理治疗师进行核查。核实的结果是受访者所谈的信息和主管医生、心理治疗师的看法大致相同。当然，由于对研究对象住院信息保密的需要，笔者对于受访者所谈到的与同伴、老师关系的信息，没有进行核查。

（三）三角检验法

三角检验法是将同一结论用不同的方法、在不同的情景和时间里对样本中不同的人进行检验，目的是通过尽可能多的管道对目前已经建立的结论进行检验，以求获得结论的最大可信度。在本研究中，笔者主要通过访谈、观察及参看受访者个人自传等方法来对访谈资料进行相关检验。在访谈每一个受访对象的过程中，笔者观察到受访者所谈的信息和其谈话时情绪反应基本一致。同时，对一些核心信息我也会在第2次或第3次访谈时反复提问，以核查其前后的一致性。从结果来看，受访者对这些信息呈现的前后的一致性比较高。比如笔者在对受访者D的访谈资料进行转录的同时，我在征得D的主管医生和D本人同意的情况下，查阅了D的个人成长自传和其父母分别写的D成长情况说明，结果发现这些关键信息基本是一致的。

（四）注意收集相反的案例

寻找矛盾证据与负面案例是判断结论有无错误的主要方法，某些无法特别解释的信息可能就是重要的缺失。此一策略就是研究者必须严格检查是否有矛盾的资料，用以评价这些资料对修改和保留结论是否有帮助。

例如，笔者在对F进行访谈之前，观察到F与其母亲的关系似乎很好，母亲非常关心F，随时守候在女儿身边，可谓寸步不离，F也很顺从母亲，大事小事都要请示母亲，这似乎与其他访谈对象与父母关系不好形成了鲜明的对比。随着访谈的深入，特别是后期我和F建立了比较好的信任关系后，F才告诉我，她与母亲的关系在生病之前其实并不好，生病后她觉得母亲对她的"关心"和"好"都是装出来的，如果这是一种爱的话，这种爱让她喘不过气来，好像要窒息了。

这个相反案例的分析让我突破了把亲子关系定型化的视角，看到抑郁青少年亲子关系在生病前后有一个转变的过程，亲子关系的转变也就成为研究中的另外一个核心的概念。尽管我也试图去寻找一些亲子关系比较好的案例，以便收集更多的资料来看看"抑郁青少年的亲子关系一定都不好吗？"但结果发现我的努力都是失败的，患病之前青少年与父母关系不好是一个共同的现象。

(五) 反馈法

反馈法是指研究者得出初步结论后广泛地与自己的同行、同事、朋友和家人交换意见，听取他们的意见。在本研究中，我从资料整理和分析中得出研究结论之后就开始不断与其他人讨论，听取他们的意见。这些意见反馈者一部分是对研究对象比较熟悉的医生；另外一部分是我的朋友和在香港理工读书的室友。

当我把研究的初步结论与 Y 医院的医生交流时，他们初步认可我的研究结论。在与朋友和室友等不熟悉研究对象情况的人交流的过程中，我的研究结论也得到了认同。比如，2010 年 1 月份时，我到深圳和我的一个老朋友谈了我的研究发现，这位朋友立刻给出了一个与我的研究发现有惊人相似之处的案例。他告诉我，前不久他的同事的儿子自杀未遂。自杀事件的当事人是一个在深圳某重点中学读书的高中生，其父母在孩子上幼儿园的时候就离开江西老家来深圳打拼，儿子便留在老家由爷爷奶奶抚养长大。这个孩子在老家和爷爷奶奶的关系很好，成绩也还可以，还有跑步的特长。在他读初中时，父母的事业有了一定的基础，为了孩子今后有一个好的前程，父母便把他从江西老家接到身边。可是孩子到了深圳后和自己的父母不亲，与父母的沟通也比较少，学习成绩也不好，经常被老师批评。由于孩子的中考成绩不理想，父母花钱托熟人走后门终于把孩子送进一个重点高中。几天前，孩子又被老师留校批评，回家很晚。父母知道后对其进行批评教育，可能因为说了几句重话刺激了孩子，孩子突然从四楼自己家的窗户上跳了下去。幸运的是由于二楼的住户在窗子外面搭了一个雨棚，孩子被雨棚兜住了，捡回了一条命。事发之后其父母透露曾经带孩子去看过精神科大夫，被诊断为抑郁症，但父母和孩子都不认同这个诊断结论，孩子回家后也没有吃药。

我的室友 Z 听了我的研究发现后问我："我也是一个在老家由爷爷奶奶抚养长大的孩子，到初中后才来到广州和父母住在一起，刚开始的时候和父母的关系也不好，为什么我没有患上抑郁症？"我仔细了解了她的成长经历后发现，尽管 Z 的亲子关系不好，但她有较好的社会支持网络，如 Z 有 4 个姐姐，她们 5 姐妹的关系很好，从小也生活在一起，良好的手足关系部分替代了亲子关系。Z 在读小学和中学都幸运地遇到了几个比较关心她的老师。我问她为什么和同学、老师的关系不错？她说自己能够和同伴、老师有很好的关系，一方面是因为自己有钱，可以让小朋友很听自己的话；另外一方面自己比较聪明，很善于从同学和老师身上学习。在听完了我的解释后，她也基本同意我的观点，还主动提醒她的一个姐姐不要让老人看护孩子，要自己带孩子。她的这个姐姐因为最近工作比较忙，再加上要过年了，就把1岁多的孩子交给自己的父母照看了一个多月。

医生、朋友和室友的意见反馈使我对研究发现的可信性有了较高的自信，也看到了本研究的社会意义和价值，生活在精神病高风险中的儿童青少年群体的人数绝不是一个小数字。

七、质性研究方法的限制

质性研究不适合在宏观层面上对规模较大的人群或社会机构进行研究，也不擅长对事件的因果关系进行直接的辨别，研究的结果不具备研究意义上的代表性，不能推广到其他地点和人群，也无法对研究结果的可信度进行工具性的、准确的测量。因此，本研究的研究结论并不追求代表性和推广性，但并不排除本研究与其他同类型的研究在研究成果方面有一定的相似性和可借鉴性，深度的案例研究，有助于与其他案例进行比较，形成相关性，从而形成新的理论范畴。

第三节　研究田野与研究对象

一、研究田野点介绍

（一）Y医院简介

Y医院是云南省一所设备先进，科室齐全，集医疗、教学、科研、保健于一体的综合性省级教学医院，始建于1941年，有近70年的历史。1993年1月，成为首批被国家卫生部评定的"三级甲等"医院。Y医院的精神科成立于20世纪50年代，当时叫神经精神科，收治少量的精神病患者。1966年内地的文化大革命开始以后，由于精神病被看做是个体的意识形态出了问题，必须通过政治思想工作来解决，所以就把精神科关闭了，只保留了神经科。直到20世纪70年代末、80年代初，中国内地恢复高考后，国家卫生部要求在医学院开设精神病学这门课。作为教学医院的Y医院就从神经科分出一部分医生，成立了神经精神病学教研室。1985年由于教学的需要，精神科正式从神经科分离出来，成为一个独立的科室，1986年开设专门的精神科门诊，1987年在Y医院的分部开设了16张开放式管理的病床①。1993年Y医院又在其总院开

---

① 所谓开放式管理是指对精神科的病人的管理方式与其他科室的病人一样，不同于大多数精神病专科医院对病人进行隔离式、封闭式管理。

了一个精神科病房，目前分部和总院两边加起来共有150张病床，成为国内为数不多的、在综合医院中设有精神科住院部的医院之一。服务对象除了本地患者外，还有来自广西、四川、贵州、重庆等省（市）的患者，一些沿海地区的患者也会慕名前来求医。

　　Y医院精神科的常规服务主要是临床门诊和住院治疗服务，也开展一些临床心理治疗和心理测量（主要是智力和人格方面的测量）。作为一个设在综合医院的精神病科，Y医院的服务对象定位于既有精神疾病又伴有躯体疾病的患者。由于它是综合医院，又实行开放式管理，精神疾病患者到Y医院没有太大的压力，正如Y医院的精神科主任说的："实行开放式的管理，不把服务对象关起来，而是使他们感觉受到平等、人性化的对待，和其他科室的病人是一样的。因此，很多患者都很乐意到我们这来接受治疗。我们这的住院病人的构成和传统的精神病院不同，他们那儿80%是精神分裂症，我们这儿除了精神分裂症之外，还有酒精中毒、各种躯体不适、情感障碍、焦虑等神经症患者，病种比较杂。由于医院地处城市的中心，具有社区服务的功能。昆明城区的病人很容易来院随访，每周来一次也没有太大的困难。另外，作为综合医院的精神科，很多其他科的病人也很容易产生精神疾病，我们能够提供及时的会诊。我们每年的会诊量在200～300人，使其他科室病人的精神方面的问题能得到及时的治疗，我们的医院具有对病人提供身心整合服务的功能。"此外，Y医院的精神科还是中国精神卫生网的核心成员单位，积极利用网络开展精神疾病的咨询和宣传服务。在中国，即使是在大城市人们对精神疾病的知晓率也比较低，Y医院的精神科主任说："目前，在大城市中，我个人认为前来就诊患者只占全部患者的30%，因此，宣教工作很重要。"Y医院精神科还是国家心理治疗师专家委员会的成员，与德国合作成功举办了三期中德心理治疗师的培训班，为推动心理治疗在中国卫生医疗领域的开展做出了重要的贡献。

　　（二）机构的服务特色：精神科社会工作

　　Y医院精神科的主管和医生们普遍认为精神疾病的治疗和康复，不是只靠医生就能完成的工作，需要多学科参与和合作。但是，由于目前卫生医疗体制的限制，无法在精神科设置心理咨询和社会工作者的专职岗位，精神科的一些医生接受了较为系统的心理治疗的训练后也开展少量的心理治疗服务。由于患者对心理治疗和社会工作服务的需求很大，Y医院精神科采用在体制外聘用社会工作者和心理治疗师的方式，于2001年在其分部尝试开展精神科社会工作服务，把医学、心理学和社会工作结合起来，用生物—心理—社会医学模式服务精神病患者，受到了服务对象的充分肯定，病人的来源地也不断在扩大。一些在大城市的大医院治疗效果不理想的病人也常常慕名前来就医。Y医院精神科的主任说："很多精神疾病患者在人际沟通和交往上的困难，比如精神分裂的患者不愿意与人交往，社交恐怖症的人害怕与人交往。把他们集合在一起，让他们进行相互的沟通，培养其团队精神。这样做下来的结果病人特别满意，今后等病房扩大后我们还要继续把它作好，如按病种进行分类指导等。"

精神科社会工作最早的服务形式是大组治疗。其创办人梁主任说："早期开展大组，是考虑到住院病人早上要打针，但下午的时间就是完全空闲的，这对病人的康复没有积极的作用，于是萌生了开展大组活动的想法，并于2001年付诸实践。"刚开始大组治疗的主要内容是一些关于精神健康的知识讲座和工娱活动，大组治疗的服务提供者是科里的一些医生和护士，当时的活动也开展得有声有色，获得了病人的一致认可。后来，一些境外的专家来精神科参观，他们看过之后谈到大组治疗和社会工作中的小组工作方法有类似之处。后来，梁主任也开始学习社会工作的知识，参加了香港理工大学和北京大学合作的社会工作硕士课程并获得MSW的学位。2005年之后，Y医院分部精神科病房开始聘用社会工作专业的本科毕业生来提供大组治疗和其他社会工作服务，Y医院也成了云南大学社会工作专业的实习基地。每年都要接待国内外一些高校社会工作专业的本科生和研究生来实习或交流。与高校的合作也扩大了Y医院精神科社会工作的范围，提升了服务的专业化水平和质量。目前精神科社会工作者的主要服务内容是：

1. 以改善患者认知能力和社交技能为主要目的的小组工作（或大组治疗）。目前的小组工作已经比较成熟，社工在总结实践经验的基础上归纳出了爱、生命、家庭等几个比较成熟的主题活动，围绕这些主题开展小组工作，让患者在活动中体会到生命的可贵，爱的力量。小组活动的具体内容是：爱的语言，善待自己，情绪管理，我和我的家，相信别人，我可以……，美丽人生，幸福之歌，希望之舟和艺术人生等。每个星期做一个主题，每个主题下面又分为五个小主题，一天做一个小主题。全部的模板轮流做完一次又从第一个模板开始做。小组工作通过游戏、聊天、画图、唱歌、角色扮演等方法，改变患者的一些错误的认知，提高人际沟通和调节情绪的能力，增强其战胜疾病和积极面对未来的生活信心，最终对患者恢复社会功能和重返社会起着重要的推动作用。这些活动的主题大多是先前带领大组的医生、护士、老师和社工经过长时间的田野调查制定出来并经过多年的实践后得以完善和成型的，有较好的服务效果。正如受访者 L 说:"住院中我比较喜欢大组治疗,那里的气氛比较好,大家很平等。"受访者 A 也说:"我喜欢大组治疗是因为现在每个人都有自己的烦恼,自己的社会地位,到了大组,原则是平等,也不会向外泄漏(隐私),所以到了大组,人们畅所欲言,部分人还是会有所保留,但是把自己的烦恼说出来,其他病友和陪护都会开导你嘛,就让人感到返璞归真。就像我同病房的一个阿姨,虽然说 40 多岁的人,和我们这些年纪比较小的人在一起,也会感到活力四射。"

2. 配合医生开展门诊和住院查房服务。每周一上午社工要配合精神科主任医生看专家门诊,主要工作是维持看病秩序;做好门诊登记;安抚那些候诊时有负面情绪的患者与家属;向病人和家属讲解如何撰写个人自传;解答有关服药相关知识的咨询等。社工参与专家门诊,使病人得到较为人性化的服务,也能使精神科专家能专心看病,增加门诊服务对象的数量。每周二上午,社工要配合主任查房。查房之前由医生、心理治疗师和社工组成的治疗小组要先开会,通报住院患者的近况。之后,社工跟主任进行查房。查房后,治疗小组成员针对查房中遇到的重点和特殊案例,开展讨论并提出解决和改善问题的方案。社工则根据主任医生的要求配合其他医生、心理治疗师完成相应的工作。

3. 其他工作:帮助心理治疗师与患者联系预约治疗时间;接听一些咨询电话;每天向主任反映一些患者的特殊情况并配合医生、护士和心理治疗师解决一些突发的危机事件,有时也会为服务对象做一些简单的个案工作。受访者 A 说:"住院过程中比较有效的服务嘛,比如大组治疗是每个病人都提到的,那我就不说了。比如说医生、社工和病人交谈。比如我和韩社工(实习研究生)交谈,我就得到很多启示,我很感谢她,没有和她的交谈,我没有今天那么开朗。和她交谈后我意识到其实像我们这样的人还是挺不错的,该开心的时候还是要开心,该难过时也会难过。因为我以前性格过于悲观,但是我现在就不会那么悲观。社工不求回报,只求奉献,去帮助一些弱者,好像天使。"

二、研究者与研究田野的关系

2002 年,笔者以香港理工大学社会工作硕士研究生的身份进入 Y 医院精神科,完成了持续 3 个月共计 260 多个小时的社会工作专业实习,对青少年精神疾病的产生和治疗有了进一步的了解,不断思考社会工作如何介入青少年的精神健康服务。第一期实习结束后,我以志愿者的身份在 Y 医院精神科做了一年的义工,定期到医院为患者提供心理辅导服务。2004 年夏天,我和硕士班的其他 3 个同学在香港理工大学实习督导老师的指导下,在 Y 医院精神科开展了硕士课程的第二期专业实习,实习时间持续2个半月,共计400小时。第二期实习中,我们尝试把个案、小组、社区整合的工作模式用于精神疾病患者的服务中,通过家访与个别心理辅导、青少年患者小组和陪护(主要是患者家长)小组等形式开展精神疾病患者的康复服务。同时帮助服务对象在小组结束后建立一个自己的社会支持网络。我们的工作得到了患者及其家人的肯定和支持,也得到了医院的充分支持和肯定,精神科的医生们对社会工作表现出了极大的兴趣并给予了充分的肯定。

2005年,Y医院的精神科成为云南大学社会工作系的实习基地,我作为实习督导老师带领第一批实习学生到精神科实习,指导学生用小组工作的方法开展青少年患者家长小组,指导家长改善与孩子的关系并取得了较好的效果。毕业实习结束后,2位实习学生以义工的身份继续在精神科服务。2006年,这2位同学被聘用为精神科社工。从2005年以后,每年我都带领2~3位实习学生到Y医院实习,他们除了配合精神科社工开展日常工作外,还要针对不同人群的需要开展专业服务。实习学生先后开展了人际沟通小组、亲子沟通小组、陪护小组、音乐治疗小组、压力管理小组等服务,促进了患者的康复。透过实习、义工服务和实习督导工作,我和精神科的医生、心理治疗师和社工建立了很好的合作关系,笔者的研究访谈也得到了他们的积极配合。

三、研究对象简介

本研究共访谈了11个被Y医院精神科医生诊断为抑郁症的青少年患者,其年龄范围在15~21岁之间,男性5人,女性6人;中学生7人,大学生4人。受访者的具体情况参见表3-1。

表3-1 受访对象基本情况表

编号	性别	民族	患病年龄	身份	父亲的职业、文化程度和职务	母亲的职业、文化程度和职务	疾病类型	家庭所在地	备注
A(小玉)	女	汉	15	重点中学初三学生	商人、大专、总经理	普通职员、大专	抑郁症	城市	隔代抚养
B(佳佳)	女	苗	21	重点大学大二学生	教师、中专、业务骨干	农村妇女、小学	抑郁症、适应障碍	农村	隔代抚养
C(小施)	女	汉	20	重点大学大一学生	公务员、中学、科长	农村妇女、小学	抑郁伴焦虑症	从农村到城市	祖父母参与抚养

续表

编号	性别	民族	患病年龄	身份	父亲的职业、文化程度和职务	母亲的职业、文化程度和职务	疾病类型	家庭所在地	备注
D（小芳）	女	汉	20	重点大学大一学生	公务员、大专、处长	做小买卖、中学	抑郁症	从农村到城市	祖父母参与抚养
F（小萍）	女	白	18	重点中学高三学生	农民、初中、做小买卖	小学文化、农民、在家务农	抑郁症	农村	父母照顾
K（小玥）	女	汉	17	高二学生	公司行政人员、大专	幼儿教师、大专	抑郁症	城市	隔代抚养
G（小豹）	男	汉	18	重点中学高三学生	农民、运输个体户、初中文化	农民、初中文化、在家务农	抑郁症	农村	祖辈参与抚养
H（小强）	男	汉	18	重点中学高三学生	商人、大专、经理	医生、大专	抑郁症	城市	父母照顾
L（小明）	男	汉	18	高三学生	公务员、大专、处长	公司职员、大专	抑郁症	城市	隔代
J（小睿）	男	汉	16	重点中学初中学生	教师、中专、教学骨干	教师、中专	抑郁症	城市	隔代
M（小斌）	男	汉	20	大二学生	小学、煤矿工人	文盲、农民、在家务农	抑郁症	农村	父母照顾

1. 年龄特征。最大的21岁，最小的15岁，平均年龄16.6岁。

2. 性别情况。男性5人，女性6人。

3. 身份特征。中学生7人，大学生4人。

4. 独生子女情况。独生子女7人，非独生子女4人。

5. 家庭所在地。城市5人，农村4人，从农村迁移到城市2人；云南省内9人，贵州1人，重庆1人。

6. 民族。少数民族2人，汉族9人。

7. 父母职业。父亲职业：企业管理人员4人，公务员3人，个体户2人；母亲职业：农村家庭主妇5人，教师2人，公司普通职员2人，个体户1人，医生1人。

8. 父母文化程度。父亲：大专以上5人；中学（中专）5人，小学1人；母亲：大专以上4人；中学（中专）5人，小学1人，文盲1人。

第四章

从个人成长看青少年抑郁症

第四章和第五章将从青少年个人成长的微观维度来阐述其亲子关系的形成变化过程及其与抑郁症之间的关系,这是本研究的重点。从青少年成长这个维度看,亲子关系的变化与抑郁症产生相依相伴,如同"一个硬币的两面",由于涉及的内容较多,故分为两章来叙述,第四章从青少年个人成长(亲子关系)看抑郁症,第五章从抑郁症看亲子关系。

第一节 抑郁青少年的成长历程

本节采用个人成长大事记的方式,以年龄阶段为分界点,阐述抑郁青少年成长过程中主要的生活事件及其对事件的感受和理解。

一、幼儿期:在祖辈的照顾下长大

幼儿期是个体发展的最初阶段,幼儿最主要的生活场所是家庭,最亲密的人际关系是和父母和主要照顾者的关系。本研究发现抑郁青少年幼儿期最突出的一个特点是他们大部分是在祖辈的照顾下长大的。有些由祖父母独立照顾长大;有些由祖辈参与照顾长大,在这个过程中抑郁青少年有自己独特的感受。本研究中的11个抑郁青少年中有8个孩子在其幼儿时期有隔代抚养或祖父母(或外祖父母)参与抚养的经历。他们对这段经历的感受是比较正面的,充分感受到了祖父母(外祖父母)对自己的爱,并从中体会到个人的价值感和存在的意义,同时也对父母对自己的忽视表示出失落感。

(一)隔代抚养或祖父母参与抚养

11个受访对象中有5个抑郁青少年(A、B、K、L、J)在其幼儿阶段有一段时间是由祖父母独立抚养长大的,被祖父母照顾时间最长的5年,最短的1年。有3个抑郁青少年(C、D、G)在幼儿阶段是由祖父母(其中一个是外祖父母)参与抚养长大的。祖父母独立照顾孩子,意味着此时孩子的父母基本上是缺位的，他们没有履行自己照顾孩子的责任，孩子很少能见到自己的父母，有的孩子半年或一年才能见到自己的父母一次。即使是在由祖父母（或外祖父母）参与照顾孩子的家庭中，照顾孩子的主要责任由祖父母（或外祖父母）承担，孩子对爷爷奶奶的情感依恋比较强，和父母的关系比较疏离。

受访者 A："我小的时候是由奶奶照顾的，上小学才回到父母身边。"

受访者 B："我一岁时便被送到爷爷奶奶家，上小学一年级时回到自己家。"

受访者 K："我上幼儿园之前被送到兰坪的爷爷奶奶家住了 3 年，每半年可以见到父母一次。"

受访者 L："我一岁前由母亲带，一岁至大约五岁由爷爷奶奶带。"

受访者 J："上小学之前是在外公那里长大的，长到 2 岁被接回来了，在外公家住了 1 年。"

祖父母（或外祖父母）参与照顾孩子的情况主要发生在幼儿期生活在农村的抑郁青少年的家庭中。从时间上来看是 80 年代初期，中国的改革开放刚刚开始，大部分中国农村家庭还保留着传统的三代同堂的生活习俗。家庭中的内部分工是老人负责看护孩子，儿子在外工作或打工赚钱养家，儿媳在家干农活并操持家务。如果是由外婆外公照顾的孩子，一般三代人不同住，由于女儿和娘家的关系不错，且和娘家离得很近，娘家人才会愿意帮忙照顾外孙子女。

受访者 C："爷爷奶奶和我们生活在一起，我爸爸在外面工作，我妈妈没有工作，在家干农活。爸爸在县城做警员，我们在农村，在小学 5 年级的时候才转到城里面。"

受访者 G："从小奶奶就和我们生活在一起，爷爷去世得早，爸爸在外面开车，很少回家。妈妈主要是干农活，我是由奶奶带大的。"

受访者 D："我小时候白天由外婆照顾，晚上送回自己家，外婆家离我家很近，十分钟的路。基本上就是晚上才能见到我妈，有时候晚上都见不到我妈，她做生意特别忙。"

（二）隔代抚养或祖父母（外祖父母）参与照顾孩子的主要原因

这些孩子被隔代抚养或祖父母（外祖父母）参与抚养的主要原因是：一是父母忙于为工作和事业打拼，没有时间和精力照顾孩子，便把照顾孩子的责任暂时交给自己的父母或请父母帮忙照顾孩子；二是父母因婚姻关系冲突，疏于对孩子的照顾，使祖父母有机会参与照顾孙子女；三是在一些家庭中祖父母还是家庭的权力中心，有能力控制儿女的生活，把孙子看做延续家族的香火和心肝宝贝,很乐意照顾孙子。

受访者 J:"我妈妈要转公办教师,要准备参加考试,就把我送到外公家了。"

受访者 A:"我从小在爷爷奶奶家长大的,那个时候我爸爸妈妈都忙工作,把我放在奶奶家。"

受访者 B:"我上小学之前在我爷爷奶奶家比较多,那个时候父亲工作的地点离家比较远,我爷爷奶奶也喜欢小孩,因为断奶嘛就被送到爷爷奶奶家。"从 B 的主管医生那儿,笔者了解到 B 的父亲是上门女婿,和妻子、岳父母的关系都不太好,常常吵架,B 的母亲精神状态不是很好。

受访者 L 的母亲说:"那个时候我来昆明读书,孩子就交给他奶奶带了。后来我读书结束回去了,他奶奶也不让我管,把孙子当做心肝宝贝,不能受一点委屈,碰都碰不得。"

受访者 G 的母亲说:"这个娃娃小时候乖得很,听话得很,喊他坐着、喊他不准出去玩,他都听话,他奶奶脾气有点怪,管教得严。他奶奶说我喊你(G)做那样,你(G)就做那样,你(G)只要听我的话,我样样都帮你(G)做。在家里面我和他奶有意见,最后还是要听她的,老人嘛,你肯定要让着她,不可能跟她吵嘛。"

(三)被祖父母照顾或有祖(外祖)父母参与照顾的心理感受

祖父母的照顾或参与照顾一方面让孩子有了情感依附的客体,与祖父母建立了安全的依恋关系,感到很幸福;另一方面,他们也开始感到失去了父母的爱,主观失落感也由此开始产生。具体见图 4-1。

图 4-1 抑郁青少年幼儿期的成长经验与感受

1. 被祖父母(外祖父母)照顾的幸福感

(1)被爱

大部分抑郁青少年幼儿阶段与祖父母比较亲,觉得祖辈很喜欢自己,疼自己,充分体验到了被爱的感受。

受访者 G:"我从小是奶奶带大的,我和奶奶的关系相当好。"

受访者 B:"我上小学之前大部分在爷爷奶奶家生活,我和他们还有叔叔们的感情特别好。我刚会走路就被送到爷爷奶奶家了，一年回自己的家1~2次，每次回家的时间都不长，又回到爷爷奶奶家了，直到上小学才回到自己的家。"说这些话时，B的脸上开始有了笑容。

受访者L："我1岁之前是母亲带我，1岁时妈妈去读书，我就跟奶奶一起生活了，直到6岁上小学时才回到父母身边，我和爷爷的关系比较亲。"

受访者C："我从小是由奶奶带大的，爷爷奶奶和我们住在一起，爸爸在外边工作，妈妈在家务农。我和奶奶的关系比较好，比较亲我的奶奶，在家里面我和奶奶的关系最好。"

受访者D："我从小是外婆带大的，白天在外婆家，晚上才回到自己家。外婆家离我家不远，外婆比较疼我。"

受访者A："我小的时候就是在爷爷奶奶家比较多，那是我爸爸妈妈都忙工作，把我放在爷爷奶奶家，我比较喜欢我奶奶，她对我比较宽容。"

受访者K："我小时候是妈妈带大的，有一段时间跟爷爷奶奶住了两年，半年回一次自己的家，我在爷爷奶奶家很开心。"

受访者J："小的时候在外公家待了2年，上小学的时候才被接回来，在外公家小伙伴比较多，就是玩，很开心。"

（2）被关怀

生活中祖父母细心照料儿孙们的生活，儿孙们对这些无微不至的关怀感受颇深。

受访者K："我外公参加过抗美援朝，小时候我生病得了肺结核，吃了半年的中药，一天都不能落下，不然就前功尽弃了，每次都是外公为我熬药。爷爷奶奶也对我很好，小时候我就把兰坪（爷爷奶奶家所在点）当成家，每次回到兰坪我都高兴地说我到家了。"

受访者G："小时候我奶奶照顾我比较多，每天按时起来，睡觉的时候她也会喊我，就是很细微那些，生活上的要求比较严，其他就没有哪样要求了。"

受访者B："我小的时候可能是因为爷爷奶奶都很喜欢小孩，我那个时候在爷爷奶奶家里感觉特别幸福，叔叔们比较喜欢我，我有4个叔叔，三个姑姑，父亲家有8个兄妹，那个时候他们都很喜欢我，对我很照顾。我爸是老二，一家人只有那么一个孙女，大家都很喜欢。"

（3）被保护

祖父母如同孙辈们的保护神，处处为孙辈们排忧解难，营造一个安全的成长环境，使抑郁青少年在幼儿期安全的需要得到了满足，觉得自己受到了大人的保护。

受访者 A："我在奶奶家比较开心，她能理解和包容我，还有奶奶家亲戚多，一大家人在一起很开心，他们还会替我排忧解难。"

受访者 G："小时候我奶奶怕我被欺负，不喜欢、有点讨厌我和小伙伴长时间待在一起，我和小伙伴玩的时候，奶奶大部分时间都在（旁边）。"

从以上叙述中可以看出，抑郁青少年的祖父母（或外祖父母）是很称职的照顾者，他们对第三代给予了无微不至的关怀、保护和爱，让孩子们充分体会到幸福感。抑郁青少年说起他们幼儿阶段的经历时，脸上洋溢着幸福的笑容，长期笼罩脸上的愁云似乎暂时被一阵暖风吹走了，让人感觉到这是他们生活中最幸福的时光。

2. 父母关爱缺失导致的失落感

祖辈对孙辈的关怀、保护和爱，并不能够满足儿童健康成长的所有需要，父母和子女之间的亲情是无法被替代的。抑郁青少年的父母在把孩子交给老人照顾或让老人参与照顾孩子的同时，并没有能够承担好自己对孩子的照顾责任，导致父母与孩子的情感比较疏离，孩子有一种父母之爱缺失的失落感。在得到祖父母之爱的同时，这些孩子也模糊地意识到了自己被父母忽视，从而感到孤独、寂寞和不安全，主观失落感也由此开始产生。

受访者 A 说的："由爷爷奶奶照顾嘛好的方面就是我和爷爷奶奶的关系比较好，但如果小孩子一直在奶奶家长大就会和父母的关系不那么好，因为我就是这个样子嘛。还有老人比较宠爱孩子，有时候孩子的一些坏毛病会被宠出来了。但是呢老人带孩子比爸爸妈妈有经验，知道怎样让孩子不得病，健康成长。心理上应该跟父母比较好沟通一些，奶奶那辈又老了一些。"说话时 A 流露出一种对幼儿期父母关爱缺失的失望和无奈。

受访者 D："从我记事起就经常只有我一个人在家，父母都忙得没有时间陪我，晚上只能让我一个人在家。在我童年的记忆里，每当夜幕降临的时候，害怕和孤独就同时向我袭来，我无处躲藏，只能把家里的灯都打开，把电视的声音开大，仿佛这样孤独就不会将我吞噬。"受访者 D 白天由外婆照顾，晚上被送回自己家，可是爸爸在外工作，妈妈忙于自己的生意，D 基本上见不到自己的母亲。

受访者 B 在回答她如何看待自己幼儿期被送给爷爷奶奶抚养而自己的弟弟则是一直生活在父母身边时显得有点躲躲闪闪，刚开始说："嗯，不知道。"

后来又解释说可能爷爷奶奶比较喜欢小孩,还有父母工作的原因和自己要被母亲断奶等。笔者从她的目光中看到有一种怕被遗弃,不愿意面对的感受。

幼儿期社会性发展的中心任务是与父母建立安全型的亲密关系(依恋关系),抑郁青少年幼儿期成长经历中父母不同程度的缺位,使得他们很难与父母建立亲密关系,与祖父母建立的亲密关系成为父母亲密关系的暂时替代。当孩子与父母没有亲密感的时候,孤独、寂寞、不安全的感觉会出现,爱的失落感也就走了出来。从抑郁青少年的成长经历看,他们在幼儿阶段没有能够与父母建立起安全型的依恋关系,这将对其今后的情绪和社会性的发展造成许多负面的影响。国外学者研究发现,父母与孩子的依恋关系对儿童今后的生理、心理和社会性发展都有重要的影响,同时,儿童依恋的类型具有长期的稳定性,一些偶然的波动常常是环境影响的结果,这主要是因为不安全型的依恋关系往往导致负性的社会情绪(如愤怒、敌意、退缩、高度依赖、不顺从等)和负性认知以及身体和心理健康状况不佳且这些情况很不容易改变(Kenna et al, 2008)。

二、儿童期:遭遇各种人际关系冲突

童年期是人生发展的奠基时期。进入童年期(指小学阶段)时被祖父母独立照顾的孩子都回到了父母身边并开始进入小学学习。此时,他们本应该重建与父母的亲密关系,可是,他们的生活轨道并不像其他同龄孩子那样笔直,在他们本该无忧无虑的童年生活中充满了各种各样的家庭和社会关系的冲突,如父母婚姻关系的冲突、家族关系的冲突、亲子关系的冲突、学校师生关系和同伴关系的冲突。根据鲍尔比的依恋理论,人类在面临压力时会自然地寻求亲近。依恋可以被看做是拥抱妈妈柔软、温暖的身体并被回以拥抱;凝视妈妈的眼睛并被怜爱地回望,这些体会会使人由衷地感到舒适与安全。根据鲍尔比的理论,父母和孩子之间的联系建立在寻求亲近的生理动力上,是自然选择过程中的进化。依恋受强烈的情感控制,拥有它而没有外在威胁是一种幸福,失去依恋的威胁会带来焦虑,真正的失去会带来悲伤。由于幼儿期没有能够与父母建立起安全的依恋关系,这些孩子在面临各种人际冲突所导致的压力时,感受到的是失去人际互动中亲密关系的焦虑,体会到的是悲伤、失落和愤怒情绪,使幼儿期已经初见端倪的抑郁情绪进一步深化。

(一)遭遇各种家庭关系和社会关系的冲突

从笔者对 11 个受访对象的分析来看,每个孩子至少遭遇了 2 种以上关系的人际关系冲突,有的甚至遭遇了 5 种人际冲突。具体见表 4-1:

表4-1 抑郁青少年儿童期的人际关系冲突统计表

代码\项目	父母关系冲突	家族关系冲突	师生关系冲突	同伴关系冲突	亲子关系冲突	冲突总量
A	√	√			√	3
B	√	√			√	3
C		√			√	2
D			√		√	2
F		√		√	√	3
G				√	√	2
H	√				√	2
L	√	√			√	3
M	√	√	√	√	√	5
J	√				√	2
K	√				√	2

"√"表示有冲突

从上表中可以看出，抑郁青少年在儿童期遭遇最多的是亲子冲突；其次是父母婚姻的冲突和家族关系冲突；同伴和师生冲突相对比较少。

（二）儿童期所遭遇的家庭和社会关系冲突类型

1. 亲子冲突

学者对冲突一词未必有相同的看法（叶光辉，1999）。Shantz（1987）曾给冲突下一个定义：冲突是一种相互间的对立和攻击，就像是意图去伤害的行为一样。本研究从青少年的视角看亲子冲突，将亲子冲突界定为青少年知觉其父母对某人、事、物（冲突内容）有不同看法，而与父母有心理、言语和肢体上的对立。

从上表中可以看出，所有受访者在儿童期都与父母发生过冲突。他们谈到的亲子冲突中绝大部分是父子（女）冲突，只有M是与母亲的冲突，M的母亲在家庭中的地位最高。M说："我们家是我母亲一手撑起来的"，其父亲除了在本地打工赚钱外基本不管家，家庭的权力掌控在M的母亲手中。而其他家庭中权力掌控者都是父亲，父亲不仅是家庭中的经济支柱，也是家庭中最有权力的人。可见，这种亲子冲突的本质是孩子与家庭中权力掌控者之间的冲突。

受访者 C："小的时候爸爸经常骂我，说我不听话，他让我去做什么，我不愿意去做，就顶嘴。还有一次是我爸让我把放在前院的浇水的粪桶拿到后院去，我不听他的话，我不拿，那时候我才 7、8 岁吧，他就直接捏着我的脖子，很痛，那个时候，我吓得尿裤子。"

受访者 G："我从小到大和我爸爸的关系都不好，他经常不在家，脾气有点怪，在家里面就是怕他，关系处理得不好。"

受访者 M："上小学的时候我妈经常骂我，有一次我的一个堂弟来我家玩，我妈就叫那个堂弟帮忙拿东西，她就说：'你看你堂弟多有本事，你不如他，没有本事'，我听了很不服气。"

受访者 B："我爸爸脾气急躁，比较喜欢动手打人、骂人，小的时候会因为一点小事就打我骂我，实际上是他自己不高兴。"

受访者 D："在我童年的记忆中，很少见到爸爸，他不会主动跟我说说话，沟通太少了。我从小就特别怕他。我上小学了还一直尿床，尿到小学毕业呢，那个时候我爸妈不知道是病，就因为尿床的事经常打我。我爸爸有时不打我，但他打我一次就特别厉害，记得有一次，他一耳光就把我鼻子打出血了。"

2. 父母婚姻关系冲突

回到父母身边后，父母本该成为孩子的情感依恋对象，给孩子安全感和幸福感。可是，11 个受访者中有 7 个孩子的家庭生活中充满了父母婚姻冲突，孩子回到自己的家庭中不仅没有得到父母的关爱和照顾，还常常成为了父母关系冲突中的"牺牲品"或"替罪羊"，这使他们感到不安、恐惧和愤怒。

受访者 A："我特别记得小时候有一次他们吵架，两个人站在床的两边，我在中间睡着。爸爸在左边，妈妈在右边。妈妈拿着刀。爸爸拿着椅子，就站在旁边，两个人对峙。那时我读 1 年级，当时我特别害怕，特别紧张，生怕他们发生什么事情，连哭都不敢，连呼吸声都不敢重，生怕如果打破了他们的对峙，他们真的动起手来怎么办？"

受访者 B："上小学的时候父母常常吵架，那个时候他们关系不好，大家都不高兴，又容易发火，就把气撒在孩子身上。"

受访者 K："小学 3、4 年级之前我还是很外向的，也爱闹，只是到了高年级就变得内向了。那个时候父母常常吵架，摔东西。"

3. 家族关系的冲突

家族关系的冲突主要是指扩展家庭中成员之间的冲突。本研究中抑郁青少年在儿童期面对的家庭冲突主要是父辈与祖辈之间的冲突，如母子冲突、婆媳冲突、翁婿冲突等；与父母和手足之间的冲突相对较少。

受访者 A："我上小学 3 年级就住到老师家了，没有太多机会和家人在一起，回家常常看到奶奶和爸爸吵、爸爸和叔叔吵，我作为家庭成员，常常为他们担心，替叔叔感到难过。"

受访者 F："我的奶奶不喜欢我们家，父母也常常和他们的兄弟姐妹吵架，我从小见到我们家的亲戚就只是叫一声，脸上没有任何笑容。"

受访者 M："家里面有一些，就是两个叔嘛，经常和我家闹矛盾。主要是为钱，然后我有一个叔打过我妈，当时他也打了我。我当时大概六年级。当时打了我以后我就去找我爸爸，我爸去外面了（不在家），他也打了我姐。"

受访者 B："我爸爸和我奶奶、爷爷的关系都不好，常常吵架。"B 把妈妈和爸爸的父母都叫做爷爷奶奶，因为其父亲是上门女婿，这里的奶奶爷爷实际上是妈妈的父母。

4. 师生冲突

儿童期是孩子从家庭走向社会的第一阶段，学校成为儿童社会化的主要场所，教师则成为除了父母之外的最重要的他人，老师对学生的关怀和爱，是儿童健康成长的养分。可是，一些老师的不良行为却给刚走入学校不久的孩子，带来了深深的伤害，让抑郁青少年至今难以忘怀。

受访者 D："小学呢，就是小学一个老师曾经嘛给我带来过一些伤害。就是上三年级我们换了一个数学老师，我数学成绩就特别差。那个新来的数学老师就把我们分为两个组，一组是（成绩）好的同学，一组是差的同学。每天就经常会骂我们差的同学。我从小自尊心就特别强，就觉得心里面特别不舒服。然后每次考试下来，老师就总是会经常特别骂我们这边的。"

受访者 M："上小学的时候发生过一件事，就是农村的教育嘛，那些老师每天晚上基本上都在混日子，我这个人可能有点完美主义或者是很认真吧，就对那些老师不满，我就写了一封信去告那个老师，结果信还没有寄出去就被那个老师发现了，发现以后就被骂了一顿，骂得很惨，这件事断断续续持续了一个月吧，这个事情之后我的性格也改变了很多。"

5. 同伴冲突

进入小学后，处于童年期的抑郁青少年也开始遇到一些同伴之间的冲突，但他们往往不知道如何去化解这些矛盾和冲突，冲突之后，他们选择了自我封闭和退缩。

受访者 M："小学时我和一个同学吵架，吵着吵着他就开始用脏话骂我妈,我当着全班同学的面哭了,然后我就和那些同学疏远了。在学校里面没有好朋友,常常是一个人玩。"

受访者 F:"我从小都不跟村子里面的同学来往,我不信任他们。"

受访者 G:"小学的时候比较内向,腼腆,感觉不太会处理与同学的关系,经常只跟几个同学玩。"

对抑郁青少年来说,童年期所遭遇到的各种家庭关系和社会关系冲突的结果是:一是孩子失去了情感依恋的客体,主观上失去了父母的关爱、老师的关爱和同伴的支持;二是亲子关系的疏离,孩子没有办法和父母建立良好的依恋关系;三是悲观、失落、愤怒的负面情绪开始出现,这些负性情绪如果长期存在,将导致个体对愉快感和愉快信息的注意丧失,最终引发抑郁。

(三)抑郁青少年儿童期面对各种人际关系冲突的主观感受

1. 悲伤、悲观

悲伤是一种被某个事件所引发的负性情绪,是一种对丧失感的情绪反应。

受访者 M:"小学 5 年级写告状信被老师(也是校长)骂了以后,感觉压力比较大,头很痛。这件事对我的影响比较大,悲观情绪也是从那时产生的。"

受访者 B:"爸爸打我是他自己不高兴,拿我撒气,我很难过,哭过就算了。"

受访者 D:"小学被老师骂的时候心里特别难过,然后自己也哭过。"

根据"悲伤=病痛"假说,人类在进化过程中逐渐形成一种倾向就是经受病时表现出低活动性和回避性;同时人类把这种经验扩大到日常生活中,我们对各种失去和失败也以同样的方式进行反应。失去了父母的关爱,面对各种人际关系的冲突、自己的无能和失败,抑郁青少年用悲伤情绪来做出回避性反应。根据"悲伤=求助"假说,悲伤的情绪和行为能引起其他人对你面对压力时的注意,提高了他人对你帮助和关注的机会。抑郁青少年童年期的悲伤还有一个功能就是向自己的父母、亲人、朋友和老师发出求救的信号,希望得到帮助。但遗憾的是,在儿童期,抑郁青少年周围的人们却对这些求救信号无动于衷。

2. 失落

失落了父母、亲人对自己的爱,感觉到害怕和孤独。

受访者 F:"我奶奶不喜欢我们家,奶奶只喜欢舅舅家的男孩,亲戚也不喜欢我们,连自己的亲戚朋友都不爱自己的话,别的人就更不会爱自己了。"

F感到失落了奶奶的爱,也就失去了其他人对自己的爱。

受访者C:"爸爸不喜欢我,常常骂我,我觉得爸爸不爱我,只爱我小妹。"C在和妹妹的竞争中感觉被父亲遗去,失落了父爱。

受访者K:"父母吵架时常常摔东西,我感觉很害怕,很不安,希望他们快点结束。"

受访者D:"尿床常常被父母打,感到特别孤独、寂寞。"D到12岁还在尿床的行为是一种心理退化,希望回到被父母关怀与照顾的幼儿状态。

3. 愤怒

愤怒是一种强烈地希望伤害某人或是将其赶走的情绪状态。多数情况下,愤怒产生于某人有意地或疏因忽造成的伤害。面对成长过程中对自己造成不同程度伤害的父母、老师和同伴,儿童期的抑郁青少年无法用自己的力量去正面回应,而是用愤怒的情绪来表达自己的不满,希望将这些给自己带来痛苦的人或事赶走。

受访者F:"小学的时候,有一次一个女生故意踩了我一脚,我从此看她很不顺眼,到初中时我找机会打了她一次才解恨。"

受访者M:"我妈拿我和堂弟比较,说我不如堂弟有本事,我听了感觉很不好受,不服气,很愤怒,但我不出声。"

受访者A:"看到爸爸妈妈为一些小事而争吵,我就会觉得好烦躁,因为我本来就不是一个心理健康的孩子,你们还在我面前吵。虽然我从很小很小就看到他们吵架,看了10多年,我现在仍然有感觉,不是说看多了就麻木了,看到他们吵架就会难过,有时会愤怒嘛。"

三、青少年时期:开始社会流动并患上抑郁症

(一)抑郁青少年的社会流动

11个抑郁青少年中有9个孩子有社会流动的经历,有7个在青少年早期(12岁左右)就开始了个体的社会流动,有2个甚至在小学阶段就开始了个体的流动。其他的两个孩子也分别在初中和高中阶段进入当地寄宿制学校,开始独立生活。

这些孩子小小年纪就开始社会流动的原因:一是为了读书。因为大部分的优质教育资源都在城市(或城镇),成绩优秀的孩子可以通过考试拿到公费名额进入城里的重点中学读书,其他的孩子要想到城里重点学校读书就只有靠父

母的金钱和权力关系"买学"① 了。二是随家庭流动。即自己的户籍随着母亲户籍改变而落户到城镇（或城市），开始了在城镇（或城市）生活的经历。受访对象社会流动的具体情况参见表4-2。

表4-2 抑郁青少年社会流动情况

编号	第一次社会流动时的年龄、原因	流动地点	流动方式	第二次社会流动时的年龄、原因	流动地点	流动方式	备注
A	10岁，父母出钱买学，上寄宿制贵族学校	从城镇到中等城市	个体流动	13岁父母出钱买学到大城市读初中	从中等城市到省会城市	个体	
B	12岁，父母出钱买学，读贵族学校	从农村到城镇	个体流动	18岁自己考上了大学	从县城到直辖市	个体	
C	10岁，到爸爸工作的城市读小学，也是一种"买学"	从农村到城镇	小学阶段个体流动，初中家庭流动	18岁考上大学到大城市读大学	从县城到省会城市	个体	
D	12岁随母亲改变户籍到县城读中学	从农村到城镇	家庭流动	16岁父母出钱买学到省会城市读重点中学	从县城到省会城市	个体	
F	16岁父母出钱买学到县城读高中	从农村到城镇	个体流动				
M	12岁考入寄宿制重点中学	从农村到城镇	个体流动	19岁考入省会城市上大学	从城镇到省会城市	个体	
G	16岁考入寄宿制重点高中	从农村到省会城市	个体流动				
H	12岁父母出钱"买学"上重点中学	从城镇到城市	个体流动				
J	16岁父母出钱买学读大专	从城镇到大城市	个体流动				

① 买学：指父母出钱、托人情让自己的孩子到教育质量较高的学校上学，买学是受访者D使用的语言。

第四章　从个人成长看青少年抑郁症

从上表中可见：

1. 大部分抑郁青少年的社会流动是在父母的推动下，通过"买学"的方式完成的，他们开始社会流动时的年龄普遍比同龄人小，社会流动过程中承受着父母较高的外在期望和个人成长内在需要较高的双重压力。笔者问受访者A："你觉得一个孩子比较小就离家到外地读书，过早接触社会好不好？"A说："我觉得是他没有心理准备，每个人的成长都有一定的规律，一定的速度，就像我这种，就是因为我过早地看到了一些社会不好的方面，对我心理产生打击，我就开始讨厌社会。小孩从小应该在家庭中长大，家庭的关系比社会成员之间要纯洁得多，然后读小学的孩子不懂事，也不会为了利益而发生冲突，之前生活的环境比较纯洁。但是像我这样，突然从一个很纯洁的环境中来到一个很污浊的环境中，就会承受不了。"

2. 由于种种原因，在子女流动的过程中大部分家庭并没有随子女一同流向城市，这样的流动方式使得孩子在面临压力时缺乏必要的家庭支持。同时，青少年个人和家长处在两种不同的地域和文化环境中，父母与子女的沟通比较困难，这无疑都加剧了亲子之间的矛盾和冲突。

（二）离家读书期间患上抑郁症

由于抑郁青少年在儿童期无法采用有效的手段解决成长过程中的亲子冲突和其他人际关系冲突，到了青少年期，随着抑郁青少年的社会流动，各种家庭和社会矛盾不断被激化并相互交织在一起，给青少年以巨大的压力，亲子关系和人际关系的冲突成为引发抑郁症的主要外在诱因。此外，青春期也是青少年追求独立和建立自我认同的阶段。外在的环境压力和内在的成长需求从两个相反的方向同时挤压着他们，当压力超过其承受的极限时，抑郁症就走了出来。而社会流动过程中的各种竞争压力（如学业压力）和人际关系冲突常常成为引发抑郁症的"导火线"，具体见表4-3。

表4-3　抑郁青少年患病时间与主要诱发因素

受访者编号	患病时年龄	发病时就读学校、年级	发病时是否独立生活	主要引发因素
A	15	中学初中三年级	是	学业压力、亲子、师生、同伴冲突
B	20	大学二年级	是	师生、同伴冲突
C	20	大学二年级	是	同伴冲突

续表

受访者编号	患病时年龄	发病时就读学校、年级	发病时是否独立生活	主要引发因素
D	20	大学二年级	是	师生、亲子冲突
F	18	中学高三年级	是	学业压力、同伴冲突
K	17	中学高二年级	是	学业压力、亲子冲突
G	18	中学高三年级	是	师生、亲子冲突
H	18	中学高中三年级	是	学业压力、同伴冲突、亲子冲突
L	18	中学高三年级	是	亲子冲突、学业压力
J	17	中学高二年级	是	学业压力、同伴冲突
M	20	大学二年级	是	学业压力、同伴冲突

四、抑郁青少年成长经历的特点

从以上叙述中可以看出，抑郁青少年的成长经历有以下几个特点：一是幼儿期隔代抚养的经历，以及在此过程中父母缺位，尤其是父亲缺位，与父母的接触少，感受不到父母的关爱，爱的失落感开始产生；二是幼儿期遭遇了很多人际关系冲突，特别是亲子关系冲突；三是在儿童期或青少年早期比同龄儿童较早地开始以教育为阶梯的社会流动，成长中的各种内外压力和人际关系冲突交织在一起，使其在离家读书的过程中患上了抑郁症。以上这些特点反映出青少年成长经历（包括抑郁症的形成）和中国社会转型以及转型过程中家庭和人际关系的变化有着密切的关系，要理解抑郁青少年抑郁症的形成及其亲子关系，必须有一个多维度的视角。

第二节 抑郁青少年对抑郁症的理解

从青少年对抑郁症的叙述中可以发现，他们很少用"生病"这个词来诉说自己的主观经历和感受，而用"改变、倾向、压力大、应付不来、不适应"等词来理解抑郁症。他们把抑郁症建构为个人在面对压力情景时的一系列生理、心理改变及其对改变的主观感受。在抑郁青少年看来，抑郁症不是病，而是一种压力应对方式。

一、抑郁症是应对压力的一种方式

在抑郁青少年看来，抑郁症并非一种疾病，而是自己不适应外部环境时的

第四章 从个人成长看青少年抑郁症

一种身体和心理的改变，是他们在面临压力环境时的一种应对困难的方式。

（一）抑郁症是不适应环境时的一种生理和心理上的改变

受访者 A："抑郁症，就是（停顿），我的改变就是上初一以后就不爱说话了，兴趣爱好也减少了。做什么事情对什么都没有兴趣，脾气容易冲动，发脾气。然后，有些时候，一个人，不知道为什么就哭起来了，有自残、自杀的倾向。"

受访者 C："我的情况是刚进大一的时候就有了，刚进大学生活不适应，然后又加上在宿舍有矛盾，从那个时候就开始有紧张、焦虑和抑郁那些反应。一开始我不知道（是抑郁症），我是后来才知道的，刚开始就是很恐慌很害怕。人际交往中的紧张和孤独感吧，经常觉得不适应，不想待在学校，想和家人在一起，经常打电话回家，特别容易哭，情感比较脆弱，做什么事感到很吃力，经常紧张到夜晚睡不着，一个人在宿舍也会莫名地很紧张和不安。"

受访者 D："我觉得抑郁症就是一个心情、心态导致的身体、心理上的不舒服、不适应。"

受访者 H："我被诊断为抑郁症是高三的时候，父母带我去医院，在那里，他们认为这种倾向就是抑郁，之前我知道有点抑郁，但是我不认为我是得了病。我感觉我初三时就有这种倾向，那段时间有点抑郁情绪，但不认为是病，自己可以调整过来的。在初三之前都很好，以后感觉不怎么样，我自杀过 2 次。一次是初三，一次是高二。"

受访者 G："到了高三莫名其妙，认不得是哪样，不知道是哪方面压力特别大，有些事情就缓不过来。就像跟同学的关系啊，和父母的关系啊，就突然感觉应付不过来，特别累、特别烦，一句话都不想讲。"

（二）改变的主要内容

抑郁青少年认为抑郁症是自己在不适应外部环境时的一种身体上、心理上的改变，改变的主要内容包括：

1. 情绪（mood）改变：指情绪呈现出高低起伏的不稳定状态，或情绪极度低落，表现出抑郁的一面；或情绪极度亢奋，表现出情绪狂躁的一面。这种情绪的不平衡性在被访的每个抑郁青少年的身上都有体现，有些情绪低落的特征明显一些，有些青少年情绪亢奋的特征明显一些。这主要是因为其处于抑郁症的不同阶段，情绪特征表现有所不同。抑郁中的情绪越是低沉、内向，抑郁越是严重；低沉的时间越长，患者的情绪会越低沉和内向，郁闷的情绪就越浓烈（叶锦成，2004），如：

受访者 A："有时容易冲动，爱发脾气；有时不爱说话，做什么事都没有兴趣。"

受访者 H："有时情绪波动大，爱发火，不能控制自己，有时疲惫不堪。"

受访者 G："特别累、特别烦，一句话都不想讲。"

2. 感受（feeling）改变：指个人主观的内在感觉，也就是指人最基本的喜、怒、哀、乐、爱、恶、欲（焦虑）情绪反应状态发生改变，负面的感受比较多，具体包括：

（1）悲伤（sadness）：即对自己的遭遇感到难过和悲哀和对未来的悲观。

受访者 A："我无论听歌或是写作，都喜欢特别悲伤的，看书也喜欢悲剧，像安妮宝贝（作者名）写的书。我也是很悲观，比如预测没有发生的事情，我就经常会哭，又喜欢一个人待着，特别不开心。不开心在我心中是根深蒂固的那种，不开心的时间占了我生命中的2/3。"

受访者 D："我来到了大学的校园，刚进校园对学校非常失望，学校环境很差，随着我对学校的慢慢了解，我开始对这个学校有很多看法。首先是晚上经常有人从楼上丢啤酒瓶、热水瓶下来。接下来就是老师上课的问题，大一上学期基本是看电影过来的，英语老师更是单词经常写错，比我们高中英语老师不知道差到哪里去了。有一个老师上课常常说一些消极、悲观的东西。最夸张的是，他公然鼓励我们退学。后来又有老师和我们说，我们选择了这个短命的专业，只有忍受着。慢慢地许多同学开始消极起来，经常听到同学们说'郁闷'。我开始感觉越来越不喜欢这个学校，开始郁闷起来。后悔当初自己为什么不多努力点，把分数考高点，也不至于来到这个学校。"

受访者 G："即使老师不讲为哪样不能谈恋爱，也不应该这样在全班，即使是不点名地批评我，我心里还是觉得特别委屈。"

（2）失去：觉得失去亲人、朋友、社会身份、地位和自尊。

受访者 A 常常和母亲发生争吵，使她觉得失去了父（母）爱和自尊。她说："我承认我不够坚强，妈妈骂人又难听，就会伤到我的自尊心，我的自尊心又强。反正我回忆自己和她过去的生活，都是一路吵着过来的。在父亲面前就显得我很卑微，我无非就是脾气比他好点，其他方面都相差很远，可能在爸爸心目中，我也没有那么重要吧。"

受访者 G："老师告诉我父亲我在学校谈恋爱的事情，我就想父母能跟老师讲，跟老师讲以后，老师能理解我，但是（父亲）反倒过来打电话骂我，我太难过了。生病那段时间很想我的女朋友，一天到晚都在心里面喊她的

第四章　从个人成长看青少年抑郁症

名字。"

（3）愤怒（anger）：由于无法接纳失去，而变得非常愤怒，怨天尤人。抑郁青少年在与父母、同学和老师的互动中，失去了理想中的好父母、好同学、好老师和好的自我形象，从而产生愤怒情绪，愤怒有时投向自己，有时投向他人。

受访者 A："你说我们这些青少年，虽然只有 15 岁，但我们的内心已经不再纯洁了，社会不断发展，对人性的追求已经忽略太多太多了。我们 15 岁的孩子、青少年，内心世界已经不再像以前那么纯洁，开始为了学习上的利益或者老师心目中的形象，同学之间相互钩心斗角，我看多了。那到我们下一代，才几岁的孩子心灵就不纯洁了。我也是特别失望，我觉得现在说的什么花季，真的不会出现。"

受访者 G："高三以后，我和我们班另外的一个同学就在校外租房子住，12 月 20 号还是 19 号，我们班的另外一个同学跟我借了四百块钱，是我的房租钱，他讲 22 号他就会还的，他叫我 22 号在学校里面等着，他拿钱还给我。可是，他那天没有来还我钱，自己就回家了。害得我到了交房租那天我交不了（租金）。我很气愤，觉得被朋友欺骗了。"

受访者 D："我发病以来，性格有点改变，爱发火，经常疲惫不堪。在 2006 年年底的时候，有一段时间情绪低落，不想和同学交流。之前曾和父母有些不开心的事情，就是父母突然控制我的生活费，这使我一下无法接受。因为以前，父母从没有限制我的生活费，当时我很生气、难过。也曾赌气说永不用父母的钱，后来通过父母的解释，我理解了他们是想要我学会生活。我还是用父母的钱，可是从这件事情后，我用父母的钱就特别节省，还很苛刻自己，苛刻到吃饭从不打肉。每当看到其他同学吃肉，想吃什么就吃什么，我总是又难过又气。难过的是我好想吃好多好吃的，可是为了省钱，为了不让父母说我用的钱多，只好忍住。气的是为什么、为什么父母现在才教我节约用钱，为什么小时候不教？现在都形成习惯了，又突然叫我改，让我有好多的不适应。"

受访者 H："之前就跟他（父亲）讲过，跟他讲我读书是为了学到东西，在哪里读书都一样，我感觉他能理解我，但那天他把我的考试成绩展开给我看，特别生气地砸过来，感觉他之前说的话都是假的，他骗我。"

（4）没有价值感：觉得自己一无是处、很糟糕。这种没有价值感往往产生于青少年达不到父母等重要他人的要求或自我要求时。如：

受访者 D："我读警校是父母的决定，虽然我喜欢那身制服，但我也很清楚我自己的实力,我连跑步都跑到最后,身体素质也不好,体弱多病的,我今后追犯人都追不上。再加上我又是属于那种抑郁质的人,我能行吗?我的未来在哪里?"

受访者 A:"在父亲面前好像我就是个弱女子,一天就只会像林黛玉那样花落了也要难过,成不了大事,只能做些小事。"

受访者 H:"尤其是到高三的时候,我认为自己很弱,有些时候和女生比起来……,我打电话向别人倾诉,因为有些人跟我讲如果你不舒服就打电话向人倾诉。我给一个女生打电话,她就讲为什么我每次都抱怨,之后我就开始想我与女生比较,我连一个女生都不如。"

(5) 孤独无助。

受访者 D:"我很讨厌我的现在,我很迷茫,很无助,感觉自己从来没有那么不堪一击。"

受访者 A:"我生活得好辛苦,完全是为我的家人活,很痛苦,想找人来救我。我常常回忆我的生活,但我找出我的烦恼所在,我都无法解决。"

受访者 G:"因为谈恋爱,老师批评我、骂我,我希望父母帮我和老师说说话,让老师理解我,但是父亲也不帮我和老师说说,还打电话骂我。"

受访者 H:"那段时间我特别空虚、寂寞、害怕、恐惧。"

(6) 生命一片空白,没有意义。

受访者 D:"在突然发病的那个晚上,我睡在床上,感觉心惊肉跳,大脑一片空白,无比的恐慌。"

受访者 H:"我从姨妈家搬出来之后,那段时间也是空前的绝望,让我感觉到很多很多以前没有感受到,包括我第一次自杀时之前也没有感受到,那种很恐怖,就像吸毒犯,曾经吸毒但是死不了之后,慢慢一天比一天更加精神萎靡。但是我和他们的区别是他们有一天可能因为吸毒死去,而我这种还要继续下去,痛不欲生。"

受访者 A:"我生活得好辛苦,完全是为我的家人活,很痛苦,想找人来救我。但是,没有住院之前我只有两条路,一条是为家人痛苦地活着,另一条就是死亡。我已经死过(自杀)2 次了。"

(7) 罪疚感:觉得对不起自己的亲人,也对不起自己。

受访者 D:"当我再次坚决地要退学时,母亲哭了、急哭了、气哭了。这无疑像在我心上划了一刀一样难受。我相当难受,再读下去,我真不知道能撑到什么程度,不读书,我又对不起父母和亲人的期盼。慢慢地,我开始失眠,一想到不能离开这个学校，就有种生不如死的感觉。"

受访者 A："我觉得家里的事情就是我的事，毕竟我是家庭中的一个成员。比如，他们吵架，爸爸骂叔叔，我就会替叔叔想解决问题的办法，但是我个人能力有限，我确实什么都做不了，有的时候我就会很无奈，无能为力，也很心痛他们。我担心家庭中那些吵架者让人家骂，但我又没有能力改变什么。"

3. 感觉（sense）改变：主要是感觉到自己的身体发生了一些生理上的变化，如没有力气、失眠、胃口不好等，没有活力。

受访者 D："自发病以来，入睡困难，饮食时多时少。还会出现便秘、时热、时冷、情绪波动大，不能自控，反应力和记忆力下降，体重时增时减，脸色不好，脸上开始长痘痘。"

受访者 G："去学校上课，觉得一点力气都没有。"

受访者 H："之前就感觉有焦虑和失眠，从姨妈家搬出来后，对那个空间（自己租的房子）有抵触，睡中午觉的时候，（房子的）一边吵（嘈杂），一边热，中午觉睡不好，晚上也睡不好。"

4. 情感（affect）改变：指对他人或事件等外部环境因素的反应改变，主要表现为对自己内在的感受很浓烈，对外在的感受很淡漠。有时会把自己内在的感受投射到他人身上，显得很敏感。

受访者 D："那段时间在学校，我觉得就是那样的环境影响我，感觉特压抑，常常封闭自己，和同学在一起时我都不大想讲话。我变得很敏感、很多疑。"

受访者 A："那段时间我无论听歌或是写作，都喜欢特别悲伤的，看书有时喜欢悲剧，像安妮宝贝（写的书）。我想的也是很悲观，比如预测没有发生的事情，我就经常会哭，又喜欢一个人待着，特别不开心。我看我身边的那些同学都不像我这样，我觉得我和他们有出入，我就开始怀疑我是不是得抑郁症了。"

受访者 H："在那种情况下感觉什么东西会铭记在心，那种痛苦铭记在心之后还会越来越多。"

二、抑郁青少年的压力应对方式

抑郁症的英文是"depression"，由"de"（意思是往下）和"pression"（意思是压力）两部分构成，合起来的意思就是被压力压下去。抑郁青少年成长过程中承受了怎样的压力，他们又是如何应对的呢？

（一）什么是压力和压力应对

压力一词在英语中为"stress"，原是物理学中的一个概念。20世纪中叶加拿大物理学家汉斯·塞利开始将压力的概念引进医学和心理学，在他的研究中"压力"是指令个体紧张的威胁性事件、突如其来的危险刺激情境。从心理学的角度出发，压力并不仅仅指这些事件或环境，还包括个体在与这些事件或环境相互作用的过程中，通过个体的认知与评价而在心理上产生的一种情绪体验。台湾学者张春兴（1994）认为，"压力一词有三种解释：①指环境中客观存在的某种具有威胁的刺激；②指某种具有威胁性的刺激引起的一种反应组型；③指刺激与反应的交互关系。个体对环境中具有威胁性的刺激，经认知其性质后所表现的反应。"多数心理学家采用第三种解释，把压力看做是刺激与反应之间的交互作用。

社会工作比较强调从人类行为和社会环境互动的角度来理解人的压力和行为反应。从这个角度来看，人被看成是在环境中与各种系统持续互动的人。这些系统包括家庭系统、朋友系统、工作系统、社会服务系统、政府系统、职业系统、宗教系统、各种服务系统和教育系统。系统理论认为，人们是极具活力地参与各个系统的。"人在情境中"的理论启发我们确立一种新的看问题的方式，应该把人的需要和问题看做是人与社会环境相互作用的结果。根据这样的思想，我们可以把青少年的压力产生看做是与以下的三个相互关联的领域有关：一是人生发展的各个转折时期，在这些转折时期，容易产生难以应对的压力；二是适应不良的人际关系；三是社会转型中的各种环境障碍，即对青少年的需要和问题无动于衷（没有反应）的社会环境。人生发展的转折时期具有双重功能，一方面它包含着潜在的挑战和成长，另一方面它也可能带来痛苦和破坏性的压力。例如，在人生发展的各个转折时期，人们会经历地位、角色和社会环境的变化，这些变化可能引起角色冲突和角色失败，会使人们感到某种强烈的需要，会迫使人们去完成从未经历过的适应性任务。在人生转折时期产生的问题和压力可能影响人们成功地解决这一时期的各种问题，而未解决的问题又会在家庭生活或团体生活中引起适应不良的人际关系，从而进一步阻碍个人或集体对环境资源的使用。适应不良的人际关系本身能够给人带来困难、嫉妒、误解、歧视、替罪羊、压制、冲突等，不良的交流方式使许多人感到压力，这些压力可能使人们难以顺利度过人生转折时期，或者使人们无法有效地使用环境资源。社会环境也可能对人产生破坏性的压力——它可能不提供社会支持；隐瞒相关的信息；阻碍人们接近资源；对人们的需要和愿望不做出反应；剥削和压迫某些人等。这些问题可能导致不良的人际互动，使个人、家庭和团体难以成功地完成人生过渡，最终使以上三个领域中的压力都加大了。

压力应对是指个体在处理来自内部或外部超过自身资源负担的生活事件时所作出的认知和行为上的努力。而压力应对方式则是指在应对过程中继认知评价之后所表现出来的具体的应对行动，具有一定的跨情景一致性和稳定性（仝莉娟等，2009）。

（二）压力应对方式的形成过程

在应对压力的过程中，抑郁青少年经历自我应对、求助他人、自我标签、应对失败等四个阶段。最终结果是被送到医院接受治疗，在治疗过程中压力解决或部分解决，具体见表4-4。

1. 第一阶段：自我应对

大部分抑郁青少年在被医生确诊为抑郁症的三四年之前就感觉到了自己无法应对环境，出现一些不适应的症状，如情绪低落等，他们最初采取的应对方式是积极自我调节，但效果不好。

受访者K："我心情不好的时候主要是到处闲逛，或是找一些自己感兴趣的事情做，如听音乐、看书。我一般自己解决，不想把坏心情传染给其他人。但自己调节似乎没有什么效果，然后就冷处理（不去管它）。"

受访者H："我初三时，每个月都要月考，有一段时间心情很压抑，我想可能可以调节过来，就自己想一些办法调整了，第一次调整过来了。但是后面几次好像就调整不过来了。"

受访者D："刚进大学生活不适应，然后又加上在宿舍有矛盾，从那个时候就开始有紧张、焦虑和抑郁那些反应。好像自己一直在调节，虽然说可以控制，但一直反复困扰，让我觉得很难受。因为有这方面的困扰，就经常去图书馆看心理学方面的书，我会去看一些心理学、医学方面的书。"

受访者M："心情不好的时候就上网打游戏，打的时候很开心，打完游戏后还是不高兴。"

经过第一阶段的自我应对，抑郁青少年的压力暂时得到缓解，同时，也产生了对自己和他人失望、不开心、自责的主观感受，抑郁症的一些特征初步出现。

2. 第二阶段：向他人求助

在自助无效的情况下，一些抑郁青少年会向自己最信任的人，主要是好朋友和亲戚求助。由于抑郁青少年的同伴关系和家庭关系不太好，可以求助的对象不多，求助效果也不好。

受访者 K："我高中的时候我感觉自己那一段经历，特别空虚之类的，不够坚强，尤其是到高三的时候。我打电话向别人倾诉，因为有些人跟我讲如果你不舒服就打电话（求助）。往后我给一个女生打的时候，她就讲为什么我每次都抱怨。之后我就开始想与女生比较，我连一个女生都不如。她理解不了我，因为她没有经历过，只能是客气地敷衍。"

受访者 G："老师在全班批评我，我觉得很委屈，就和一个跟我比较好的朋友讲，讲了以后他也安慰了我一下，也不会想那么多问题，当时平静下来了。但是，当我再回到学校，又看到老师的时候，还是觉得特别心烦。"

受访者 A："我觉得我是得了抑郁症了，第一次去看心理医生是我提出来的，我告诉我的阿姨（爸爸的妹妹），因为我觉得在这个家中阿姨比较通人情的。"

向他人求助没有能够化解自己的压力，还产生了自卑、自责和看不到希望的主观感受，也强化了第一阶段的负面感受。

3. 第三阶段：自我标签为"抑郁症"或"有心理问题"

在压力应对无效的情况下，一系列不良症状开始出现并越来越强，抑郁青少年敏感到自己出问题了，通过看书或网络查询，他们自我标签为"抑郁症"或"有心理问题"。外在的压力没有消除的同时，内在的压力也开始产生。

受访者 K："初中时我就怀疑自己得抑郁症了，看了一些杂志描写的症状，很多都很符合。所以当医生说我得了抑郁症的时候，在我意料之中。"

受访者 A："我很小就知道抑郁症了，不知道我是从哪里知道的。我上初一的时候就出现一些抑郁的症状了，好像是我不开心的时候。因为我无论是听歌或是写作，都喜欢特别悲伤的，看书也是喜欢悲剧，像安妮宝贝的书。我想（问题）时也是很悲观，比如预测没有发生的事情，我就经常会哭，又喜欢一个人呆着，特别不开心。我看我身边的那些同学都不像我这样，我觉得我和他们有出入，我就开始怀疑我是不是得抑郁症了，于是就自己上网查了，就觉得我自己是抑郁症了。"

受访者 D："上高中时候的学习压力特别大，就觉得有一点抑郁倾向，我就去看一些心理学的书籍，但那个时候觉得自己有了心理问题不是很严重，只是心情低落时特别抑郁。"

4. 第四阶段：压力应对失败

当青少年自我标签为抑郁症患者或有心理问题时，他们对自己完全失去信心了，采用自虐和自杀的手段来减轻自己的痛苦，并与压力做最后的抗争。在这个抗争的过程中，父母是最后一根救命稻草。在生命不能承受压力之重时，家庭关系不好的抑郁青少年通常选择自杀、自虐来减轻痛苦；而家庭关系尚可的抑郁青少年则会在最后的时刻向父母求助。这时，父母才意识到孩子出事了，赶紧把孩子送到医院去看医生。在医生、心理治疗师和社工的帮助下，有些青少年的压力得到化解，有些青少年的压力得到缓解。但是，被标签为精神病人的事实又给抑郁青少年带来了新的压力。

受访者 A："我父母吵架时就觉得好烦，我看了十多年了，很多时候我不讲，随他们吵去。对于这些不开心的事情，现在想想，我什么也做不了，难过的时候我就干脆虐待自己，让自己难过到麻木，就不会再痛苦了，第一次自杀是初一时在学校用剪刀刺自己，后来被室友发现，就告诉我的父母，父母带我到医院看病，医生说我得了抑郁症。"

受访者 J："初三升学时没有考好，很自卑，待在家里看电视，十多天都不出门，怕出门人家问你考得怎么样。后来就出现睡不着，不快乐，难受。我写了一封遗书，被父亲发现后，父母就带我去医院看病，医生说我得了抑郁症。"

受访者 B 说："那件事情（恋爱失败）之后觉得学校里面的人都在议论我，嘲笑我，我不愿意和人相处。加上要面临期末考试，感到难受、无助，曾用过刀片划手一次。后来我就休学回家。回家后，父亲发现我懒散，不愿意做事，常常发呆，情绪烦躁，感觉情况严重才带我来看病的。"

受访者 G 的妈妈说："娃娃在外面受了委屈，想不开，自己买了一瓶克感敏就吃下去了，他的同学发现后就赶紧把他送回家里面，我们就赶紧领着他上医院去，洗了胃才救过来的。接着就过年了，他在家老是发火，情绪一点也不好，我们怕他再吃药，过完年后就赶紧带他去医院看病，医生说是抑郁症。"

受访者 H："高二的时候，我和父母吵架后，我当时是跑出家了，买了一瓶药（克感敏）吃完之后，（天）就下雨，感觉全身特别软，那时候就忘了我要自杀这个念头，忘记之后，我跑到野外，跑到最近的村里面找人求助，说是要避雨，当时我就忘记了我要自杀的念头，之后就特别痛苦，特别痛苦，过了一段时间就有人问我是哪里人，之后又问我的电话，我当时就忘了我要自杀，就把我爸爸号码给了他们。后来我爸爸就把我带进医院去看精神科，医生说我是抑郁症。"

受访者 K："初三的时候我对生活没有信心，就有了自杀的想法。我先割腕，由于学校不准带刀子，我用剪刀来割腕，剪刀很钝，没有割出血来，又吞了2块纽扣电池。但吃下去没有什么反应，我就打电话告诉妈妈，我吃了2颗电池，但还是没有死。"

受访者 L 的父亲说："L 高三面临高考压力，由于成绩不佳，不想去学校，要求在家请家教帮助复习功课。在家里面他焦虑、烦躁不安，常常和我吵架。有一天晚上他对我说他没有个人空间，活着没有意思，想自杀，并带着自己的行李要离开家。我强行把他拦了下来。第二天就带他来医院，医生说是抑郁症并让住院。"

受访者 D 的父亲说："小 D 放假回家来我们就觉得有点不对头了，一天就只在家不和外面的人接触，她母亲提出要带她去医院，她也不去。开学后回到学校不久，有一天她打电话给我说是实在坚持不住了，大脑一片空白，像有什么东西压着一样。第二天她母亲赶到昆明带她去医院检查，才发现是这个病（抑郁症）。"

受访者 C："读大一的时候我和同宿舍的人相处不来，我就打电话告诉我妈妈，第二天父亲就上昆明来看我，鼓励我，带我到医院看病。医生说我是抑郁伴焦虑。"

三、抑郁青少年对专业化治疗的理解

当青少年被医生诊断为抑郁症的时候，解决压力的途径由个人应对进入专业化的应对阶段。在医院中，他们接受的主要治疗是药物治疗，辅之以心理治疗和社会工作服务。那么，他们对药物治疗和心理社会治疗的感受如何呢？

（一）对药物治疗的理解

大部分抑郁青少年对药物治疗持一种排斥甚至拒绝的态度，他们一般只是在身体和心里很痛苦的情况下才吃药，一旦身心痛苦有所缓解，就自行停药。药物的作用有限，不能帮他们解决所有的困惑，药物的副作用也令他们难以承受。

H："我吃过两种药，现在吃的是那种叫博罗星，之前吃的是戴笠星，戴笠星那种吃完之后不吃的话心里面特别难过（有瘾）。早上起来（医生）规定我八点吃药，如果我九点才吃，如果到了八点之后忘记吃药，上课之后，我会感觉有点痛苦，有点压抑，之后才想起来要吃药，吃完药之后感觉要好，但是我感觉会（药）让我产生瘾，（药的作用）就是情绪提起来一点，提起来之后还是会落下去。"

A："我吃了药就是想睡觉，但是我的状况还比较好，很多病友（吃了药）

都看不进去书,我还可以。"

C:"因为我上个假期的头痛很厉害,压着头都抬不起来的感觉,刚开始吃药有一点效果,但头痛、牙床紧张的感觉还是没有消除,刚开始吃药的效果比较明显,后期就不怎么明显了。"

M:"服药后我的情绪改善了,过去比较烦躁、焦虑、情绪低落,服药后情绪比较平稳,但药物不能改变我胡思乱想,比如见到拾荒的老太太我就会想到自己将来老了也会像这样比较凄凉,以捡垃圾为生。"

值得注意的是,药物并非对所有的抑郁青少年都有效果,对有的抑郁青少年来说,药物治疗完全没有作用。L住院后吃药打针10多天,症状没有减轻,父子俩在医生反对的情况下强行出院。K住院后打了几天的针感觉效果不大,吃药只是对睡眠有帮助。

(二)对心理治疗的理解

大部分的抑郁青少年比较认可心理治疗及其效果,认为自己对问题的看法和不开心情绪与专业人士交流后能得到改善,心理治疗能够缓慢地起效。

D:"住院后还有就是心理治疗。开始那几次,没有多大的感觉。但后来几次,她跟我提到那个学习模式那些,我觉得开始慢慢地我越来越喜欢做这个心理治疗。我觉得做这个心理治疗,它使我有些东西,有些想法开始就会慢慢地改变。"

H:"我到昆明后做了心理治疗,前面有5次,那是第一个疗程,还有第二个疗程,总共已经做了6次,感觉自己的情绪慢慢慢慢地在往上升,但是有段时间还是会下降,总的来说是在往上升。"

M:"心理治疗刚开始效果不如药物的效果,但是你能感觉它在慢慢起效,一旦效果出现了,能持续很长时间。"

(三)对社会工作服务的理解

相比较而言,抑郁青少年比较认可Y医院提供的社会工作服务,因为社工比较能理解他们,社工提供的大组治疗服务能让他们回到一个最佳的人际关系状态,令他们感到开心和安全,同时,他们也希望社工服务能开展的更深入一些。

A:"说到这里(Y医院)的服务,比如大组治疗(社工开展的教育性小组工作)是每个病人都提到的,因为现在每个人都有自己的烦恼,自己的社会地位,到了大组,原则是平等,也不会向外泄漏(隐私),所以到了大组,人们畅所欲言,部分人还是会有所保留,但是把自己的烦恼说出来,其他病友和陪护都会开导你嘛，就让人感到返璞归真。就像我同病房的一个阿姨，虽然说40多岁的人，你让她来玩游戏，但和我们这些年纪比较小的人在一起，也会感到活力四射。比如社工和病人交谈，比如我和韩微（社会工作实习生）交谈，我就得到很多启示，我很感谢她，没有和她的交谈，我没有今天那么开朗。社工不求回报，只求奉献，去帮助一些弱者，好像天使。"

B："我在这里很开心，这是我人生一个新起点。在学校觉得整个人失去自我，周围的人我谁也不敢相信，连老师我都不敢相信，在这里我重新建立起自信。参加大组活动感觉很温暖吧，比较真诚，然后大家都互相理解，不管你过去做什么，都没有关系。"

K："大组治疗我参加过几次，还行，就是简单了一点，再深入点就好了。"

从抑郁青少年的压力应对方式来看，当他们面临各种压力时，他们首先会利用自己原有的解决问题的方式去应对，如上网查阅相关资料，告诉自己信任的亲戚、朋友等，但效果不理想；随着压力的不断上升，主观自我感受越来越差，出现害怕、自卑、绝望、孤独等抑郁症状，抑郁青少年根据这些症状对号入座，自我标签为"有心理问题、抑郁症"，外在压力内化为对疾病的焦虑，新旧压力交织在一起最终使他们不堪重负，自我应对完全失败，甚至出现自虐和自杀，不得不向父母求助。压力大爆发后，抑郁青少年在父母和家人的陪伴下到医院寻求专业人员的帮助。在医院中，医生的药物治疗并不能解决他们所有问题，药物的副作用让他们对生物化的治疗比较排斥；心理治疗能够帮助他们逐渐解决一些深层次的问题，但见效比较慢，服务提供也少；社会工作服务能很快得到他们的认同，但在深度和个别化方面明显不能满足其需要。面对这样的专业服务，他们对自己能否顺利康复比较担心，渴望能够得到高质量的生理、心理、社会方面的综合服务。同时，在专业化服务过程中父母和家人的陪伴让他们感到了一些情感的温暖（见表4-4）。

表4-4 抑郁青少年压力应对的阶段图

	特点	具体方式	结果	主观感受（抑郁症症状）
第一阶段	自我应对	做喜欢做的事情：上网打游戏、逛街、听音乐、看小说	暂时缓解，产生自责等内在压力	情绪低落、难受、自责、不开心

续表

	特点	具体方式	结果	主观感受（抑郁症症状）
第二阶段	求助他人	向好友倾诉；告诉最信任的亲戚	暂时缓解，产生内在压力	没有希望、害怕、自卑
第三阶段	自我标签	根据医学、心理学知识将自己的主观感受界定为"有心理问题"、"抑郁症"	产生内在压力	害怕、绝望
第四阶段	自我应对失败	自杀、自虐	被同学或父母发现后送往医院	害怕、绝望、孤独
第五阶段	求助专业机构	得到父母、家人的支持和陪伴	压力得到缓解	温暖、对疾病能否康复的担忧、对高效的心理治疗和社会工作服务的渴望

四、抑郁青少年压力应对方式的形成机制

总体上看，抑郁青少年在面对各种内外压力时，刚开始的阶段主要是希望自己能够解决，但因为缺乏有效的压力应对方式，问题往往难以解决。此时，有一部分抑郁青少年会向自己信任的同学、朋友和亲戚救助，但由于其人际关系不佳，能求助的对象不多，求助效果不好。这时，他们对自己产生失望、自责、自我否定，并出现抑郁症的病症。病症出现后，有些抑郁青少年感受到自己可能患上了精神疾病并通过上网或看相关医学、心理学书籍的方式进行求证，求证的结果往往验证了其主观感受，此时，他们自我标签为抑郁症患者或心理有问题。在自我标签为抑郁症患者或有心理问题的情况下，他们往往采用回避的方式，默默地承受着疾病的困扰。当疾病发展到较为严重的程度时，家庭不和睦的抑郁青少年开始自虐甚至自杀，当其自杀或自虐行为被同伴发现并告诉家长后，才引起家长的足够重视并到专业医疗机构求助。而家庭关系相对和睦的青少年是最后在难以坚持下去的情况下会主动向父母或亲戚求助，父母往往成为抑郁青少年患病的最后知情人和最后的求助人。在家人的陪伴下，他们最后来到医疗卫生机构求助，在医生和其他专业人士的帮助下，疾病得到治疗，压力得到缓解。

总之，从抑郁青少年的角度来说，抑郁症的产生过程是其应对压力的一个过程，在这个过程中，一次又一次的失败让其逐渐产生情绪低落、难受、自责

的感受，这些负面的情绪不断累积起来，让抑郁青少年看不到未来、自卑、对前途感到害怕，以至于他们不愿意面对现实，自我封闭和退缩、孤独、害怕和绝望的情绪日益浓烈。因此，从青少年的主观经验来看，抑郁症是他们压力应对的一种方式，是压力应对过程中的一种改变的过程，从客观的角度来看，抑郁症是他们压力应对失败的结果，具体见图4-2。

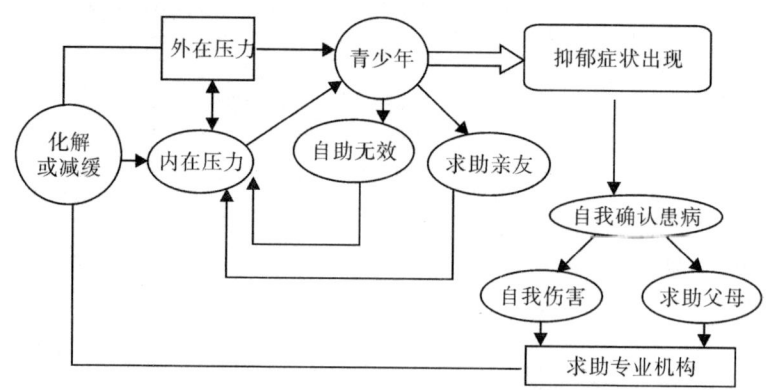

图4-2 抑郁青少年压力应对方式与抑郁症关系图

五、相关讨论

青少年时期是人生的一个转折时期，在这个从幼稚走向成熟的时期，青少年面临日益增多的各种压力，主要有学习压力、人际关系压力和生活中的突发事件等。青少年面对压力时出现适度的抑郁情绪，是一种常见的心理困扰和正常的反应。美国青少年自我报告中有略少于10%的青少年有中度或重度的抑郁情绪；5%的人表现出了抑郁综合症的症状；3%的人符合抑郁症的诊断标准（劳伦斯·斯滕伯格，2007）。尽管大部分青少年有能力应对这个阶段的压力，但是也有一些青少年缺乏有效应对压力的能力。对于后者来说，如果压力长期得不到有效的解决，就会引发青少年抑郁综合症和抑郁症。国外学者Gilbert（2001）把抑郁症看做是将短期适应性防御机制延长使用所导致的不适应效应。

从压力应对方式来看，国外关于应对方式的很多研究都涉及压力应对的资源及应对努力，并提出"资源"的概念，它是指应对方式的基本材料。它们可能是个体的、社会的或物质的，其中最重要的个体资源是自尊、自谦、控制感和自我效能。舒尔茨和塞科夫斯基提出应对压力时重要的是社会支持的质量而不是数量。麦克尔希尔和查理斯卡吾尔的研究认为，乐观主义是关于好的事情会发生的期待，是一种感知过滤器，它使许多情境都改变了原有的色彩，从而使压力变得不是很大。班图拉的"自我效能理论"认为自我效能是我们对需求与应对应激的能力之间的感知，较高的信心能使应激体验减少。国内的许多研究都证明，普通青少年在面临压力时更多采用一种积极的应对策略，如问题解决计划、倾诉、情绪调节、幻想等，同时，随着年龄的增长，其应对策略的类型和数量逐渐增多，灵活性增大，并存在女性比男性更积极主动的特点（王淑敏，李雪，2004；李金钊，2004）。一些研究表明消极应对方式对中学生的心理健康影响较大，而社会支持对心理健康的影响同时具有主效应和缓冲效应，心理压力与心理健康之间存在显著相关。

与健康青少年相比，抑郁青少年的压力应对资源比较少，无论是同伴支持还是家庭支持都比较少。一方面抑郁青少年的同伴交往比较少，知心朋友不多；另外一个方面是其父母对子女的情感温暖和关怀也比较少。如小A说母亲对朋友比对自己要好；小K视父母就像自己身边的陌生人。全莉娟（2009）等人的研究表明，亲子关系和子女的压力应对方式之间存在一定的相关关系。当父母给予子女更多的情感关怀和理解时，子女在应激状态下选择解决问题和向父母求助的概率比较高。抑郁青少年由于亲子关系疏离，亲子冲突比较多，加上其本人也缺乏自信，他们在面对压力时往往选择消极的应对方式，如逃避、自责、退缩等。即使他们不得不采用求助他人的应对方式时，最先求助的是最信任的同学和亲戚，父母成为其最后的求助人。

第三节　抑郁症的形成

一、影响抑郁症形成的因素

根据抑郁青少年的理解，抑郁症是其应对压力的一种方式，是其不能有效应对压力的时候身体和心理的一系列改变。那么压力来自何处？为什么他们不能有效应对呢？

（一）压力源

抑郁青少年认为，其压力主要来自以下几个方面（具体见图4-3）：

1. 社会转型带来的个体不断向上的社会流动过程中的巨大的学业竞争压力和经济压力

随着青少年的成长，进入中学后学习的内容和难度都加大了，父母出钱"买学"的结果是孩子进入竞争较强的重点中学，面对激烈的学业竞争，抑郁青少年普遍感到压力很大,力不从心。大多数抑郁青少年初次发病时间要么是在面临中考或高考压力最大的时候,要么是在刚进入高中或大学面对新的学习环境和人际关系时。

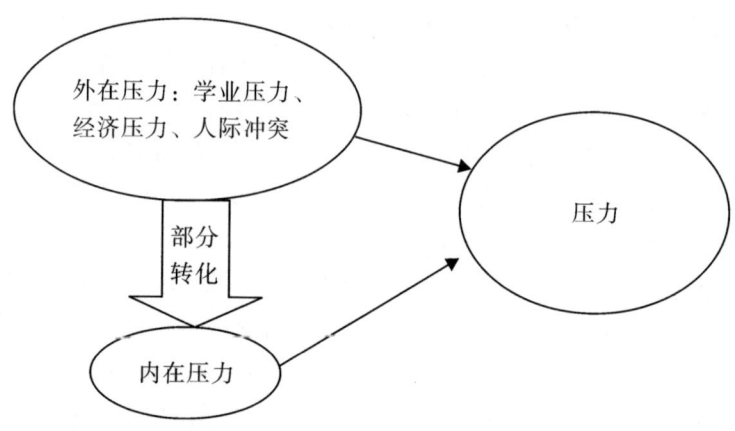

图4-3 抑郁青少年压力形成图

受访者G:"到了高三莫名其妙,认不得是哪样,不知道是哪方面,压力特别大,有些事情就缓不过来,突然感觉应付不过来、特别累、特别烦、一句话都不想讲。"

受访者K:"生病主要是因为不适应高中的学校,在学校不开心,不适应学校的生活规律,就是觉得睡不够,上课的时候打瞌睡,所以那段时间落下的课程比较多,我对数学没什么兴趣,落下来也就再也补不上去了,压力很大。"

受访者A:"就是从初一开始,就有生病的苗头,然后下学期就真的生病了,然后一直到现在。我曾经看过4次心理医生(精神科大夫),本来第2次,看病的主任医生就让我住院,但我怕耽误课程就没有住院,就一边服药,一边念书。但是,现在因为念不下去了,初三的学习压力比以前大多了,就办了休学来住院了。"

2. 社会转型过程中的各种家庭和人际关系冲突带来的压力

很多研究发现,家庭环境的质量与青少年的心理健康(精神病、生活满意度、希望及自尊)、学校适应和问题行为有直接或间接的影响。此外,中国文化反对亲子之间的冲突,认为孩子应该孝顺父母,"家和万事兴",因此,亲子之间的冲突常常被青少年压在心里,从而对其心理健康和社会适应产生影响(Shek,1997)。从本研究发现看,在社会转型过程中,抑郁青少年家庭关系冲突比较多,这些矛盾和冲突一方面给青少年造成了很大的压力,另一方面人际关系不佳也使青少年在应对压力时缺乏相应的社会支持,无法有效缓解或消除压力。

(1) 学校的人际关系冲突

由于本研究中的抑郁青少年都是在校大、中学生,除了学习压力之外,离家在外独立生活的过程中人际关系不和谐往往成为引发抑郁症的一个导火线。

受访者 A:"我生病第一个方面的原因是来自学校。现在学校老师和学生的关系真的很差。他们骂学生真的很难听,我成绩比较好,没有骂我,但我看她骂其他成绩差的学生特别特别的难听,还有老师打学生,有一次就直接把我吓哭了。"

受访者 B:"我们学校那种风气,女生之间斗争都比较厉害、互相攀比什么的,女校嘛,优秀的、漂亮的,各方面的人才都有。我会压抑,心里会有失衡的感觉。"

受访者 C:"我的情况是刚进大一的时候就有了,刚进大学生活不适应,然后又加上在宿舍有矛盾,从那个时候就开始有紧张、焦虑和抑郁那些反应。"

受访者 D:"发病的主要原因我觉得是学校压抑,还有其他原因我就说不清楚了。我就读的那个学校,特别不好,让我觉得在那儿浑身都不舒服,就觉得特别压抑。"

(2) 亲子关系的疏离和冲突

中国人常说家和万事兴,家庭和睦、家人健康是大多数中国家庭的理想和追求。然而,在对抑郁青少年的访谈中我们听到的却主要是家庭关系不和谐的描述,亲子关系疏离、冲突较大,而学业压力过大、学业成绩不能令父母满意则加剧了亲子之间的冲突和对立,亲子关系不佳成为引发抑郁症的又一个"导火线"。

受访者 H:"我生病的原因是被父亲高度关注,而关注的方式就是批评我的成绩(不好)。有时候我回到家看到父亲抽着烟,看着电视,他不招惹我,我也觉得烦。"

受访者 L:"我生病主要是父亲对我干涉太多,让我很难受,我没有自己的私人空间。父母关系不好,母亲很自私,只关心自己。"

受访者 G:"我得病的另外一个原因就是和我爸爸的事,我和爸爸的关系从小都不好,他一般都不在家,脾气也很怪,我很怕他。那天老师发现我谈恋爱的事情后就打电话告诉我爸爸，我爸爸就打电话嘈我（骂我），讲得都是粗话，我觉得很委屈。"

（3）其他的家庭关系冲突

主要是指除了亲子冲突之外的其他家庭关系冲突，如夫妻冲突、父母与长辈的冲突、父母与其兄弟姐妹的冲突等。这些冲突让抑郁青少年长期处于痛苦、焦虑、压抑等负面情绪的包围之中。

受访者 A："我生病第三方面原因是家庭成员之间的关系，虽然这些吵架的事情不是发生在我身上。比如是爸爸和妈妈、爸爸和叔叔、爸爸和奶奶之间吵架，不是骂我，不是我跟他们吵，但是我作为家庭成员，常常为他们担心，我都看在眼里。他们都说我操心太多，不是我的事情，我一样扛到自己身上了。"

受访者 K："我生病还有家庭环境的关系，我觉得这是一个病态的家庭，他们两个（父亲和母亲）每天说话不超过两句，我在家里觉得很压抑。"

受访者 B："我患病的主要原因是家庭让我感到很压抑，从小积累起来的东西到爆发的时候了，其实压在心里越久，就越容易出问题。我家的经济情况不好，父母还常常吵架，吵架时就把儿女当做出气筒，从小的环境让我心里特别不舒服，回家就感觉很压抑，这种压抑到现在基本上都有，我基本上不回家，能不回家就不回家。"说到这儿，小 B 难过地哭了。

3. 竞争压力和人际冲突压力自我内化后形成的内在压力

抑郁青少年对外部世界非常敏感，或者说对外部压力的吸收比较快，外在压力转化为内在压力的能力比较强，具体见图 4-3。

受访者 A："看到家里人冲突很多，我总想替他们解决，但我也做不了什么，我只是一个弱女子。比如，看到爸爸骂叔叔，我就替叔叔难过，看到爸爸妈妈吵架，我就很害怕他们打起来。"

受访者 M："1998 年，亚洲金融危机爆发，我的姐姐辍学了，小学没有读完，用脚趾头想想都知道是什么原因。姐姐后来结婚了，剩下的农活全部由妈妈来做，我妈苦啊，可我却拿不出像样的成绩让她高兴高兴，我内疚啊！"

受访者 D："之前曾和父母有些不开心的事情，就是父母突然控制我的生活费，这使我一下无法接受。因为在此之前，父母从没有限制我的生活费，当时我很生气、难过，也曾赌气说永不用父母的钱，后来通过父母的解释，我理解了他们是想要我学会生活。我还是用父母的钱，可是从这件事情后，我用父母的钱就特别节省，还很苛刻自己，苛刻到吃饭从不打肉。每当看到其他同学吃肉，想吃什么就吃什么，我总是又难过又气。难过的是我好想吃好多好吃的，可是为了省钱，为了不让父母说我用的钱多，只好忍住。"

（三）抑郁青少年成长过程中形成的性格缺陷导致其不能有效化解各种压力

在强调学业压力、家庭和社会关系对自己心理健康的负面影响的同时，一些抑郁青少年也意识到了自己长期在这样一些不利处境下所形成的性格缺陷也是抑郁症形成的最主要的内部因素。这些性格缺陷主要是：自卑、紧张、胆小、内向、敏感、多疑、不善于处理人际关系等。心理学上的性格是个体对现实稳定的态度和习惯化了的行为方式，具体表现为态度特征和行为特征两大方面。态度特征包括对外部世界（对学习、工作和社会等）和对自我的态度。抑郁青少年强调了其性格特征中自我态度体验中低自尊的一面，如紧张、胆小、敏感，以及行为特征中人际交往能力弱、不善于处理人际冲突的一面。从社会学的角度来看，性格是个体社会化的结果，受社会因素的影响比较大；从心理学的角度来看，家庭气氛、父母的教养态度和方式等对儿童的性格塑造起着非常重要的作用，良好的性格是儿童精神健康的一个非常重要的保护因素，而性格的缺陷却是儿童成长过程中引发精神疾病的重要风险因素之一。

受访者 D："原来就主观地认为学校这样那样（不好），就害我这样压抑，然后就得了这个病。后来我客观分析，有一些是我自己的原因。我这个人可能性格就从小嘛就比较惊慌、胆小、有点内向。"

受访者 C："我生病可能跟性格方面也有关吧。比较容易紧张，可能在人际交往方面有紧张感，怕自己表现不好。读大一之前，我的性格比较内向，不怎么爱说话。之前也没有什么，但读到大学，在宿舍里出了那件事（和舍友吵架）之后……"

受访者 B："我觉得从小的家庭环境让我比较压抑，心理有点扭曲，看到比我优越的人我心里就特别的不舒服，比较自卑，生病和我的性格有一定的关系。"

二、抑郁青少年对抑郁症形成机制的建构

根据抑郁青少年的叙说，抑郁症是当他们不能有效应对外界环境压力时的一种个体改变。压力形成的原因主要来自两个方面：学业压力和人际关系压力（包括亲子关系、同伴和师生关系）。青少年的首次发病常常出现在他们新进入一个学校或面临中考和高考时。进入一个新学校对他们来说比较难适应的是同学关系，包括如何建立新的同伴关系以及如何化解同伴关系中的冲突。另外

一个方面是家庭中的人际冲突，主要是父母的婚姻冲突和亲子冲突。而家庭冲突对他们来说最直接的影响就是导致人格的一些缺陷，如胆小、自卑、内向等。性格的缺陷使他们不能有效应对外界的压力，导致个体发生一系列的改变，包括1.情绪的改变：主要是情绪不稳定，爱发火。2.感受的改变：最初是悲伤感（sadness），即对自己的遭遇感到难过和悲哀；接着是失去感，即觉得失去了自己的亲人、朋友、社会地位和自尊；继而是愤怒感，即由于无法接受失去而变得非常愤怒、怨天尤人；最后是没有价值感和罪疚感，即觉得自己一无是处、很糟糕、孤独无助；觉得对不起自己的亲人，也对不起自己，生命没有意义。3.感觉的改变：出现患病的生理症状，如失眠、没有胃口、没有力气等。4.情感的改变：对自己的情感强烈，而对周围人的情感则比较淡漠。这些改变体现出了青少年抑郁症的主要病症，具体见图4-4。（青少年抑郁症的形成机制图）。

图4-4 青少年抑郁症的形成机制图

从抑郁青少年对抑郁症的主观建构中可见，抑郁症的形成不是某个或某几个因素导致的，它的形成是社会、学校、家庭和个人等多因素相互作用的结果，要深入理解青少年抑郁症，必须有多维度的视角（见图4-5）。

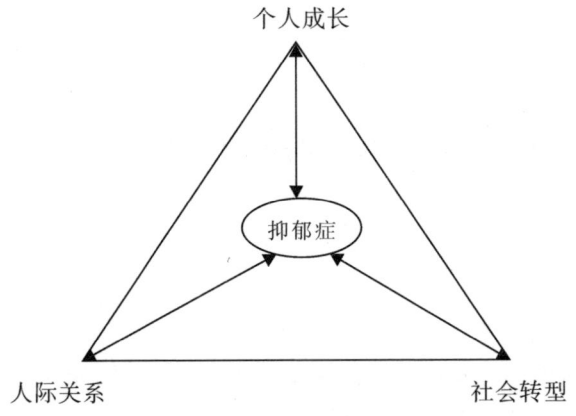

图 4-5　多维度下的青少年抑郁症

三、本章小结

本章从青少年的成长历程来理解青少年抑郁症的产生，发现了青少年抑郁症发展历程的复杂性，隔代抚养、与父母不亲，家庭、师生、同伴等各种人际关系中冲突不断，社会转型中竞争加大使得青少年过早开始了以教育为阶梯的社会流动，成长中的各种压力与自身的性格缺陷使得他们难以靠自身的能力来化解压力并走出成长困境，抑郁症成为了一种应对压力情景的策略和方式。

与健康青少年相比，抑郁青少年的压力应对资源比较少，在压力应对过程中向同学求助失败导致抑郁青少年产生自卑、自责和无用感，引发"失去自我"的主观感受；在压力应对过程中得不到父母和家庭的关心和支持导致其感到悲伤和难过，认为"我不好、父母不爱我"，引发"爱的失去"的主观感受；在压力应对过程中的长期自我奋斗让抑郁青少年感到体力、精力被耗尽，导致其"失去身体的活力"；最后，面对成长道路上的重重困难，由于得不到父母、家庭、老师和同伴的支持，让抑郁青少年觉得自己的人生愿望无法实现，从而对现实世界产生悲观、绝望，导致其产生"生命意义的失去"的主观体验。研究中的初步发现提示我们从多维度理解青少年的亲子关系和抑郁症非常重要。

第五章

从青少年个人成长维度看亲子关系

本章主要从抑郁青少年的成长的微观维度,了解抑郁青少年亲子关系在其不同成长阶段的特征,用一个发展和变化的视角看抑郁青少年与父母的互动过程。研究发现抑郁青少年的亲子关系的内涵有三个维度:一是情感维度;二是权力维度;三是人际关系维度。

第一节 抑郁青少年的亲子关系变化过程

简单地说亲子关系就是孩子与父母之间的关系,是以血缘为基础,以抚养赡养为特点的人际关系,是人的一生中第一个形成的人际关系。这种人际互动模式对子女的其他社会关系的形成乃至其一生的发展都具有重要的影响。本研究通过对抑郁青少年患者的访谈资料分析,发现了抑郁青少年亲子关系的三个重要内涵:权力关系、情感关系和人际关系。这三个亲子关系的内涵与中国人际关系的基本模式具有一定的相似性。有学者(翟学伟,2005)认为中国人的人际关系基本模式是由人缘、人情、人伦构成的三位(维)一体,它们既彼此包含又有自身的功能。如果把人情还原为人格中的情感来分析的话,它就是构成态度三成分之一的情感,情感稳定,关系就稳定;情感不稳定,关系也就发生变化。人伦是传统伦理思想对人情的规定,从亲子关系的角度来看,就是对父母权威的服从与顺应。人缘是一种机遇和缘分,是对现实人际关系的归因,它把人的一切偶然遭遇与他人发生的关系都看成是一种无可奈何的事前定好的必然性。

亲子关系的权力维度体现了亲子关系的一种纵向关系,在中国文化中表现为:父母因其特定的角色地位及其所支配的资源而拥有的对孩子施加影响的力量;传统伦理道德所赋予父母的权力,即亲子互动中以父母为主导的地位次序,以及孩子被要求尊敬和服从父母的社会道德习俗,具体体现为父母对孩子的教导、控制和孩子对父母权威的顺从。亲子关系的情感维度较多地体现了亲子关系的自然属性，表现为天然的、无条件的情感投入，体现为父母与子女交往中的情感反应。亲子关系的人际关系维度体现了亲子关系作为一种最基本的人际关系的属性，用"人"的眼光来看待父母和孩子之间的交往和互动，用基本人际交往原则来看待亲子关系，此时，亲子关系的质量体现为人际沟通中的状况，如沟通的多少、亲合或冲突。总之，亲子关系中这三个维度从三个不同层面诠释着抑郁青少年亲子关系。在抑郁青少年成长的不同阶段，亲子关系的这三个维度也在悄然发生着变化。

一、幼儿期亲子关系特点

抑郁青少年在幼儿阶段的隔代抚养的经历，使得孩子与祖辈建立了亲密温暖的祖孙关系，祖孙关系部分替代了亲子关系，在青少年的成长中发挥着积极作用。但是，抑郁青少年幼儿时期的亲子关系与祖孙关系形成了鲜明的对比，当祖辈代替父辈承担了较多的照顾孩子的责任时，亲子之间的互动和交流也明显减少，甚至出现父母缺位（特别是父亲缺位元）的情况。幼儿期的亲子关系呈现出情感疏离，孩子害怕父母，特别怕父亲，亲子沟通较少的特点。

（一）情感疏离

亲子之间的情感疏离突出表现为孩子与父母不亲，孩子不太能体会到父母的爱，内心的孤独感比较强烈。

1. 与父母不亲

受访者 C："在家庭中奶奶最爱我，奶奶对我的爱很多。小的时候我妈经常干农活，很小都是由我奶奶领带大。从小我们睡一张大床，直到奶奶去世，感觉很亲很亲，妈妈有很多活要干，不太有时间管我，我和妈妈也不太亲。"

受访者 H："我上幼儿园的时候父亲常常不在家，在外边跑，很少见到父亲；我哥哥和我母亲在一起的时间比较多，妈妈更喜欢哥哥一些。我不太感受得到父母对我的爱。"

受访者 A："从小由奶奶照顾，上小学才回到父母身边，与父母不亲。"

2. 孤独

抑郁青少年的父母们忙于为自己的工作和事业打拼，忽视了对孩子的关爱，与孩子的沟通交流也比较少，导致孩子产生孤独感，甚至形成了孤僻的性格特征。

受访者 D："小时候，父母忙于工作，爸爸在外边工作，很少回来，妈妈忙于做生意，那时候他们希望为我创造一个好的物质（环境），对心灵和精神上的这些,都很忽视。从我记事起就经常只有我一个人在家,父母都忙得没有时间陪我,晚上只能让我一个人在家。在我童年的记忆里,每当夜幕降临的时候,害怕和孤独就同时向我袭来,我无处躲藏,只能把家里的灯都打开,把电视的声音开大,仿佛这样孤独就不会将我吞噬。"

(二)害怕父母,尤其害怕父亲

抑郁青少年亲子关系中的权威性具有"父强母弱"的特点,这与中国文化中的父母权威具有一致性。在中国文化中,父母权威主要体现在父亲身上。很多抑郁青少年在幼儿期时父母都存在不同程度的抚养缺位,尤其是"父亲缺位"。父亲缺位是指在孩子的成长过程中很少得到父亲的关爱或父亲在子女教育中参与很少,甚至孩子得不到父爱或父亲没有参与到子女教育中。但是,孩子仍然惧怕父母权威,尤其是惧怕父亲。

1. 害怕父亲

抑郁青少年在其幼儿阶段父亲缺位的现象比较普遍。由于父亲在外工作、经商或跑运输,他们很少有机会见到父亲。而大部分抑郁青少年的父母,特别是父亲对孩子的教养中表现出高控制的特点,对孩子的要求高、控制严,导致抑郁青少年对父亲比较排斥,不愿意接受父亲,不愿意父亲走进自己的生活,面对父亲时常常感到恐惧和害怕。

受访者 G:"爸爸很少在家,脾气也不好,爱发火,我很怕他。"

受访者 D:"小的时候和爸爸交流比较少,而且那个时候感觉也很少见他,很怕他。"

受访者 C:"爸爸在外边工作,我从小就和他沟通不来。我和爸爸在不发生矛盾的情况下,尽量不交流,感觉有什么事说出来不会被骂,才会跟他交流,感觉不很亲、怕他。"

受访者 B:"小的时候父亲常常为一点小事就打我骂我,实际上是他们自己不高兴,我很怕和父亲沟通。"

受访者 K:"父亲性格比较内向,与我和不来,发起脾气来很吓人。"

2. 害怕面对父母的婚姻冲突

在受访的抑郁青少年中,约有50%的青少年的父母的婚姻关系不佳,关系冲突或冷漠,这些孩子害怕,但却不得不面对常常发生的父母婚姻冲突,主观感受是害怕和压抑。

受访者 B:"小时候在爷爷奶奶家,很亲切、自然,不用顾忌什么;回到自己家,很难受,那个时候他们(父母)关系不好,大家都不高兴,又容易发脾气,就把气撒在孩子身上。"

受访者 A:"小时候很少回家,父母常常吵架,回到家感到很压抑。"

受访者 K:"父母经常吵架,摔东西,我很害怕、不安,希望(父母吵架)赶快结束。"

(三)与父母沟通少

亲子沟通是指父母与子女进行信息、思想和情感交流的过程。亲子沟通的次数和质量是亲子关系的一个重要维度,良好的亲子沟通对青少年的心理健康有重要的影响。良好的亲子沟通表现为积极地倾听、同感和相互尊重。对于抑郁青少年来说,从幼儿阶段开始,亲子之间的沟通就比较少。

受访者 K:"我小的时候上的是妈妈工作的幼儿园,她平时很少和我沟通交流。"

受访者 H:"从小我父亲就在外边跑车,很少回家,我很少和他讲话,妈妈忙农话,小的时候和我交流也不多。"

受访者 F:"我有什么心事从来都不告诉父母,告诉父母他们处理不好,还会招惹来更大的麻烦,所以从小我就学会什么事情自己解决。"

受访者 B:"我从小到大和父亲很少交流,跟他没有办法沟通,他不理解你,有些事情就是说不通"(说这番话时 B 伤心地哭了)。

孩子在幼儿阶段不仅需要父母的精心喂养、照顾和保护,情感上也很依赖父母,幼儿经由父母得到安全感和信任感,而父母经由孩子得到幸福与满足感。由祖父母照料长大的孩子,很难与父母建立安全型的依恋关系,在日后与父母的相处过程中,良好亲子关系的重建将是一个艰难的过程。

二、童年期亲子关系的特征

中国家庭比较注重孩子的学校教育,抑郁青少年的祖父母家大多生活在农村或小城镇,当地的教育资源不是很好,孩子进入学龄期时纷纷被接回到父母身边。进入小学接受正规教育的同时,儿童期的抑郁青少年也开始重建亲子关系。遗憾的是亲子关系重建的过程并不顺利,抑郁青少年儿童期的亲子关系呈现出情感冷淡、害怕父母权威、亲子冲突初现的特点。具体表现为:

(一)情感冷淡

抑郁青少年在幼儿期形成的亲子关系中情感疏离的状态在其进入童年期以后并没有得到改变。如果说幼儿期孩子还渴望得到父母的关爱,那么到了童年期,尽管和父母生活在一个屋子里,但他们对父母的关爱已经不再有期待了,表现为不愿意和父母说心里话,对父母的情感比较冷漠。

1. 不愿意和父母说心里话

受访者 D："上小学的时候在学校被老师骂，回家也不和父母讲，我也不知道那时候（为什么）就不愿意和父母讲。父亲他工作特别忙，都很少和我主动说说话。母亲做生意又特别忙，根本就很少见，就是很疏离，他们那时候就是想给我创造好一点的物质条件，心灵上、精神上的这些都很忽视。"

受访者 B："我上小学回到父母身边以后，和父母的关系，基本上说心里话的时间比较少，我小的时候父母关系不好，经常在吵架，也谈不上说什么心里话。"

受访者 K："上小学时，父母对我的教育几乎是空白，就是生活上比较照顾，和他们的交流比较少。"

受访者 F："尽管我的父母很疼爱我，但我有什么心里话也不会告诉他们，怕他们为了替我解决问题而招来更大的麻烦。"F 的母亲也说："我家这个娃娃从小就是这样，回到家来很不说话。我也不知道是为什么。听老人说这个娃娃是在外面（在医院）生的，所以和家里的人不亲。"

2. 对父亲没有情感反应

受访者 H："上小学的时候大部分时间我和母亲在一起，爸爸经常出差或干别的，对爸爸没有太大的感觉。"

受访者 K："父亲就像生活在我身边的陌生人。"

（二）害怕父母权威，逆反和抗拒初现

在中国家庭中，父子关系是最主要的成员关系。童年期，抑郁青少年对父母的害怕和恐惧已经从对父母具体形象的害怕转变为对父母所拥有的权力，以及对父母权威的害怕。

1. 怕父亲权威

受访者 G："上小学后父亲也不常常在家，他回家来，脾气怪，有点怕他，慢慢地，看见他，就很不想和他讲一些事情，在家里反正也是怕他，关系处理得不好。"在和小 G 的妈妈交谈中，她也证实了儿子害怕其父亲的事实。小 G 的妈妈说："他爸呢脾气有点严肃，对子女就是说严肃，对子女嘛就是拿出那种长辈的作风，说咋个就要咋个。他爹说一，儿子不敢说二。"

受访者 K："他们（父母）的个性和我很不和，我爸爸性格很内向，但发起脾气来很古怪，很吓人。"

受访者 D："我上小学时有尿床的毛病，当时父母不知道这是一种病，每当我尿床的时候父母总会骂我、打我，这件事让我的童年蒙上一层阴影。"

受访者 C："上小学的时候父亲在外边工作，基本上和他沟通不来，怕他。因为我爸经常骂人。他说我不听话，比如他让我去做什么，我不愿意去做，或者是他说什么，我顶嘴。"

2. 对父母权威的逆反和抗拒初现

随着孩子渐渐长大，父母加强了对孩子的控制，控制的焦点主要是学习和行为。由于大部分抑郁青少年智力上比较聪明，在小学阶段的学业成绩都很不错，父母对孩子的控制主要是在行为方面，如要求孩子服从父母的安排。由于亲子之间缺乏情感温暖和必要的人际沟通交流，面对父母的要求时，一些孩子开始对父母权威产生逆反和抗拒。

受访者 A："父母常常吵架，我觉得很烦，大部分时候我不讲什么，随他们去吵，有时实在忍不住了，就会大声对他们说别吵了。"

受访者 C："比如说小的时候有一次家里煮付片（一种中药）吃，他们煮出来让我吃，说对身体好，我吃了几口就想吐，不想吃，我爸就骂我，样子很凶，我是边流眼泪，又怕，把反胃出来的东西又咽回去了。还有一次是我爸让我把放在前院的浇水的粪桶拿到后院去，我不听他的话，不拿，那时候我才七八岁吧，他就直接捏着我的脖子，很痛，那个时候，我直接吓得尿裤子。"（小 C 说到这里哭得很伤心）

受访者 H："上小学时候，我父母离婚，我和爸爸生活。之前我一直和妈妈生活，爸爸不常在家。和他生活在一起的时候就感觉自己的生活习惯被打乱了，感觉家里特别乱，那段时间为了表示对我爸爸的抗议，我就不吃饭，后来就用别的方式，比如只吃菜，后面阶段就只吃菜，最后，父亲让老师强迫我吃饭，那时候很害怕老师，老师说什么就干什么，老师要求我吃饭就吃饭了。"

尽管孩子们与父母权威对抗的结果常常是孩子失败，甚至被打骂，但父母的控制和权威阻挡不了子女追求独立和自主的发展需要，这就是子女与父母进行权力较量的动力，也是权力较量的最终目标。

（三）亲子沟通依然缺乏，一般性冲突出现

儿童期的亲子沟通中除了继续保留着幼儿期已经形成的与父母沟通少的特点，同时，亲子沟通中的一般性冲突也出现了。一般性冲突主要发生在母子之间，冲突的内容主要是一些生活小事，冲突的方式为吵架或赌气。

受访者 A："我上小学 2 年级就被送到老师家了（寄宿在小学老师家），4 年级转学到住宿学校。我和爸爸的关系是建立在物质基础上的，我们一年见面的次数不超过 10 次，我要什么他就给我买什么，很少沟通。"

受访者 G:"爸爸要找我讲哪样,他就先跟我妈讲,然后我妈再跟我讲;他有时候也会来主动跟我讲话,我就跟他讲讲,我从来不主动跟他讲。我有哪样要跟他讲的,也是先告诉我妈。我有时候也会想主动跟他讲一下,但是,一见到他,还是觉得很紧张,有点惧怕。"在和小 G 的妈妈交谈中,她也说道自己常常成为孩子和丈夫沟通过程中的"传话筒"。

受访者 A:"上小学时候常常和妈妈吵架,妈妈骂人又难听,常常伤到我的自尊心。回忆自己过去和她的生活,都是一路吵着过来的,吵架也主要是为一些小事情。"

受访者 M:"小时候我们做错了什么事情,妈妈不会打我们,主要是骂,上初中以后就基本上不骂我了。她骂我时我也不怕她,只是感觉心里不服气,因为她常常拿我和别人比较。有一次我的一个堂弟来我们家玩,我妈就叫那个堂弟拿东西或干什么,然后她就对我说,你看看你堂弟怎么样,你怎么样。"

三、青春期的亲子关系:生病前的亲子关系

虽然大部分孩子在进入青春期以后都会有一段时间与父母冲突很多,但如果冲突是建立在父母爱子女,子女能体会和理解父母之爱的基础上,也就是说这种冲突是以情感温暖和亲子之间的沟通和交流为基础,那么,亲子冲突不会对良好亲子关系造负面的影响,甚至会有积极的影响。当孩子能够知觉或揣摩到父母并不是高压型的父母时,这种冲突对亲子关系不仅没有负向影响,甚至还有正向的影响(如深情不减);在冲突过程中,如果父母并非一味控制,而是和孩子之间能够相互协商,甚至妥协,那么对于亲子关系是有积极的影响的(如增进了解:父母不可替代);相反地,如果孩子知觉到父母坚持对孩子高控制,而孩子本人无法抵挡而抑己顺亲,则对其亲子关系有极其不利的影响。(林昭荣、林惠雅,1999)。本研究发现抑郁青少年与父母之间的冲突的性质属于后者,与父母的冲突对青春期良好亲子关系的形成具有明显的消极作用。

进入中学阶段,大部分抑郁青少年被父母通过"买学"的方式安排到重点中学学习,也开始了住校生活,与父母第二次分离。如果说抑郁青少年幼儿期与父母的第一次分离造成的是与父母情感的疏离,那么进入青春期后与父母的第二次分离,导致的是与父母的情感隔阂。尽管父母与子女的空间距离远了,但是,为了让子女能考上好的大学,有一个好的前程,父母加强了对孩子的控制,控制的焦点是子女的学业成绩。但是,这种高控制是建立在亲子之间情感冷漠、缺乏沟通交流的基础之上,必然导致子女的反抗。抑郁青少年最初采用一种无声的反抗,即抑己顺亲,当这种无声的反抗不能解决问题时,青少

年就开始与父母对抗,甚至用自己的生命,以自虐、甚至自杀的方式来与父母抗争,抑郁症状也就在这个阶段开始出现了。

(一) 与父母,尤其是父亲的情感隔阂比较大

孩子与父母情感隔阂,尤其是与父亲的情感隔阂比较大,且情感隔阂的表现方式呈现出一定的性别差异,女孩子对父母的负性情感反应是朝向自我,表现为把内心的痛苦放在心里面不对父母说,面对父母时有冷漠和压抑感;男孩子的情感反应是朝向外的,表现为对父亲的抱怨和反感。

受访者 A(女):"可能我爸爸经商 15 年,什么样的场面都见过了,对我们的那些痛苦司空见惯了,感觉对我们的痛苦,司空见惯,根本就不在意,没有办法理解我的那些痛苦,所以就觉得跟他沟通情感上的问题不好沟通。如果我哪里说的不是那么明确、说得不好听,他就要骂我。所以我一般不和他沟通。"

受访者 C(女):"初中的时候我和妹妹到爸爸工作的城市读书,那个时候妈妈还在农村。爸爸经常出差,不在家,特别是到了晚上,我很害怕。爸爸回来后,我也不会跟他说这些(事情)。"

受访者 K(女):"回到家和父母在一起没有话讲,感觉很冷,很压抑。"

受访者 A(女):"有一段时期,初二下学期的时候,我对谁都没有感觉。对我父母没有感觉,对我最好的朋友也没有感觉。但后来过了一段时间又有感觉。"

受访者 M(男):"中学我住校,放假也不想回家,家里气氛不好,一家人在一起也没有话讲,感觉比较冷。我父亲比较懒散,除了上班挖煤,别的什么事情都不管。"

受访者 L(男):"我讨厌父亲和他的朋友,讨厌他们的生活方式,和他在一起感到难受、心烦。"

受访者 H(男):"我和我爸的关系可能小学阶段没有太大感觉,初中阶段就感觉他有点……尤其是初三的时候他半退休,可能经常待在家里面,感觉有点不适应,我不喜欢他待在家里,那个时候才开始对他有反感,初中阶段和他的关系都是不太好。"

(二) 对抗父母权威

中学阶段,特别是进入高中后学习难度加大,同学之间的竞争加剧,抑郁青少年已经很难取得令父母满意的学习成绩了,加之青少年自我意识的觉醒,面对父母过高的学业和行为要求,抑郁青少年不再抑己顺亲,开始对抗父母权

威，甚至用自己的生命来抗争。女孩和男孩与父母权威对抗的焦点和方式有所不同，男孩与父母对抗的焦点主要是学业成绩和行为出现偏差（不愿上学、早恋等）；女孩与父母对抗的焦点是"不听话"。

1. 对抗的焦点

（1）学习成绩达不到父母的要求

受访者 H（男）和父亲的关系在中学阶段不太好，冲突最激烈的 2 次分别发生在初三和高二的时候，冲突均以 H 的自杀未遂而告终。受访者 H 说："我读初中的时候，感觉如鱼得水那样，成绩还是不错的，就因为这样所以父亲不太管我，但是到初三的时候，第一次月考的时候，我考年级 11 名，当时我没有给我爸妈讲，因为第一次是校内月考，当时我感觉这个（名次）不算什么，应该中考才算真的，我就搁下来了。第二次我们县月考的时候，那次因为感冒我就考了好像年级 25 名。那段时间因为我爸当时处于半退休状态，他就特别关注这个（名次）。那天原本他拿着我的成绩单出来，不太想讲话，情绪不怎么好，当时看他（不满意）憋在心里面不想说出来。之后我有一次和他吵的时候，他就拿出这件事来，说你考成这样还有脸说，就感觉他特别在乎这个（成绩）。我被我爸骂了之后就感觉他只看重分数。我和父亲对学习的认识上开始有分歧，再加上有时考试偶然考得不太理想，父亲表示不满后，那种对抗就真正一触即发。"

（2）早恋、不愿意上学

受访者 G 说："我们老师发现我谈恋爱的事情以后，就跟与我恋爱的那个女生打电话后，当天晚上就打电话给我爸爸，然后我爸爸还直接打电话嘈我。他讲的都是粗话，他讲我太伤他的心，还骂了很多句脏话。我当时也是很委屈，我希望父母能跟老师讲，跟老师讲以后，老师能理解我，但是（父亲）反过来打电话骂我。就算是我做错了，他应该也是跟我好好地讲（我）哪里错了，不应该说粗话骂我。"

小 L："快高考时，我向父亲提出不去学校上学，让他请家庭教师帮我在家复习功课，父亲不同意，我和他就吵了起来，我觉得他给我很大的压力，我没有自己的空间，心情很烦躁，活着没有意思。"

（3）"不听话"

"不听话"是指孩子（主要是女孩）的行为达不到父亲的要求，如不够坚强，不能吃苦，不能体谅父母，不听从父母的安排等。

受访者 A（女）的父亲希望女儿像自己一样坚强，看到女儿为家庭关系不和而哭，就骂她："你看看你，又淌什么猫尿了，太没有用了，大人的事情你不用操心，自己的事情都没有管好。"对小A来说"太没有用了"这句话对她是个巨大的刺激，让她感觉自己是个弱女子，成不了大事，没有个人价值。

受访者B（女）的父亲为了让她将来能有一个好的前途，把她送到县里教学质量最好的一所"贵族中学"① 读书。由于家庭经济条件不好，她每天要走一个多小时回家吃饭，每天来回4次。她说："读中学时，因为晚上要上自习，就居住在亲戚家里面，但吃饭还是要走路回家吃，很辛苦，特别是夏天的时候，太阳又大，路上有很多灰尘，累的时候有时回家会发脾气。父亲就会骂我，他觉得家里就那个条件，小孩嘛，要多吃一点苦。"

受访者C（女）："我记得有一次我上高中的时候，我和小妹有一天没有上课，下午6点多的时候，我们在看电视，没有煮饭，他（爸爸）一进门，看到我们在看电视就骂我们，我们赶快把电视关掉，去厨房煮饭。他进厨房来，看到我们什么也没有弄，就骂我们'怎么你们都那么大了，连大人的辛苦都不知道，也不知道做饭'，当时就把锅铲砸在地上了，那次他的火气很大。"

受访者D（女）说："读高中的时候曾有一段时间情绪低落，不想和同学交流，具体是什么原因我也不清楚了。只是之前曾和父母②有些不开心的事情，就是他们突然控制我的生活费，这使我一下无法接受。因为在此之前，他们从没有限制我的生活费，当时我很生气、难过，也曾赌气说永远不用父母的钱，后来通过父母的解释，我理解了他们是想要我学会生活，我还是用父母的钱。可是，从这件事情后，我用父母的钱就特别节省，很苛刻自己，苛刻到吃饭从不买肉吃。每当看到其他同学吃肉，想吃什么就吃什么，我总是又难过又气。难过的是我好想吃好多好吃的，可是为了省钱，为了不让父母说我用得钱多，只好忍住。气的是为什么，为什么父母现在才教我节约用钱，为什么小时候不教，现在都形成习惯了，又突然叫我改，让我有好多的不适应。"

2. 对抗的方式

进入青春期后，孩子与父母权威的对抗达到高峰，可谓孤注一掷，对抗的方式也很极端，要么离家出走，要么以死亡相威胁。

---

① 小B把自己就读的中学称为"贵族学校"，因为同学的父母大多是有钱人或有权力的官员。
② 小D父母的夫妻关系很好，属于夫唱妇随型的，在小D看来，在教育自己的过程中父母立场一致，是一体的，所以她对和父母互动的方式是不用性别来区分的，而总是说"他们"。

（1）离家出走

受访者 L："父亲给我的压力太大了，我没有个人空间，感觉活着没意思想自杀，那天晚上我带着自己的行李要离家出走，被父亲强行拦了下来，第二天他就带我到医院来了。"

（2）用生命抗争，自残、自虐甚至自杀

受访者 K："我不喜欢去现在的学校上学，心里不高兴，有一天我割腕和吞了2块电池。之后父母对我的方式有一些变化，之前我要什么，她说要考虑一下，她不满意的话就不买，之后就尽量满足我的要求，我想吃什么她就买，我要什么她也买。"

受访者 A："我生活得好辛苦，完全是为我的家人活着，很痛苦，想找人来救我。住院之前我只有2条路，一条是为家人痛苦地活着，另一条就是死亡。我已经死过（自杀）过2次了，但是我现在不会这么想了。"

受访者 H："那天晚上，可能12点左右，我和我爸吵起来了，特别激烈，我就破门而出。原来就有过自杀的念头，那天吵架激化了我们之间的矛盾，让我更坚定了死亡的念头。我就买了一瓶克感敏，把它们都吃了下去。"

受访者 G："我谈恋爱的事情被父亲知道后，他就用很粗的话骂我。我回到家，心情很不好，就出去买了一瓶克感敏，一瓶矿泉水，把药全部吃了下去。"

由于缺乏亲子沟通和父母的关爱，抑郁青少年与父母权威的抗争不是通过沟通和协商来解决问题，而是逃避（离家出走）和自我放弃，甚至放弃自己的生命。国外的一些研究表明当青少年和他们的父母语言交流增加时，亲子冲突的次数较少，亲子关系的和谐度也更高（Tseng & Fuligni, 2000）。有研究表明（Jochen et al, 2011），影响青少年自杀意念的两个最直接影响因素是抑郁症与缺乏父母的爱，抑郁症是导致青少年自杀意念产生的最主要的原因，其次是缺乏父亲的关爱，其他因素都是间接的，它们是通过亲子关系这个中介变量来影响青少年自杀意念的产生。缺乏父母关爱可以导致青少年产生自杀意念，可是缺乏母亲的关爱要通过抑郁症这个中介因素导致青少年自杀，而缺乏父亲的关爱可以直接导致青少年自杀。有关依恋的研究认为这主要是因为孩子与父亲和母亲的依恋方式是不同的，这些方式不仅影响孩子对自己的看法，也会影响其对挫折防御机制的选择和利用。

（三）沟通的次数少，效果差

进入青春期后，大部分抑郁青少年开始了从乡村到城市或从小城市到大城市的住校生活，与父母在一起的时间少了，亲子沟通的次数也更少了。同时，青少年进入城市后视野的开阔和生活方式的改变，加剧了父母和子女之间的代际差异，沟通的质量也更差了，不良的沟通效果又进一步阻碍了亲子之间的沟通交流，形成了沟通次数与沟通效果之间的恶性循环，导致青少年产生"父母不爱我"的主观感受。

从沟通次数上看，抑郁青少年进入青春期后与父母的沟通很少。受访者M："上高中后很少回家，每个周末放假都不回去，一个人在学校里面。不喜欢回家主要是和父母没有什么话讲，就是吃饭、睡觉、写作业，每天还要干其他的事，麻烦。"受访者A："上中学后我到了昆明，在很多事上和爸爸的看法不同，很难沟通。"受访者F："上中学住校周末回家就是写作业、吃饭、睡觉，和父母也没有什么话可说。"

从沟通质量上看，父母处于强势和控制地位，以说教为主，缺乏对青少年的肯定、理解、尊重和接纳，容易对青少年的自尊心、自信心造成伤害，使青少年无法感受到父母的情感温暖和关爱。

小B："其实我心里话基本不对我父母说的，我说了都是被他们否定的，要么就是因为他们吵架，我不对他们说，我回家觉得很压抑的，这种压抑感一直到现在都有，我基本上不回家，能不回家就不回家。"

小A："我觉得和爸爸没有办法沟通情感上的事情，他做事的确很好。我哭都不敢当着他的面，他希望别人都像他一样坚强。我又是一个女生，可能他的一半都做不到。我哭，他就会骂我，就像这个星期，他来接我和妈妈回家，他在车上又开始骂我叔叔。我就开始哭，他就骂我：'你看看嘛，又淌什么猫尿了，太没有用了，动不动就哭，大人的事情你操什么心，自己的事情都没有管好'。"小A说爸爸最刺激自己的话就是"动不动就哭，太没有用了"，好像自己就是个弱女子，一天就只会像林黛玉那样花落了也要难过，成不了大事，只能做些小事。父亲对自己价值的否定让小A觉得很难过，自信心也比较低。

小K："我父母对我的教育方面几乎是空白，就是生活比较照顾，我从小比较听话，也比较乖，我做得好，他们也不会表扬我；做得差，他们偶尔会说两句。我考得好希望收到礼物，得到语言的鼓励，考得不好的话我也不希望他们有什么表示，我自己就会加倍努力。"在这样一个缺乏沟通交流和肯定的环境中，小K感受不到父母的关爱，她说："父母就像生活在我身边的陌生人。"

四、青春期的亲子关系：患病后亲子关系的变化

悲伤和痛苦的进化论价值是帮助人们重新建立关系（特罗西罗尔，2000，

转引自 Paul Gilbert，2002）。孩子患上抑郁症以后促使家长和孩子思考彼此之间的关系，亲子关系开始出现一系列变化，甚至是逆转，呈现出一种暂时的"和谐"，抑郁症成为撬动亲子关系改变的杠杆。在此之前，抑郁青少年的父母中往往认为自己对孩子的教育是对的，所做的一切都是为孩子好。但是，当他们面对孩子成为精神病人的事实，自以为是的父母们像一个个泄了气的皮球，突然软了下来，开始意识到自己对孩子的教育出了问题，感到内疚和自责，并开始主动改变和孩子的互动方式，亲子关系出现暂时的和谐。

（一）亲子关系的改变

1. 情感上：从疏离、恐惧到情感温暖

情感温暖的主要表现是抑郁青少年和父亲的见面机会多了，感觉到了父母对自己的关心和爱。

受访者 L："以前父亲只是在物质上满足我的要求，情感交流少。生病后，父母轮流来医院照顾我，感觉很温暖。" L的父亲也说："孩子生病后我才发觉自己的教育出了问题，感到过去忽略了他，比较内疚，希望能和领导说说，换一个工作岗位，多一点时间照顾他。"

受访者 A："一两年前，我还一直认为我和爸爸的关系是建立在物质基础之上的。因为我想从小学到生病之前，我要什么爸爸就给我买什么，很少沟通。直到我生病了，他陪我的时间才多一些，之前我们一年相见的时间不超过10次，然后，现在还多一些了。"

受访者 C："因为大一出事后①，我爸爸经常上昆明来看我，我才感觉爸爸关心我，之前我没有这种感觉。他变得爱鼓励和关心我，之前很挑刺了。他说我要活泼乐观一些，我感觉父爱存在，敢说一些东西了，感觉乐观了很多，爱说话了很多，开朗很多，我们的关系有了180°的转变，有什么话也敢跟他讲了。"

受访者 J："我得抑郁症的时候，我想过自杀，连遗书都写好了，我爸爸看到了，就哭了，他之前从来没有在我的面前哭过。我爸爸就说了一句：'你死了你妈怎么办？她怎么活！'当时我就坚持下来了，就正常了。"

受访者 G："我生病后，我爸爸对我的态度明显好转，以前他（父亲）有哪样事情，他会冲我发火，最近一个月来不朝我发火了，每次见我都是笑呢。

---

① 指小C上大学一年级时人际关系紧张，不愿待在学校，特别容易哭，晚上失眠，去医院看病被诊断为抑郁症并伴有焦虑。

以前不是（这样），我有了病，他应该是考虑到我的病，才注意一下子对我的态度，感觉他还是爱我的。"

2. 人际关系上：沟通次数增加，彼此能有一些理解

受访者 F："我生病后觉得跟父亲沟通容易了，父亲比较能理解我了"。

受访者 K："生病后，他们（父母）好像有一阵子有特别的交流，妈妈回家的时间多了，有时会和我多说几句。"

受访者 H："我生病后父亲每天都会打个电话过来，感觉是他和我的关系导致了我得抑郁症，每次都是他问，我答。"

受访者 C："生病后父母对我的生活、饮食方面也比较关心了，我不自信的时候也会和他们讲讲了，他们也会给我加油打气。像我回家有时很灰心，就会跟我妈妈说自己得了这种病，连谈恋爱的资格都没有了，她说，'你连自己都看不起的话，谁会看得起你呢！'"

3. 权力关系上：从控制到尊重、甚至迁就子女（被子女控制）

子女患病后，父母在处理孩子的问题时，开始考虑子女的意见，尊重孩子的愿望，亲子之间的权力关系开始走向平衡。有的父母甚至放弃了自己的父母权威，迁就子女，子女也会利用生病的契机来控制父母。

受访者 D："从小（父母）就比较专制，爸爸说什么就是什么。我得了这个病以后，很多时候他们（父母）不像以前那样，虽然有时候他们还是会，但是，慢慢地他们还是多少会征求我的一些意见，比如是否回这个学校读书，他们不会再勉强我，这次是我自己决定我一定要回学校把书念完，我自己决定的。"受访者 D 的父母在孩子得了抑郁症，出现心情压抑、不想读书，想退学回家、自我封闭的抑郁症状时，不再坚持过去对女儿压制的方式，依从了女儿退学回家的决定。他的父亲说："根据女儿出现的情况，我们做出决定，她读书的事情由她自己决定，我们不再过多干预，女儿已经是大人了，不想读，坚持不了就回来，我们不再强压她去读了，她有自己的思维能力了。"

受访者 L："生病后，爸爸同意在附近单独给我租房子，给我空间，不再要求我和他出去应酬了。"

受访者 K："我妈妈在我生病后尽量满足我的要求。以前我要她买什么她要考虑才买，现在我要什么她都买给我。"

受访者 B："生病后，父亲请了三个月的假并送我到昆明住院，特别迁就我，他越迁就我心里面就越痛苦。"

（二）抑郁青少年面对亲子关系转变的态度

对于青少年患病后亲子关系出现"暂时的和谐"，抑郁青少年的反应也不完全一致。父母婚姻关系和谐的抑郁青少年对此的态度是积极接纳；而父母婚姻关系不和谐或婚姻关系已经破裂的抑郁青少年对这种改变并不认同，对父母也没有积极的期待。

1. 积极的反应：接纳

对于生活在父母婚姻关系和谐的抑郁青少年来说，亲子关系的改变使父母与子女的关系从对立变为支持，他们能积极接纳这种变化，亲子关系的改变成为孩子康复最有力的支持和保障。

受访者 C："在我康复的过程中，对我帮助最大的就是家庭，父母和小妹给我的支持。我悲观的时候父母会安慰我，身体不舒服的时候妈妈给我按摩，感觉自己开朗、乐观了很多。"

受访者 D："我生病之后，我爸爸妈妈为我做了力所能及的，特别是我妈妈，几乎为了我基本上她把所有的精力、所有的爱贡献给了我。住院的时候她来医院陪护，也常常开导我，基本上每次我一难过，我妈妈都会特别伤心，好几次我一哭，她也跟着我哭，觉得心里面特别感动。"

2. 消极的反应：不认同父母的改变，对父母也没有新的期望

生活在父母婚姻关系不和谐甚至破裂中的抑郁青少年由于失去了对父母的信任，对这种突如其来的亲子关系"改变"并不认同，对父母也不抱有什么积极的期望。

受访者 A："我觉得即使我说出理想中的亲子关系也没有用，因为很多道理，许多关系理想和现实差距很大，因为现在社会就是这个样子，人与人之间的关系会因为社会的一些因素而达不到他们的理想中的状态。比如现在大人的工作压力比较大，竞争比较激烈，如果还让他们回到家保持一个很好的脾气的话，应该有难度。大人在外面遇到不顺心的事情，因为家是一个能最清静的地方，让自己自由的地方，可以在家里让自己放松心情，因此有时就会拿家人出气，就容易吵架，所以我说出理想中的家庭关系也不现实。"

受访者 K 在被问到"你希望父母和你的关系发生哪些变化呢？"时，她说："我都不去想这些问题了，因为想了也没有用，没有办法改变现实，跟自己的经历比起来更不平衡。"

受访者 L："对父母也没有什么希望了，他们身上的毛病也改不了。"

在与抑郁症的父母交谈中，许多父母对如何与孩子相处也缺乏信心，正如

受访者 F 的父亲说:"孩子生病后,我才意识到对他的教育出了问题。对孩子既不能够软弱,也不能够控制,但不知道该如何掌握这个度。"基于父母和孩子两方面的原因,我们认为这种亲子关系中的和谐是暂时的。

五、对抑郁青少年亲子关系变化过程的小结

从抑郁青少年的成长历程来看,亲子关系并非一成不变,在其成长的过程中亲子关系的某些维度在发生着变化,某些维度则变化不大。在这个过程中,不变的是亲子之间始终缺乏爱与情感温暖,父母对孩子的权威和控制;变的是随着青少年的自我发展和社会流动,个人独立意识的增强,平等、民主意识的提升,青少年对人人平等的人性发展的追求,亲子之间的权力对抗明显增加,这场没有硝烟的战争最终以子女患上抑郁症而终结。具体见下表 5-1。

表 5-1 抑郁青少年亲子关系变化过程

成长阶段	亲子关系特征		
	权力关系	情感关系	人际关系
幼儿期	怕父母、尤其怕父亲	疏离:与父母不亲、孤独、爱的失落感	沟通少
儿童期(小学)	怕父母,权威对抗初现	冷淡	沟通少,有冲突
青少年时期(发病前)	权威对抗加剧、离家出走、自杀、自虐	隔阂:压抑、反感	沟通少,有冲突
青少年时期(发病后)	权力趋向平衡,甚至子女控制父母	温暖	沟通有所增加

1. 情感维度变化

从抑郁青少年的自我叙说来看,其亲子情感关系维度始终处于低情感温暖状态,青少年对父母情感温暖的体验越来越低,从疏离到冷淡,再到隔阂,只有当疾病出现的时候,父母的对孩子的亲情才被唤醒,抑郁青少年才体会到了父母对自己的关爱。

2. 权力维度的变化

权力维度的变化是比较大的,由最初对具体的父母形象的害怕,发展为对抽象的父母权威的害怕并产生逆反和对抗,与父母权威的对抗在青春期达到高峰状态，此时，精神疾病也出现了。

3. 人际沟通维度的变化

这个维度的变化最小，基本上一直处于沟通比较少的情况。直到孩子生病后，父母才开始重视与孩子的沟通交流，亲子沟通增加。但是，这种沟通只是停留在表面上，孩子的心灵始终对父母关闭着。

第二节　抑郁青少年亲子关系的特点

一、父母不亲

从抑郁青少年亲子关系的分析中可以看出，亲子关系的三个维度中最强的是权力维度，体现出"权大于情"或"以权压情"的特点，而情感维度和人际沟通维度一直比较弱，催生了抑郁青少年"父母不亲"的主观感受。具体表现为：

第一，权力主要体现在父亲身上，是传统中国社会父权制的体现。尽管抑郁青少年害怕甚至讨厌父亲，但在他们心目中，父亲的位置依然最高，父亲事业成功，在家庭中也掌握着大权，是家庭中真正的一家之主，有关自己学业、就业、婚恋等人生发展大事都是父亲说了算。

受访者 A 的父亲是一个贸易公司的老总，谈到对父亲的认识时，她多次说道："爸爸的事业比较成功，他会做很多事情。有些时候，他在我心中很了不起，很完美，他大事小事都做得很好，家务事也做得很好，爸爸家有三个兄妹，他是最成功的。"在家庭中小 A 的爸爸也有很高的地位，她说："我爸爸妈妈经常吵架，每次吵架都是爸爸取胜；爸爸也会和奶奶吵架，他们俩只要谁认为自己是对的，都不会让步。他们常常为叔叔的事情①争执，因为我奶奶会帮着我叔叔说话，然后我爸爸就会说我奶奶老了，连是非观念都不明确了。爸爸常说你叔叔虽然是我的亲兄弟，他这样做事就是对我不尊重、不负责，那我也没有必要去尊重他，为他的工作做出什么保证，我父亲希望跟他在一起的每一个人都能够非常尊重他，最好能服从他。"

受访者 B 的父亲是一位农村小学教师，她说："我的父亲有八个兄妹，日子过得很紧张。他是家中唯一考上中专的，毕业后做了小学老师。我家的经济

---

① 小 A 的叔叔是其父亲公司的职员，叔叔因做事不认真而常常被小 A 的父亲责骂，奶奶常常站在叔叔一边。

情况不好,我父亲把一个农村女孩培养到大城市上重点大学,他很骄傲和自豪,周围的人也都认为他很成功。在我们那种农村,能考上重点大学的没有几个。"

受访者 D:"我爸爸妈妈关系还是好的,虽然有时也会吵嘴,但对夫妻关系没有大碍。家里面的事情大部分都是我父亲说了算,重大事情都是父亲说了算。至于生活上的一些小事,妈妈说了算。她一个人能做决定的,有些重大事情,要和我爸爸商量一下。高考填志愿时,我和爸爸有矛盾,我想学学前教育专业,因为我喜欢和小朋友玩,我喜欢小孩的天真和单纯,喜欢快乐、简单的生活,那时我还研究过儿童心理学。可是,爸爸说这个专业出来后不好找工作,要我读警官学院,毕业后考公务员。加上我当年高考时,没有考好,没有选择的余地,就只好同意了,报了警官学院。"

受访者 C:"爸爸认为大学里面要以学习为主,不能谈恋爱,毕业后考上公务员,有了一份正式工作才能谈恋爱。我现在谈恋爱了也不敢跟他说,如果我现在跟他说,只会被他挑剔、不同意,从中干扰,只会自找麻烦。"

受访者 G:"我从小就怕父亲,在他面前很紧张,不知道该怎样做,可能是我比较在乎他对我的态度吧。"

第二,父母情感表达不足,孩子很少得到父母的肯定和赞美。

抑郁青少年的父母对孩子的情感表达不足,当孩子学业成绩较好时,父母也希望孩子"百尺杠头,再进一步",他们不太会肯定和赞美自己的孩子。

受访者 C,从一个边远的西部农村考入上海的重点大学,父母却从来没有表扬过她。

受访者 D 也说:"自己做得再好,也得不到父母的表扬。"

受访者 K:"我考试得了年级第二名,父母也没有说什么。"

受访者 A:"考试考得好,爸爸也不会表扬我,只是带我去买东西。"

第三,体会不到父母的关爱,尤其是父爱。

在抑郁青少年的眼中,父母更多地是一个教育者、说教者,而不是一个关心者和支持者,很多青少年体会不到父母对自己的关爱。在笔者与受访者 L 的第二次访谈结束的当天晚上,他给我发了一条短信:"高老师,你好!我想我大概是缺乏父母的关爱吧。"而我在与其父亲的接触中,感觉父亲很在乎儿子,对儿子前途很担忧。L 的母亲也很在乎与儿子的关系,常常打电话咨询我如何化解与儿子的冲突。为什么孩子感受不到父母的爱呢?

受访者 F 有一次对我说:"我总怀疑母亲不爱我了,生病后我也不敢跟她说什么了，我一说什么她就会发抖，我爸爸对我说以后有什么事情不要跟我妈妈说，跟他说就行了。我在家见过她发抖有 2 次，她可能是怕我的病再发吧。妈妈过去生病，我爸爸就请人来家里面给我妈妈看病，一般要几天病才会好，而现在她生病也没有去看医生，休息半天就好了，我怀疑妈妈是装病。"

受访者 C："我小妹和爸爸有时也会顶嘴，但爸爸不会打她，我觉得自己好像不招爸爸喜欢，爸爸不爱我，他只爱我妹，我和他的关系很远，我不喜欢我爸。还有，他老是提醒我说要改变我的性格，好像是嫌弃我的性格那种，然后让我觉得自己的性格不好，好像就是嫌弃我这个人。"

由于亲子关系中"权大于情"，父母更多地用父母权威来与孩子互动，使孩子体会不到父母的爱，积极有效的沟通很难进行。抑郁青少年对父母权威的主要反应是：与父母，尤其是与父亲情感疏离，恐惧权威人物，对于权威人物的要求采取沉默、逆反与消极抗拒的行为模式。

二、亲子关系的主轴是父子（女）关系

本研究中的访谈对象主要来自西部省份的云南、贵州和重庆，中国社会转型中，西部省份的开放和发展程度相对较低，中国传统文化保留得多一些。本研究发现抑郁青少年的家庭关系的主轴仍然是亲子关系，而非夫妻关系。而亲子关系中的主轴则是父子（女）关系。这个发现与香港学者 Tsang（1997：7）的研究发现比较一致，Tsang 的研究发现，92% 的香港中国家庭的青少年认为，父子关系非常重要，影响父子关系质量的最主要的因素不是父子冲突，而是双方价值观的差异，以及青少年对父子关系重要性的认识和双方解决冲突策略的应用。

本研究认为，父子关系之所以成为抑郁青少年亲子关系的主轴，一方面是由抑郁青少年对亲子关系的认识决定的，他们认为父亲是家庭权力的中心。访谈中笔者最大的感触是，受访者谈得比较多的是父亲而不是母亲，尽管抑郁青少年认为自己与母亲的关系好于父亲，但他们更重视父子关系，因为家庭权力由父亲掌控，母亲只能管一些小事，对母亲的评价也比父亲低。

受访者 D："家庭中重大决定是我爸爸说了算，有些重要的事情妈妈要跟爸爸商量一下才能决定，妈妈只管一些鸡毛蒜皮的小事。"

受访者 C："我母亲文化不高，在家务农。我只跟妈妈说一些生活上的小事，像工作、结婚、恋爱这些大事一般不跟她说，因为家里面的大事我父亲做主多一些，即使我跟妈妈谈了这些事情，我妈妈还是会去跟我爸爸讲的。"

受访者 A："我妈妈像个小孩子，还没有我成熟，就像我第一次自杀的时

候,她第一次来学校看我,最后变成她来骂我:'我为什么不一生下你来,就把你掐死'。她怪我为什么会有轻生的念头,后来还要打电话告诉我爸爸,因为我更怕我爸爸,我无法描述那时的感受。我想这个和她的性格有关系,是长期形成的,一时也改不了。(我)就把心放宽一点,包容着她一点吧,而且我妈妈不是那种特别喜欢学习的人嘛。"

受访者 K:"妈妈平时好像没有什么爱好,就是喜欢打麻将、喜欢玩。"

另外一个方面是因为抑郁青少年与父亲的冲突程度强于母亲,导致他们对父子(女)关系的感受比较深。父子(女)关系的冲突之所以强于母女关系,与抑郁青少年的父亲参与子女教育活动的程度有密切关系。从本研究看,抑郁青少年在成长过程中父亲缺位的情况十分普遍,子女对父亲的普遍感受是"怕、不亲"。国外的相关研究表明,双职工家庭中,父亲参与照顾子女的程度与父子关系的冲突有密切的关系,父亲参与照顾子女的程度较高,则父子(女)关系较为亲密和谐。父亲参与子女教养活动和角色分享可以提供父子(女)之间彼此表达和感受爱和情感的机会(Almeid and Galambos,1991)。

三、亲子关系中的性别差异性问题

从总体上看,到了青春期以后,抑郁青少年的父子与母子关系在权力、情感和沟通维度上没有发生根本性的差异,但在某些内容上的表现方式有一定的性别差异。

(一)女性对父亲:既爱又怕

女性青少年在和父亲互动的过程中产生的情感反应和他们对父亲的认识是截然不同的。从认知上看父亲很成功、伟大,具有"王者风范",在家庭和社会中都有较高的地位,对这样一个父亲的情感应该是积极、正面的。但在现实生活中,尽管她们和父亲见面和接触的机会不是很多,但与父亲互动的经验常常是比较负面的,如被父亲伤害、害怕父亲,被父亲否定、拒绝,负面情绪的长期积累就会变成抱怨和愤怒。但是,这种抱怨和愤怒在具有王者风范的父亲面前是不敢发泄出来的,愤怒和抱怨只能转向自己,变成对自己的自责和不满,从恨父亲变成恨自己,并产生对自己愤怒的愤怒(二级愤怒)。值得指出的是,女性青少年对父亲的爱不是情感上的爱,更多的是对父权的崇拜和欣赏。

受访者 A:"因为爸爸事业比较成功,他会做很多事情,大大小小,不管家务还是工作,他都能做得很好,我就觉得他虽然不是万能的,但是他在我心中很伟大。我们之间社会地位真的相差很大。他是一个成功的商人,我是一名普通的学生。有时候沟通情感方面的问题，两个人的观点都会有很大的不同，很大的差距。反正，他认为是对的，绝对就是对的，他经历了那么多风风雨雨，什么场面都见过，我一个小女生，当然要服从他了。长期受父亲的影响，我的一些价值观已经被他改变了，有一段时间我变得和爸爸一样现实。"在崇拜的同时，受访者 A 也很害怕父亲，并常常受到父亲的伤害，她说："我最怕父亲，他常常会骂我，骂我时最刺激我的说法是'你动不动就哭，太没有用了。'好像我是弱女子，像林黛玉那样花落了也要难过，成不了大事，只能做小事。我觉得和爸爸没有办法沟通情感上的事情，他做事的确很好。我哭都不敢当着他的面，他希望别人都像他一样坚强。我又是一个女生，我可能连他的一半都做不到。我哭，他就会骂我。可能就像这个星期，他来接我和妈妈回家，他在车上又开始骂我叔叔。我就开始哭，他就骂我'你看看嘛，又淌着什么猫尿了，太没有用了，动不动就哭，大人的事情你操什么心，自己的事情都没有管好'。"

受访者 B 的父亲是当地村里的小学老师，在当地有较高的社会地位，其父在其 9 个兄妹中也是最有出息的。B 的父亲在她上小学时就把她送到乡里、县里条件最好的小学、中学读书。她能理解父亲的苦心，她说："我非常理解父亲的做法，他想让下一代摆脱农村，摆脱他们那一代的命运。这就是他最伟大的地方。"同时受访者 B 也说道："父亲常常为一点小事就打我骂我，实际上是他们自己不高兴，我很怕和父亲沟通。"

受访者 D 的父亲在当地是一位政府官员，这让其他小朋友都很羡慕，她一方面很崇拜自己的父亲，一方面也常常受到父亲的伤害，尤其是在上初中之前。她说："小时候很少见到父亲，我从小就觉得和他的交流比较少，比较怕他。父亲从来不主动和我说话，然后，我爸爸一般不打我，但他打我一次就特别厉害，我记得一次，一耳光就把我鼻子打出血了。我上中学之前一直有尿床的毛病，父母不知道这是病，每当我尿床的时候，父亲总是打我、骂我，这件事让我很难过，我的童年也被蒙上了一层阴影。"

（二）男性对父亲：不爱且怕

男孩对父亲的认知和父子互动过程中的情绪情感体验都比较负面。认知上比较多地强调父亲不好的特征，如脾气不好、性格古怪等，与父亲互动的情感体验也比较负面，常常对父亲不满、害怕和愤怒。

受访者 G 说："从小我爸爸一般都不在家，他是跑运输的，不常在家。然后，他回来以后，脾气有点怪，从小就是他脾气怪，就有点怕他，慢慢地看见他，就很不想跟他讲一些事情，在家里反正也是怕他，关系处得不好。"

小 L："我父亲脾气不好，爱发火，有时候我和他交流对社会的看法，他说我看问题太偏激了。他工作压力大，回家时抱怨对别人的不满。我达不到他的要求，就会被骂、被打；小的时候是打，大了是骂。我讨厌父亲和他的朋友，讨厌他们的生活方式。"

受访者 H："我和我爸的关系可能小学阶段没有太大感觉，初中阶段就感觉他有点……尤其是初三的时候他半退休，可能经常待在家里面，感觉有点不适应，我不喜欢他待在家里，那个时候才开始对他有反感，初中阶段和他的关系都是不太好。"

（三）母子关系相对好于父子关系

大部分抑郁青少年的母子关系好于父子关系，主要表现为：1. 与母亲的权力对抗比较少，对母亲的惧怕比较少；2. 与母亲的沟通多一些；3. 情感上更愿意接近母亲。这其中的主要原因是母亲对子女的照顾多于父亲，抑郁青少年家庭分工中基本上延续着中国传统的"男主外，女主内"的模式。国外的一些研究发现，造成青少年父子和母子关系差异的主要原因是父亲参与照顾子女的程度比较低，对那些参与照顾子女比较多的父亲来说，其子女对他们的接纳程度与对母亲的接纳程度是比较一致的（Almeid and Galambos, 1991）。

受访者 G："我和我妈的沟通多一些，会讲一些事情，但也是有限度的，有些事没有讲，只讲学习上的事情，谈恋爱的事情不讲，跟我爹的沟通很少。"

受访者 M："跟父亲的关系不好，跟母亲的关系一般点。"

受访者 D："我跟妈妈的关系，就是初中以后，慢慢地交流才多的，也是从妈妈不做生意以后，我妈妈在我上初中之后就不再做生意了，那时候我考上了初中，然后他们慢慢意识到学习的重要性，我妈妈觉得不能这样整天忙于做生意，她留些时间管我、来照顾我，然后和妈妈交流开始多了，我和妈妈的关系比爸爸亲一些。"

本研究结果与石丹理等学者（石丹理、韩晓燕、李美羚，2007：189）对上海青少年亲子关系的研究结论中的母亲对孩子的控制更强及中国青少年亲子关系中"严母慈父"的结论有所不同。从本研究来看，抑郁青少年与母亲的冲突只是一般的人际冲突，用青少年的话说就是"母亲管生活琐事，父亲管思想"，而与父亲的冲突则是对父亲权威的反抗，父亲对孩子的心理影响和控制超过母亲。

四、与祖辈的情感关系由强变弱,直至断裂

由于大部分抑郁青少年在幼儿期由祖辈照顾,他们与祖辈正面交往的经历使其与祖辈建立了良好的情感关系,但是,随着他们个人成长和家庭的流动,他们与祖辈的情感关系也发生了一系列的变化。

(一)由强变弱

幼儿期隔代抚养的经验对于抑郁青少年来说是积极正面的,在祖辈的关怀、呵护和保护之下,他们与祖辈建立了安全的依恋关系,充分体会到了爱和幸福。但是,随着年龄的增长,特别孩子是开始上小学之后,孩子被接回到父母身边,离开了爷爷奶奶。与祖父母分开居住后,祖辈对孩子的生活照顾和情感支持逐渐由强变弱,但祖辈与孙辈的关系在孩子面对压力和困难的时候发挥了积极的作用。

小 A 说:"我小的时候和奶奶关系好,她对我比较宽容,回到自己家后常常和妈妈吵架,我会哭着打电话告诉我奶奶,或者回到我奶奶家去,妈妈不让我回去奶奶家。"小 A 读小学二年级就开始离家住校,奶奶离她越来越远了,她从奶奶那里得到的支援和关怀越来越少,直到生病住院之后,奶奶才重新回到她的身边,到医院来照顾她。

小 B 一家在农村的时候和奶奶一家生活在一起,她的生活起居也是由奶奶照顾,祖孙两个睡一张大床,很亲。上小学四年级时,她们一家搬到城市,也常常回去看奶奶。她说:"小时候我妈妈常常干农活,不太有时间管我,我很小就是奶奶带,奶奶对我的爱很多很多。后来我和小妹到爸爸工作的城里上学,就离开了奶奶,刚开始的时候爸爸出差时,奶奶和妈妈有时还来照顾我们,到了小学六年级我和小妹就是自己照顾自己了,到了晚上,会担心和害怕,很想奶奶。"

小 C:"我从小在爷爷奶奶家长大,每年过年时才回到自己家。上小学的时候回到父母身边。小的时候和父母的关系不好,经常吵架,基本上不说心里话。我只要回到爷爷奶奶家,我就会觉得很开心,感觉他们很亲,很自然,不用去顾忌什么。"

(二)祖辈离世,依恋关系断裂,引发抑郁

与祖辈良好关系的建立对孩子的成长有着积极的作用。尽管孩子离开了祖辈,但是祖父母对他们的情感支持仍然发挥着重要的作用。对他们来说,最痛苦的事情是祖父母的离世,因为祖辈的去世也是依恋客体的消失,使他们感到十分悲伤和孤独,祖辈的离世也就成为了抑郁青少年成长中最难忘的事情之一，甚至成为引发抑郁症的突发事件。

C："我读小学三年级的时候，外婆去世，我很伤心。我和外婆的关系很好，外婆是个很勤劳善良的人。"

受访者B在介绍自己的家庭时，首先说的不是父母而是奶奶，奶奶的去世对她的影响也很大。她说："我家的话，以前和奶奶的关系比较好，我比较亲我的奶奶。我家还有一个妹妹，现在奶奶去世了，是在我上高二的时候去世的，我奶奶去世对我的影响比较大。"B在奶奶去世不久她上高三的时候就出现头痛的症状，她认为是高考压力大的原因，没有太在意。大学一年级时症状加重，被诊断为抑郁症。

L从小由爷爷奶奶带大，尽管后来他离家求学，寄宿学校，但每到假期和周末都会回到爷爷奶奶家，与爷爷的关系也比较亲密。高二时，他信任的爷爷去世，对他的情绪影响很大，高三开学不久，L就被诊断为抑郁症。L的父亲认为L的爷爷的去世是引发孩子抑郁症的主要原因之一。

受访者B与L的相同之处是在祖父母去世不久就发病，而B的奶奶和L的爷爷都是与之关系很亲的家人，对他们来说，祖辈的离世是依恋客体的消失。按照精神分析的观点，抑郁是客体失落所导致的内射性反映，内在客体的失落导致个体对某个客观目标的憎恨，随着憎恨的扩散，个体也许会从悲伤中复原，无法复原则产生抑郁。

（三）亲子关系中的互动：抑郁青少年对父母的影响

国外的研究显示，在亲子关系的形成过程中，影响亲子互动的三个主要因素是：孩子的个性特征、父母的个性特征以及他们的社会支援。在抑郁青少年成长的过程中，面对父母较强的权威控制、较少的情感温暖和亲子沟通中的冲突，抑郁青少年在年幼的时候常常表现出无助和无奈，当他们进入青春期后，随着自我意识的发展，他们开始采用自己独特的应对方式来对抗父母的控制和情感冷漠，改变着亲子关系的发展方向。

（四）用倔强或叛逆对抗父母权威和控制，以赢得尊重

在抑郁青少年的叙述中，他们都认为自己的性格特征对亲子关系有一定的影响，其性格特征中比较突出的一个特点就是倔强。到了青少年期，倔强常常被他们自己理解为反叛或叛逆，当父母的要求和控制达到让其无法忍受的程度时，他们开始用倔强和反叛来回应父母的控制，以期能赢得尊重。

小C的父亲对她的学习和言行要求比较高，如果达不到父亲的要求就会受到打骂。小C的应对策略就是"叛逆"，即在不发生矛盾的情况下，尽量不

交流，感觉有什么事说出来不被骂，才会去跟父亲交流。

小 A 说："我爸爸是一个希望别人尊重他，最好服从他的人，在他看来可能我也有点倔，比如说他把花放在电视机的柜子上说好看，我说放在餐桌上好看，我不会听他的，除非他能说服我，讲得清道理，我就会听他的。"

小 D 高中毕业后希望自己能读幼儿教育专业成为一个幼儿教师，但父母认为这个专业毕业后很难找到一个稳定的工作，一定要让她读警官学院，因为警官学院毕业的学生大部分将来都能当警员，有公务员的身份。尽管自己很不愿意，但她还是遵照父母的意愿考上了警官学院。但入学不久她就出现学校适应问题，被诊断为抑郁症。她认为自己生病的原因之一是来到这所不该来的学校，于是，她向父母提出退学回家的想法，父母终于第一次同意她自己决定自己的命运。出院后，她休学在家。后来，她到一家电脑公司打工，半年后，她自己做出了回学校继续读书的决定。她说："我生病后向父母提出不想回学校上学了，我爸爸说只要我健健康康的，做什么都行。出院以后，我还没有决定是否要退学。在家休息时有点时间我去我们家楼下的一个计算机公司打了一段时间工，我就帮他们零零碎碎地做一些杂工，这样就改变了我的想法，后来，我想还是要回学校念书的，父母也支持我的决定。"

H 的父亲在其幼年时就在外经商，上初中时其父亲退休在家，对 H 的学习要求比较高，他说："之前我就有点叛逆，不过因为他们（父母）没有和我起冲突，所以叛逆不太大，到了中考的时候，有一次我没有考好，他就骂我，我觉得他很虚伪，就和他大吵了一架。"

（五）用生病、自杀、自虐来应对父母的情感冷漠，以赢得关爱

抑郁青少年成长过程中情感温暖的缺乏，使其感到与父母不亲，与父母有隔阂，产生悲观、害怕、孤独和愤怒的主观感受，当这些负面的情感反应堆积到一定程度的时候，变成不能自我控制、自杀、自虐的病态行为时才引起了父母的关注和关心。从某种意义上来说，抑郁症也就是青少年对抗父母情感冷漠，唤醒父母情感温暖的手段。

小 D 说："在我读初中的时候，有一次我生病，就是突然就晕倒了，在卫生间里晕倒了，从那次以后，我觉得我爸爸会主动和我交流，会主动关心我，会表现出来，以前从来没有。"

小 G 说："我生病后，爸爸对我的态度明显好转，以前比如说有些事情，他发火呢噻，以前他有哪样事情，会冲我发火。最近一个月来从不朝我发火了，每次见我都是笑呢。以前不是，以前嘛有哪样事情立马就发火了，但现在每次

见到我就笑。我想应该是是因为我有了病，考虑到我的病，他才注意一下子。"

（六）用沉默、争吵对抗父母的说教，以赢得理解和尊重

抑郁青少年亲子沟通中的突出特征是沟通时间少，沟通中不平等。从青少年的角度看，他们之所以不愿意与父母沟通交流，最主要的原因一是"说不来"，即父母说的与青少年想的东西差距很大，常常出现"你说东我说西，双方说不到一起"的情况。笔者问抑郁青少年，父母要怎么样做，你们才愿意与之沟通？他们的回答是如果父母能理解和尊重他们，能换位思考，他们还是会与父母沟通交流的。正如小 A 说的："父母应该多接受一些 21 世纪的新元素，当孩子遇到问题的时候换位思考一下，最重要的是把孩子的意见和自己的意见求同存异。可是现在很多大人认为我的阅历比你多，我的社会经验比你多，你遇到什么事情，我们家长的意见肯定是正确的，你现在还是一个小孩子，所以你要听我们的，我们是长辈。"二是"不敢说"，即亲子沟通中权力不对等，父母处于强势的一方，企图用说教的方式来控制和压服子女，子女很害怕与父母沟通。于是，抑郁青少年常常用沉默来对抗父母的说教、批评和指责，在无法忍受的情况下，他们会采用争吵的方式来表达自己的心声，以期望能得到父母的理解和尊重。

笔者问抑郁青少年："你有没有与父母说过自己的感受？"小 A 说："没有，可能我爸爸经商 15 年，什么样的场面就见过了，对我们的那些痛苦司空见惯了，根本就不在意，没有办法能理解我的那些痛苦，所以就觉得跟他沟通情感上的问题不好沟通。如果我哪里说的不是那么明确，说得不好听，他就要骂我，所以我一般不和他沟通。他做事的确很好，我哭都不敢当着他的面，他希望别人都像他一样坚强。我又是一个女生，我可能他的一半都做不到，我哭，他就会骂我：'太没有用了，动不动就哭。'"小 H 说："有些时候有些东西我会闷在心里没说，但父亲会认为我心里的想法是这样的，但是实际上他说出来的和我的想法根本不是一样的，这时我也不会跟他说什么，但是如果他越说越多，越说越离谱的话我们两个就会产生冲突，就开始吵架。"

可见，从某种角度看，抑郁症是青少年应对不良亲子关系的一种手段。国外相关研究也发现，导致青少年抑郁症患者亲子关系疏离的主要原因不是父母而是孩子。Ryan et al（2011）对异卵双生子的最新研究表明，尽管母子关系疏离与青少年抑郁症关系密切，但是，进一步的研究表明，亲子关系疏离主要由孩子造成的，之前的相关研究普遍认为是母亲的社会化水平导致儿童抑郁，而 Ryan 等人的研究认为，母亲的社会化水平不是导致青少年抑郁症的原因反而是结果。

五、本章小结

抑郁青少年亲子关系在其成长的不同阶段呈现出不同的特征，在亲子关系的三个维度中，变化最大的是权力关系，孩子年龄越大，与父母的权力斗争越激烈，亲子冲突越多；变化比较小的是情感维度和人际沟通维度。情感维度基本上一直处于低温暖状态，直到抑郁症产生后，冰冷的亲子关系仿佛才开始融化；人际关系维度上，亲子沟通始终很少，也不顺畅。到了青春期，抑郁青少年的亲子关系总体呈现出"权"大于"情"，冲突多、情感少、缺乏沟通的特点，催生了抑郁青少年"父母不亲"的"亲子关系非亲化"感受，即青少年感受不到父母之爱，没有与父母亲密的感觉。总体上看，抑郁青少年对母子关系和父子关系的感受差别不大，都觉得与父母的关系不太好，但在表现方式上有一些差异。值得指出的是，面对父母的高权力控制、低情感温暖和沟通缺乏，抑郁青少年常常采用沉默、争吵、叛逆、生病甚至自虐自杀等手段来表达自己的不满，以期望获得父母的理解、尊重和关爱，使亲子关系朝着积极、健康的方向转变。从这个角度看，抑郁症是青少年应对不良亲子关系的一种手段，抑郁青少年用自己独特的方式影响着父母及亲子关系发展的方向。

本研究发现与一些海外学者有关亲子关系与青少年抑郁的研究发现也有所不同。Branje 等学者（Susan et al, 2010；Liu, 2003）对亲子关系与抑郁症的研究表明，母亲与孩子的关系对抑郁症的影响较大，尤其是母亲对青少年的过度控制或放任与青少年抑郁之间有较强的关系，母女（母子）关系的质量与抑郁症之间的关系强于父子（父女）关系。尽管青少年感受到的亲子关系质量与抑郁症有相关关系，但这种关系受父母的性别和青少年性别的影响。对男孩子来说，其感受到的与父亲关系的质量对抑郁症有显著的影响。从本研究的结果来看，尽管男孩与父亲的关系较之与母亲的关系有更大的冲突，但对于女孩而言与父亲的关系对其抑郁症的形成同样具有较大的影响，所以本研究认为，父子（父女）关系的质量在青少年抑郁症的形成过程中的作用，强于母子（母女）关系，这是本研究发现与国外有关研究发现的不同。

台湾学者 Liu（2003）对台湾青少年的研究发现，青少年的抑郁情绪与其感受到的来自父母的信息有密切的关系，女孩的抑郁情绪更多来自其对母亲所发出的信号的理解；而男孩的抑郁情绪更多来自对其父亲所发出的信号的理解。而本研究的结论是，男女抑郁青少年对来自父母的信息都有较高程度的关注，尤其是对来自父亲发出的信息的关注强于母亲，从理性上看他们更为重视父子（女）关系，对父子关系的情感体验更强一些。

第六章

从人际关系的维度看抑郁青少年的师生、同伴和亲子关系

本章把抑郁青少年的亲子关系放在中观的人际关系层面,通过亲子关系、师生关系和同伴关系之间的相互作用,来进一步加深对抑郁青少年亲子关系在其他人际关系形成中的作用的理解。亲子关系、师生关系和同伴关系是青少年最基本的人际关系,良好的人际关系对个体的心理健康具有积极意义。从发生时间上看,亲子关系形成最早,同伴和师生关系是随儿童的年龄增长而逐渐发展起来的。许多研究表明亲子关系作为儿童最早形成的社会关系,对青少年的同伴关系和师生关系的形成有着重要的影响。身体化理论告诉我们,抑郁症是个体用身体情况表达人际关系中的冲突、迷茫。对于抑郁青少年来说,其师生关系和同伴关系有何特点呢?亲子关系对师生关系和同伴关系又有怎样的影响呢?这是本章要讨论的问题。

第一节 抑郁青少年的师生关系

师生关系是指教师和学生在教育、教学过程中结成的相互关系,包括彼此所处的地位、作用和相互对待的态度等。对师生关系内涵的认识是一个不断变化和发展的过程,它依赖于教育自身的发展和人们对自身价值的不同认知。原始社会不存在独立形态的教育,师生关系以师传徒,父传子的自然方式存在。而以教育和改造形态为特征的经验形态的师生关系往往又强调了教师的权威,忽略了师生之间的人与人关系,忽视了师生间的情感需求和人对自身生命的追求。20世纪90年代中后期,体验形态的师生关系受到重视。目前,关于师生关系观在学术界占主导的观点是主张师生应该是民主、平等和对话的关系,并从交往理论、后现代理论和现象学的视角出发对这种观点进行了论述(邵晓枫,2007)。体验型师生观的提出是在20世纪90年代中后期,这种观点受西方思潮的影响较大,体现了以人为本的思想,顺应了民主平等的时代潮流,并

与长期以来我国已经形成的教师为中心和师生主客体二元对立的思想形成鲜明的对比。这种师生关系以师生交往为基础，以学生主动发展和终身发展为目的，强调教育过程中师生之间的相互尊重、理解和信任。但是，从目前来看，上述对师生关系的描述显然只能是一种理想状态，与现实中的师生关系，特别是抑郁青少年体验到的师生关系有较大的差距。抑郁青少年所面对的师生关系与其亲子关系很相似，学校里的老师似乎是其父母形象的延续或替代。

一、抑郁青少年的师生关系特点

中国社会的师生关系的内涵与亲子关系非常接近，传统文化中常常把老师比作学生的父母，所谓"一日为师，终身为父"。理解抑郁青少年的师生关系，也离不开人际沟通、情感和权力三个维度。抑郁青少年的师生关系呈现出在人际沟通维度上的冲突多、情感维度上的疏离和权力维度上的被控制的特点。

（一）冲突较多

大部分抑郁青少年师生关系中最突出特点是冲突较多，他们在成长的过程中都体验过师生之间的冲突。在中国文化中，这种冲突并非肢体的碰撞，而是一种双方心灵的撞击，青少年往往处于弱者的位置，被老师谩骂、指责。受到伤害的青少年并非用肢体或言语去对抗老师，而是更多地表现为情感上的抗拒，继而产生悲伤、害怕、愤怒和失望的情绪。冲突后面反映出抑郁青少年在与教师的互动中的被控制、不被尊重和不平等的关系，从某种角度来看，可以视之为其亲子关系在学校这个社会领域中的翻版或复制。从抑郁青少年的角度看，师生冲突具体表现为：

1. 被辱骂

被辱骂是抑郁青少年师生关系冲突最常见、最突出的表现。这种辱骂常常是公开进行的，对青少年的心灵产生了很大的冲击，对其心理健康产生了很大的负面影响。

受访者 D："小学时一件事让我幼小的心灵受到极大的创伤。那是我上小学四年级的事情。四年级时我们的数学老师突然换了，新来的老师很严，而且经常骂我们。当时我的数学成绩不好，她把我分到差组，经常骂我们差组的同学，而且骂得很难听，老师的这种做法让我幼小的心灵留下了伤痕。更让我难过的是任凭我怎么努力，也得不到她一句鼓励的话，老师这样区别对待学生，让我觉得很难过。"

受访者 A："在学校里面老师经常骂学生，骂得很难听。举个例子，看到成绩差的女学生上课打瞌睡，她就说，'你昨晚是不是去上夜班了（从事性服务）'；如果上课听到成绩差的学生的手机响，她就说，'你们的生意这么早就来了，还没有到时间嘛.'我太惊诧了，这样的情况太多了，老师怎么会这样骂学生，即使学生有太多错，但老师毕竟是学生的长者，教育学生不应该是这样。这样的情况真的很频繁，然后，我就失望，开始讨厌老师。我觉得大多数老师和学生的关系难道就是这样的吗，就开始对学校绝望。"

受访者G："去年12月份我谈恋爱的事情被班主任认得（知道）了，他把我叫到办公室，声音很大地吼了我几句，后来还在全班不点名地公开批评我。我很讨厌他，慢慢地就讨厌所有的老师。原来我特别喜欢学历史、地理，觉得上他们的课很愉快。但是自从班主任像那种（吼我）以后，慢慢地我就讨厌他了，认不得是哪样原因，对全部的老师我都觉得烦。"

受访者F："上初中时，有一次考试，周围的同学抄我的试卷被老师看到了，他也不问清楚情况就把我的试卷撕了，还当着同学的面骂我。"

受访者K的母亲说："初三开始那年K就有点不想上学，不想去学校那种。我当时也没有太在意。后来她说她们学校的一个老师了嘛，就是一个同学打扫卫生的时候泼不小心泼了那个老师一些水，那个老师以为就是我姑娘（把水泼在她身上），就骂我姑娘，还用脏话来骂。这个事我姑娘隔了好长时间才说出来，那时候她还哭，她说'明明不是我搞的，为哪样（为什么）老师还用脏话来骂我.'从那个时候开始她就不喜欢学校，不愿去上学。她说你（指母亲）让我在家自学，我保证考重点高中。你（指母亲）要我去学校，我就考一个倒数第一。"

2. 被排斥

被排斥是指学生得不到老师的理解、接纳和喜欢。

受访者F："上高二时有一次班主任通知成绩前10名的同学去开会，我就去了。可是老师见到我说：'我们是让本厂的子弟来开会（F借读于某厂子弟学校）'，我很难过和气愤。"

受访者D的父亲说："上高二以后D的学习跟不上，很吃力，学校老师对成绩差的学生关心不够，指导得不够，只管学习好的学生。"

受访者M："老师只关心成绩好的学生，不太理会我们这些成绩不好的学生，不被骂已经是很好的待遇了。"

3. 对老师反感和失望

冲突中抑郁青少年的主观感受是对老师的失望和反感，反感是愤怒的一种表达方式。

受访者D："我上高一的时候来到昆明，学习很吃力，成绩也不好。学校的老师特别是班主任对学习不好的学生基本不管，只管成绩好的学生，我很反感这些老师,他们根本没有师德情怀。我除了上课外,不参加学校组织的任何活动。"

受访者A:"学校里面老师常常骂学生,骂得太难听了,老师她这样骂学生,她把学生当做一个什么?还是她的学生吗?还是书本上写的所谓老师把学生当成孩子?我们学到的那些政治课上学的东西都是理论上的,在社会中不可能存在,有时候我就会觉得特别可笑,理想中的师生关系真的不存在。"

(二)情感疏离

除了人际冲突之外,情感上的疏离平淡也是抑郁青少年师生关系的主要特征。抑郁青少年在与教师的交往中对教师态度冷漠,没有期待。学校中师生交流最常见的方式是学生向老师请教学习中的问题,而大部分抑郁青少年却很少主动与老师交流,即使在学习上碰到困难也不愿意主动问老师,因为他们从小已经习惯了"自己解决"问题。早期经历过师生冲突的抑郁青少年在进入青春期以后与老师的关系比较疏离,情感疏离的突出表现是与老师不亲,关系很一般。与老师保持一定的情感距离也是抑郁青少年害怕再次受到老师伤害的一种自我保护方式。

受访者B:"和老师的关系表面上还行,但没有一个老师能了解我,走进我的心里。"

受访者A:"和老师的关系很一般,现在的老师都很功利,不关心学生,只看重分数。"

有学者(姚计海、唐丹,2005)把师生关系分成四个维度:①冲突性:指师生关系之间在情感和行为上的不一致性;②依恋性:指学生非常关注老师和钦慕老师的态度和行为;③亲密性:指学生与老师亲密相处,在态度和行为上能相互接纳;④回避性:指学生在态度和行为上回避与老师的沟通和交往等,据此把青少年师生关系的类型分为矛盾冲突型、亲密和谐型和疏远平淡型,并根据实证调查得出了目前中国青少年师生关系中三种类型的分布情况:最多的是疏远平淡型(43.3%),其次是亲密和谐型(34.8%),最后是冲突矛盾型(21.9%)。而本研究发现,抑郁青少年师生关系中最多的是冲突矛盾型,其次是疏远平淡型,没有看到亲密和谐型。

(三)被控制

抑郁青少年与教师的互动不是平等的交流和对话,而是一种被控制的关系,导致抑郁青少年对教师权威产生害怕和恐惧感。

受访者H:"高二文理分班后我不是讨厌同学,而是讨厌班主任,可能是她的管理方式特别,很多学生都不接受。她是那种半军事化的管理方式,很严格。她是教化学的，高一没有分班之前，我对化学一直都有兴趣，被她教以后，我的化学就只及格过一次，之前我的化学从来没有不及格过，她的那种方法让人觉得比较晕。举个例子，上课的时候，她有一次连续叫了我5次课堂回答问题，后面的同学说老师怎么那么喜欢我，但我看那种不是喜欢，一堂课点你5次，感觉很恐怖，那种神经就是紧张的状态，不快乐，不轻松。"

受访者G："世界上我最怕我们班主任和我爸爸，班主任常常板着脸。"

二、影响抑郁青少年师生关系的因素

抑郁青少年师生关系的形成受到社会转型、亲子关系和个人成长等多因素的影响，要理解抑郁青少年的师生关系，也需要有一个多维的视角，具体见图6-1。

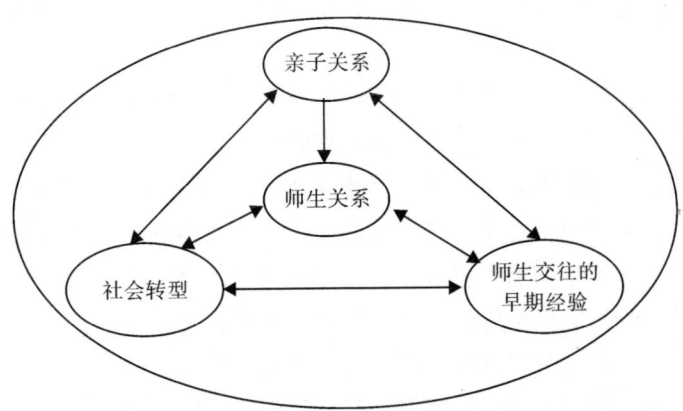

图6-1 多维视角下的抑郁青少年师生关系

（一）社会转型中的教育市场化

社会—生态理论告诉我们，个体心理活动的影响因素不是孤立的，而是与其他几个方面有机地联系在一起，处于复杂的关系系统中。社会转型对教育系统比较大的影响之一是教育市场化，教育市场化的结果是教师与学生之间的"人—人关系"被异化为"人—物"关系。市场经济条件下的师生关系已经不是改革开放前那种"老师是园丁，学生是花朵"的关系。在教育市场化的过程中，分数已经成为连接师生关系的纽带，师生关系从某种意义上已经异化为"人—物"关系。学生考分高，学校的名气才大，教师的收入也就能得到相应的提高，老师看重的是学生的分数，而非学生这个"全人"。因此，现实生活中师生之间的大部分交流也是围绕着考试分数进行的，学生考分的高低决定着与师生关系的亲疏，分数高的学生常常成为老师关注的重点，分数低的学生则常常被老师忽略甚至是排斥。正如受访者A说的："对科技的追求越来越多，而忽略了对人性的追求，社会比较污浊，老师这个职业也不可能像以前那样还把学生当做孩子。他们只是建立在工资拿高一点，自己班里面的学生成绩好一点，优秀率高一点而已。因为现在社会竞争比较激烈，人不为己，天诛地灭。现在这个因素（想法）对我们来说要更加深刻。比如一开始我也想和老师相处得很好，建立像课本上那样的新型师生关系，建立在民主平等的基础上。但事实上根本做不到，中国人口太多，办教育要像大浪淘沙一样，你成绩好才能上名牌大学。"

社会冲突理论把师生关系当做是制度化了的"支配—从属"关系，教师的行为模式是由社会情境预先规定的。教师代表的是成人世界，他与学生的自然欲望、自发活动产生了对立情感。由于师生彼此之间的社会地位、拥有的价值观和资源、遵守的目标和规范等方面都存在差异，师生冲突本质上是一种社会冲突。

（二）不良亲子关系的影响

抑郁青少年师生关系的形成除了受到社会转型的影响之外，还受到抑郁青少年亲子关系的影响。不良亲子关系对抑郁青少年师生关系的形成具有直接和间接的影响。直接的影响主要是不良亲子关系导致抑郁青少年个性上有缺陷，如不自信、惧怕权威、敏感、多疑等，这些个性缺陷阻碍了他们与教师之间良好关系的建立。间接影响是青少年与父母互动的负面经验在与教师互动的过程中也常常被唤醒，阻碍抑郁青少年与老师的互动和交流。发展心理学家提出的依恋理论认为，孩子与父母之间安全的依恋关系的建立对儿童的师生关系的建立具有重要的影响，如果孩子不能与父母建立安全的依恋关系，常常会把依恋的客体转向生活中的其他重要他人，如老师、同伴，但遗憾的是孩子们很难与这些替代品建立安全的依恋关系，最终很难对他人产生信任并发展出积极的、充满热情的关系。抑郁青少年亲子关系中对父亲的恐惧和害怕常常迁移到对学校中一些外形或脾气性格与父亲类似的老师身上，阻碍抑郁青少年与这些老师交往，继而影响到与其他老师的交往。

受访者K："我在学习上碰到困难也不问老师，一般是自己解决，自己解决不了就放着呗，我从小就习惯了这样，被爸爸妈妈关在屋子里面，从小就跟人接触不多。"K在家庭中与父母的关系比较疏离，她对父亲的评价是"一个住在我身边的冷冰冰的人"。上高一时，学校派一个刚从外校调来的老师给他们上数学课，K最不喜欢的就是这个老师，主要原因就是"她每次上课都是不高兴的样子，嘟着嘴，冷冰冰的。"老师身上有父亲的影子，影响K与老师的互动交流。

（三）个体成长中早期师生交往中的负面经验

动机理论说明，人有交往的需要、成就的需要、社会赞许的需要和求知的需要。这些需要的满足能促使人致力于满足需要的对象和活动上。同时，自我效能感作为动机水平的直接决定因素在很大程度上来自于环境和支持的因素。抑郁青少年个人成长早期经验中被老师辱骂、不公平对待的经历使得抑郁青少年在师生交往中的成就需要、社会赞许需要得不到满足，自我效能感也比较低，因此，抑郁青少年不会花太多的时间和精力去促进师生交往和情感支持，导致师生关系的疏离和平淡。正如受访者 D 说的："小时候我就觉得数学老师对我造成了一些伤害，后来尽管我特别地努力，回家做数学作业，我都提前预习，然后每一课后面的练习我都提前做完，争取每次上课我都第一个上去交作业，但是我再努力都没得到老师一句肯定的话，也没有得到老师的一句鼓励，当时我是多么的渴望老师的一句鼓励、肯定。直到现在我怎么都不会忘记这段经历，对老师也不会有太大的期望，与老师的关系很一般。"

第二节 抑郁青少年的同伴关系

同伴关系是指同龄人之间或心理发展水平相当的个体间在交往过程中建立起来的一种人际关系。瑞士著名心理学家皮亚杰认为，儿童发展过程中有两个世界，一个是成人儿童世界，一个是具有统一文化的同伴世界。这两个世界对于儿童未来的发展有着不同的贡献（Carol 著，2003，陈英和译，2009）。与同伴交往，青少年既可以实践从父母那里学会的社会技能，又可以学到一些在与成人交往过程中无法学到的新的社会技能。青少年只有在与同伴交往中才能学会与他人相处，学习基本的人际交往技能。因此，同伴关系是师生和亲子关系都无法替代的，具有独特的性质和功能。在现代社会中，由于居住环境的变化，使青少年的同伴关系发生的场所变为以学校为主，同学关系和同伴关系基本上合二为一。同伴关系的本质表现为同伴接受性和友谊，从这两个维度上看，抑郁青少年在同伴接受性上有困难，同伴关系疏离、冲突，很难与同伴建立友谊和亲密关系。

一、抑郁青少年的同伴关系特点

抑郁青少年的同伴关系突出的特征是情感维度上的疏离，行为冲突较多，人际亲和的能力弱，难以与同伴建立亲密关系和友谊关系，这与其亲子关系的特征有很多相似之处。其同伴关系的主要特点是：

（一）情感疏离，行为冲突多

抑郁青少年与同学和同伴交往的过程中，情感上比较疏离，行为上容易产生冲突。具体表现为：

1. 朋友比较少

大部分受访者的同伴关系比较疏离，好朋友比较少。特别是进入高中或大学阶段后，大部分抑郁青少年在人际交往中表现得比较被动，很少主动与同学交往，朋友比较少，交往中孤独、寂寞感比较强。

受访者 C："上高中时只有一个好朋友，上大学后和一个男同学比较好，和女同学很处不来。"

受访者 M："我从小就习惯一个人独处，没有太亲密的朋友。"

受访者 L："在学校不太喜欢和同学交流，上高中后忙于学习，和同学的交往就更少了。"从与 L 父亲的交谈中，这一点也得到了证实。

受访者 D："上高中后同学之间的友谊不是那么单纯，或多或少带有功利性的，彼此之间没有真诚的关心和爱，我很少和同学交流，只有一个好朋友。"D 的父亲也说："由于成绩不好，D 比较自卑，觉得对不起父母，放假回家也很少出门，与同学的交往也很少，只跟一两个要好的女同学在一起玩。"

受访者 B："我和同学的关系表面上还行，但从小到大，没有一个人能走进我的心。我性格有点孤僻，就喜欢一个人待着，一个人在屋子里看书、学习，出去交流很少。"

受访者 A："上中学后，我只有 2 个好朋友，一个成绩好，一个不好。"

受访者 K："我只有一个要好的朋友，去年她也转学走了。"K 的母亲也说："K 的人际交往太差了，平常在家，她也不主动去找哪个朋友啊，偶尔出去一两次。朋友也不是很多，她自己喜欢在她自己的世界里面啊，她觉得和朋友闹矛盾就是她觉得朋友个个都要抛弃她一样呢，她就可能会钻牛角尖呢嘛。像我们觉得同学之间闹一下矛盾很正常呢，她可能就会想成是同学不好呢。"

2. 怕与同伴交往

害怕与同伴交往是抑郁青少年被同伴拒绝的一种表现，也是一种逃避同伴交往的自我防御。

受访者 B："小学、中学都没有特别好的朋友，我也不太出去跟人交往，比较内向，因为一想到家里面的那个条件，自己心里很难受，不想跟别人说话。我读的大学是女校（外国语大学，女生多），女生之间斗争比较厉害，互相攀比什么的，女校嘛，优秀的、漂亮的，各方面的人都有。我很压抑，心里会有失衡的感觉。"

受访者 C："上高中的时候，自己从来不早早去教室，一般都踩着铃声进教室，因为去教室早了，觉得坐在那里挺无聊的，不知道怎样和其他人交流。"

受访者 G："我从小性格比较内向、腼腆，害怕与女生交往，只跟比较熟悉的那几个同学玩。"

（二）同伴冲突较多

受访者 C："我和一个天津来的同学有矛盾，对她说话的语气或者方式不太喜欢，经常被她说，感觉很压抑，有被歧视的感觉，容易和她起冲突。"

受访者 D："进入高中后，当时与同学之间多少会发生一些小矛盾、小摩擦，刚进去嘛，从不同的地方来，磨合期还没有过，然后我觉得他们有些习惯啊，比如我晚上睡觉时习惯安静，她们就在那讲话啊，或者搞这个搞那个的，然后我就觉得不舒服、不喜欢，我（住校）只住了一星期，然后和一个好朋友在外面租房子住。慢慢慢慢地和同学的交流就限于上课那一段时间，后来我晚自习也不去（教室）上，就一个人在家里（出租屋）面。"

受访者 F："我和同学相处不来，很久都不和他们交流了，有时候自己也想主动和同学交流，但他们看到我主动与他们交流时反而会觉得我很奇怪，用一种异样的眼光看着我。我想换一个宿舍，不想和原来的那些人住了。他们很虚伪，听说我病了，都说要来看我，但实际上一个也没有来，我就知道他们不会来的。我们宿舍 8 个女生，其他人都在谈恋爱，我就像个电灯泡，有时候她们还把男朋友带到宿舍里面来。有一次我中午想睡觉，爬到自己的床上一看，躺着一个男生，我很生气，就和她们吵起来了，但我一张嘴说不过她们七张嘴。"受访者 F 的母亲也说过，自己的女儿生病后，她去过孩子的宿舍，也问过同学："我的娃娃生病了，你们相处快两年了，我家娃娃平时怎么样？"她们说："你家女儿回来就看书，写作业，我们说什么她都不理。"

（三）与同伴建立友谊和亲密关系比较困难

虽然抑郁青少年没有和父母建立起良好的亲子关系，但他们内心很渴望得到爱，特别是当他们长大后，非常渴望和同学建立友谊，和异性发展亲密关系。正如小 A 说的："一代人比一代人早熟，现在早恋很普遍。还因为大家都是独生子女，如果有些时候心里很空，对某个异性有好感，他身上有什么闪光点，吸引你的话，你可能就会想把他当做一个情感沟通的人，甚至是把他当做一个自己的心灵可以去依靠、依赖的人。"但遗憾的是，抑郁青少年很难与同学建立起友谊和亲密关系，渴望爱而得不到爱。

受访者 F："我很想交知心朋友但是交不到，自己老是疑心别人与我交往是为了利用我，抄我的作业，我的成绩在班上排前十名。我也有心里喜欢的男生，但看到班上谈恋爱的同学常常哭哭啼啼，没有什么好结果，就不想谈了。"

受访者 M："大一的时候认识了一个女孩，我刚和她说了一些我的情况后，她知道了就故意疏远我，我有点叛逆，也就不想再联系她了。"

受访者 L："我初中时和一个女生好过（谈恋爱），可是她变心了，和别的男生好了，我很气愤，她背叛了我。"

受访者 B："我生病前有个男生追求我，我们处了一段时间他就提出和我分手，我很气愤。"

受访者 G："我从小性格上就比较腼腆，特别怕和不熟悉的人交往，上中学以后，感觉'男女有别'很不敢，很不愿意和女生主动交往。"G 的妈妈说："G 高三和学校的一个女生谈恋爱，他们一下好，一下不好，G 吃药（自杀）那天，那个女生说不理他了，不理嘛，G 又难过。"

值得注意的是，由于在现实中无法与同伴建议友谊和亲密关系，一些抑郁青少年采用上网的形式和异性相处，甚至对异性产生了"网恋"。抑郁青少年过度使用网络，甚至产生病理性互联网使用的情况也并不罕见。有关研究表明，个体的某些人格特质，如神经质人格、孤独和抑郁情绪等消极情绪（雷雳，2009），缺乏社交技能和社会支持（Griffiths，1997）有可能使青少年卷入"病理性的互联网使用"。

受访者 K："我上网主要是用 QQ 和别人聊天，我很真诚地对待他们，也找到一个好朋友，他是电大毕业的，现在一个公司做销售，跟他聊天的时候感觉很温暖、很激动。"

受访者 M："我在网上认识一个福建的朋友，年龄和我差不多，认识两年多吧，我想休学然后去她那里，我们也常常打电话，没有见过面。"

二、影响抑郁青少年同伴关系的因素

（一）社会流动过程中的文化冲突

青少年在社会流动过程中，精神日益受到传统与现代、城市与乡村、团结与竞争等各种冲击，传统的乡土文化日渐旁落，市场经济规律几乎成为所有社会关系和人际关系的基础，同学之间相互帮助和真诚的友谊已经日减，种种争斗、算计、欺骗使得他们感到恐惧、害怕、孤独、愤怒和失望。于是，拒绝逃避同伴交往成为其最好的自我保护方式。正如小 A 说的："我们这些青少年，虽然只有 15 岁，但我们的内心已经不再纯洁了，社会不断发展，对人性的追求已经被忽略得太多太多了。我们 15 岁的孩子，青少年，内心世界已经不再像以前那么纯洁,开始为了学习、利益或老师心目中的样子,同学之间相互钩心斗角,我看多了。那到我们的下一代,几岁的孩子心灵就不纯洁了。我也是特别失望,我觉得现在说的什么花季,真的不会出现。"此外,客观存在的贫富差距和受成人社会不良金钱观和价值观的影响,青少年人际交往中也存在阶层、派别和相互攀比,来自乡下和小城镇的抑郁青少年常常成为被排斥的对象。

(二)不良亲子关系对建立良好的同伴关系有消极影响

积极的亲子关系有利于使青少年感到爱与尊重,对同伴有积极乐观的认知,对积极的同伴关系有积极的期待和反应。对于抑郁青少年来说,不良的亲子关系不仅影响了亲子互动,对其建立同伴关系也有很多消极的影响。不良亲子关系的影响体现在三个方面:

一是对抑郁青少年个性的影响。不良的亲子关系容易导致青少年神经质的性格特征,缺乏自信和信任,敏感、多疑,他们往往对人际关系过分敏感、害怕被拒绝,害怕被伤害,常常使用过度的心理防御机制(贾晓宾,2007)。抑郁青少年人际交往中的同伴接受性比较困难,这反过来又加强了其自我保护行为,妨碍其与同伴建立积极的人际关系。

二是对父母权威的惧怕迁移到同伴交往中。如受访者 C 说:"小时候爸爸经常骂我,我的胆子特别小。在跟大一的宿舍女生发生矛盾后,她气势汹汹地乱叫乱喊,这个时候觉得有点像小时候我父亲对我的感觉。发生这件事后她说什么我就很不自然地笑笑,但心里面又很在意的样子。"有趣的是随着受访者 C 和父亲关系的改善,她与男生之间的关系也发生改善。她说:"初中以前基本上不敢跟男生说话,觉得男生不好,会打击你,随便乱说。上了大学后,我和爸爸的关系改善了,和男生的关系也好了很多,也有几个男性朋友了。"受访者 K 说:"我和同学交往,如果他们主动找我讲话我还是会和他们讲的,但是我很少主动跟他们说话,我跟我爸爸也是一样的。"受访者 G 很惧怕父亲,当他有什么事情需要与父亲沟通时常常是请母亲出面做"传话筒"。高三时,他与一个女生谈恋爱,发生一些小摩擦,G 也是请母亲做"传话筒"打电话与女友沟通。

三是与父母的互动沟通交流少,导致抑郁青少年在同伴交往中容易形成消极回避的交往行为,不利于其与同伴的正常互动。如受访者 M 说:"在和同学交往的过程中,如果我感觉你故意疏远我时,然后我就有对你叛逆,然后我就也不想再联系你。"

(三)早期同伴交往中的负面经验使得青少年在建立同伴关系时有障碍

对于抑郁青少年来说,早期生活经历中同伴冲突和社会流动过程中的被同伴歧视的经验，对他们在青少年阶段建立同伴关系有负面的影响。国内一些学者（胡书之、吴新慧、李洪军，2009：33）对流动儿童的同伴关系的实证研究也表明，儿童自身生活体验越消极，在同伴交往选择面上就越窄。从本研究结果来看，抑郁青少年的同伴交往面比较小，他们一般只和平时"处得来"的同学交往，长期固定交往的同学在1～2个之间，有的抑郁青少年甚至没有朋友，如同"独行客"。

（四）个体成长中的性格缺陷直接影响同伴关系的建立

个体发展中形成的缺乏自信和信任的个性特征使抑郁青少年在同伴交往中容易产生冲突并难以解决，导致其同伴关系疏离，产生悲伤、愤怒和沮丧的情绪体验。这些负性的情绪体验使得青少年在同伴交往中害怕被忽视和拒绝。同时，进入青春期后，青少年产生了与异性交往和建立亲密关系的需要，但在交往过程中，自卑、敏感和缺乏社交技能都容易导致抑郁青少年在与异性同伴交往建立亲密关系中出现冲突和被拒绝的经验，使得他们对异性缺乏信任，产生愤怒甚至恐惧。但是，同伴交往中积极的经验也有助于抑郁青少年同伴关系的改善。这种积极的经验主要是同伴交往中被肯定后，抑郁青少年的自信心随之提升，个性的改善又促进了同伴关系的改善。受访者C："我刚上大学时在学校碰到一个男生，是我们原来高中一个学校的，他先跟我打招呼，交往后感觉各个方面都很不错，跟他的关系处得挺好的，然后心里面就会有点高兴，有点自信，后来又认识另外一个男生，也挺谈得来的，好像在男生面前挺自信的。"

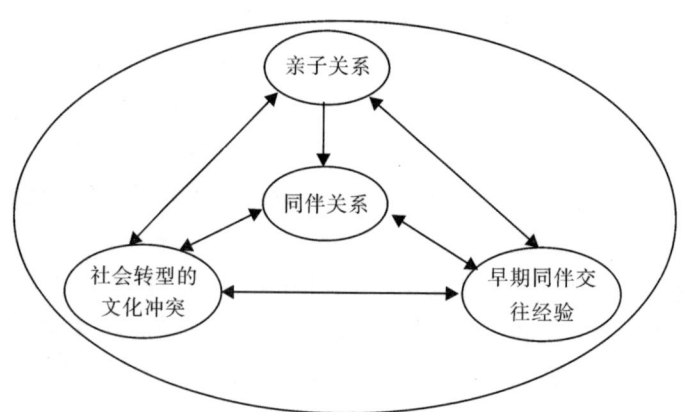

图6-2 抑郁青少年同伴关系形成机制

第三节 亲子关系、师生关系、同伴关系的相互影响

一、亲子关系影响同伴关系的原理分析

受访的抑郁青少年普遍认为，与父母的关系不好对自己的同伴交往具有一定的负面影响。亲子关系对其同伴关系的影响是以青少年的个性缺陷和社交技能的缺乏为中介的。不良亲子关系导致抑郁青少年有一些性格的缺陷，如缺乏自信和信任感，敏感、多疑；缺乏解决冲突的技能，具体见图6-3。

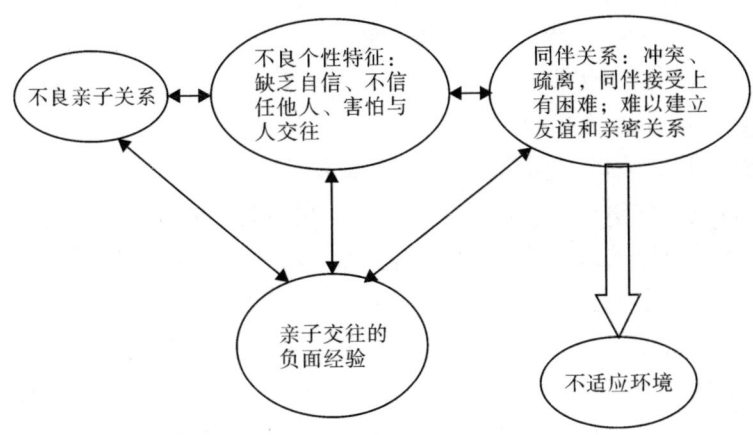

图6-3 亲子关系影响同伴关系的原理

（一）缺乏自信，害怕与同学交往

抑郁青少年与父母交往的方式影响了其与同伴的交往方式，与父母互动失败的阴影蔓延到与同伴交往中，抑郁青少年因为怕被骂、被欺负而不愿意与同学交往。

受访者C："自己不太会处理人际关系，主要是胆子特别小。胆子小的原因是就是从小就怕被爸爸骂，在外面也是这样。跟同学相处，在初中之前基本上不敢跟男生讲话，不知道什么原因，反正不敢跟男生讲话。觉得男生不好，会随便打击你，随便乱说。"受访者C与父亲互动中"被骂，被打击"的负面经验，严重影响了其与同伴的交往，特别是与异性的交往。她说："我在男生和老师面前很拘谨，不会表达出自己的想法和真实意愿。"

受访者G："因为家里要求比较严，我从小性格比较腼腆、内向，不太会处理和同学的关系，不喜欢跟不熟悉的人交往。"

受访者 K："和同学交往时如果他们和我讲话，我还是会说的，但我很少会主动和同学交往，这一点像我爸爸。"

（二）缺乏对人的信任和解决人际冲突的技能，发生人际冲突时内心充满愤怒

一些抑郁青少年的父母家庭冲突比较多，不善于处理与自己的父母和兄弟姐妹的关系，导致子女从小在人际交往中缺乏信任，回避同伴交往。同时，由于缺乏积极处理人际冲突的父母榜样示范，导致子女也缺乏处理人际冲突的技能，在人际冲突中常常无意识地复制与父母相处的经验，表面波澜不惊，内心暗流涌动，充满不满和愤怒。

受访者 L："与父母的关系对我影响好的一面是父母爱我，我也爱他们；不好的一面是他们和自己的兄弟姐妹矛盾冲突太多，让自己从小就学会记仇，不信任人，不愿意与人相处。"

受访者 M："我母亲话不多，我父亲基本不说话，我也不善于表达，上中学时有一次我的同学和我吵架时（用脏话）骂我妈，我又不是那种善于发泄的，我就当着全班人的面哭了，当天晚上就失眠了，有一种想杀他的念头，然后我就和那些同学疏远了，我就离他远一点。"M 的父母与其兄弟家有很多冲突，有一次 M 的叔叔还打了 M 的母亲、姐姐，M 的父亲得知此事后想去找其弟理论，M 的母亲不让去。M 在同伴交往中与同伴发生冲突后主要的处理方式就是不出气、忍着，尽量回避和同学的交往，常常独自一人，没有好朋友。

受访者 L 的情况与 M 类似，与同伴交往中产生冲突后先忍着，然后再找适当的机会报复同学。她说："上小学的时候一个女同学踩了我一脚，我从此看她很不顺眼，一直到初中我找机会打了她一次。"M 认为父母不善于处理和亲戚朋友的关系，自己也很怨恨亲戚，认为连父母的兄弟姐妹对自己都不好，任何人都是不可信任的。

受访者 K："我和同学交往的时候如果出现矛盾一般是冷处理，就是先不处理，等一段时间。"

受访者 C："大一的时候和同宿舍的一个天津同学闹矛盾，没有吵架，有 1、2 次顶嘴，她说什么我很不自然地笑笑，但我心里面其实很在意。"

K 与 C 处理人际冲突的方式与亲子交往中处理问题的方式是一致的，亲子交往方式迁移到了同伴交往中。

（三）敏感、多疑

与父母交往中的负面感受，导致抑郁青少年在人际交往中显得比较敏感、

多疑。

受访者 C:"他们(父母)老是提醒我说要改变我的性格,好像是嫌弃我的性格那种,然后让我觉得自己的性格不好,连我的家人都这样嫌弃我的话,外人就更会嫌弃我,别人会因为你的性格不理你,嫌弃你,这让我觉得很郁闷。我都不知道我的价值是什么,因为有这种担心,每天就刻意去和别人套近乎。虽然也能做好,但不是自然而然的感觉,有点刻意,每天都在努力努力,太累了。假如在宿舍里,外面都是人在讲话,开心地笑,我就会有一种被遗弃的感觉,融不进去的感觉,就是在那个时候,情绪容易跌落下来。"

受访者 B:"我从小到大的性格比较自闭一点,缺乏自信。我们学校的女生都是很霸道的,看不起人,互相攀比,穿的都是名牌,你不像她们那种就会被孤立。我现在的问题是我感觉别人也不坏,我也不坏,为什么我和她们之间沟通会出现问题,我没办法去解决,她们不信任我。"

受访者 M:"我出事(自杀)以后,同学们都故意疏远我,原来我和宿舍里的一个同学比较好,现在他也疏远我了,他们故意疏远我,我反而也更疏远他们。"

二、亲子关系影响师生关系的原理分析

中国传统文化中对师生关系的理解最经典的一句话是"一日为师,终身为父"。在很多青少年看来,老师和父母在权力方面是一样的,老师甚至比父母更具有权威。抑郁青少年与老师互动的过程中,很多与父母互动的负面经验被唤醒。由于抑郁青少年与父母的关系出现情感疏离、被控制和反抗的特点,当他们与教师的关系比较疏离时,他们会感觉比较安全;而当教师对抑郁青少年进行控制时,他们很容易和老师产生冲突,变得恐惧和不安;学校中师生关系的矛盾与冲突,又加剧了亲子关系的矛盾与冲突,具体表现见图6-4。

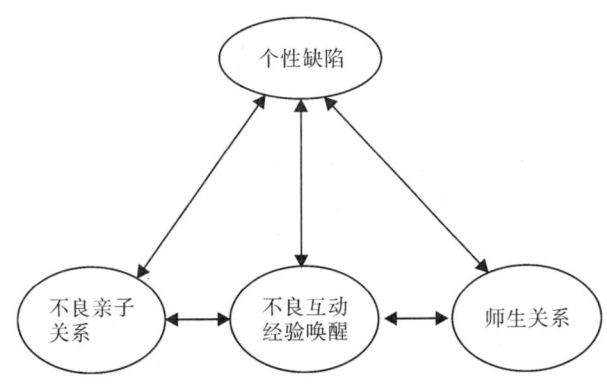

图6-4 亲子关系影响师生关系作用的原理

（一）不良亲子关系导致抑郁青少年产生个性缺陷，师生互动中得不到老师的肯定，师生关系疏离、冲突

不良的亲子关系导致抑郁青少年具有不自信、胆小、敏感和多疑的个性特征，在师生交往中很难得到老师的肯定，因此，抑郁青少年一般不主动和老师交往，与教师的关系比较疏离。

受访者 D："因为父母，那时候他们对这个教育也不是很懂嘛，就是经常采取打骂啊这种态度，对我幼小的心灵产生一种，就是很没有自信，然后胆子又特别小，得不到大家、父母和老师的肯定，也就不愿意与人交往。"

受访者 K 与父母的关系比较疏离，父母对她采用放任的态度，她不愿意被老师管教和约束，进入高中后，学校的封闭式管理令她很反感，她对学校管理的看法比较偏激。她说："这种管理对我没有任何好处，只会限制我的爱好，剥夺我的时间。"

（二）师生关系的疏离和冲突强化了抑郁青少年对自己的负面认知和负面情绪

受访者 D："上大一时，给我们上课的一个老师，那个老师经常讲，他直接就一直讲这个学校如何如何不好，说我们进到这个学校简直就是掉进一个粪坑里面，把这个学校贬得特别特别低，当时我本来就不喜欢这个学校，来这个学校是父母的意愿，加上这个老师又一天给我讲消极的东西，他还直接劝我们退学，每次上他的课我都会觉得郁闷、难过，对生活的信心慢慢减弱，加上我自己本来又那个（不自信），还特别敏感，那段时间还有我皮肤开始长痘痘，因为我心情（抑郁）的影响，这些感受一下子心里面承受不了，就出问题了。"

受访者 G："我谈恋爱的事情被老师知道了，他就吼了我几句，声音比较大，还当着全班的面批评我，我感到很委屈，从那个时候开始，我就对上课不感兴趣，对学校也不感兴趣了，后来看到老师就特别心烦。"

（三）抑郁青少年的负面自我认知和负性情绪又引发了新一轮的师生和亲子冲突

受访者 D："发生这件事情（老师贬低学校、贬低学生）后，我越来越不喜欢这所学校了，学生也不喜欢学习，许多同学都是喝酒、打牌、混日子，我很后悔当初为什么来到这个学校。后来，我看了一本书《做自己想做的人》，想退学回去重新参加高考，考一所好一些的大学。我向父母提出这个想法时把他们吓了一跳，母亲被我气病了，没有办法我只有忍下去。后来我感觉到越来越压抑，感觉连呼吸都是沉重的，心慌、焦虑，会莫名地难过和恐惧，身体也

很不舒服,感觉哪都痛,有种生不如死的感觉。"D 与父母的冲突最终以患病(抑郁症)而告终。

受访者 G:"我们老师把我谈恋爱的事情告诉我爸爸,他就打电话骂我,我原本希望父母能帮我跟老师讲讲,让老师能理解我,但是我爸爸反而打电话来骂我。"G 与父亲冲突后服药自杀未遂。

三、抑郁青少年的亲子关系、同伴关系、师生关系的相互影响

关于个体的亲子关系、同伴关系和师生关系等社会关系之间关系的论述学术界有三种不同的观点(叶子、庞丽娟,1999:51-52)。一是主从式观点。即一种关系比另外一种关系更重要并在很大程度上影响和决定其他关系,居于最高地位,其他关系受此影响,从而构成了儿童人际关系的主从模式。主从式观点又分三派:一派认为亲子关系最重要,起决定作用;另外一派认为同伴关系居最重要地位,起决定性作用;还有一派认为随着儿童与父母交往的减少,与教师交往的增加,师生关系在儿童人际网络中的重要性最高。二是独立式观点。认为亲子关系、同伴关系和师生关系不存在主从地位的差别和彼此决定,而是相对独立的,即三者之间没有必然的联系。三是整合式的观点。受系统论和生态理论的影响,整合式观点认为亲子关系、同伴关系和师生关系是儿童社会化过程中的三个重要因素,即对儿童发展有重要影响,又同时相互作用,彼此影响,构成整合式的系统。国内学者左占伟、王文静(2009:89)对初中生的调查表明,尽管初中生的社会交往状况发生了巨大的改变,即亲子交往和师生交往下降,同伴交往增加,但其亲子关系、同伴关系和师生关系内在质量的一致性仍然显著,并且这种关系受年龄和性别的影响很微弱;另外,相对而言,初中生亲子关系质量和师生关系质量的一致性程度显著高于其与同伴关系质量的一致性程度。

本研究表明抑郁青少年的亲子关系、同伴关系和师生之间的相互作用原理是:亲子关系作为最基本的社会关系是同伴关系、师生关系形成的基础,亲子关系一方面通过影响儿童的个性特征对其他社会关系产生影响;同时,亲子交往中的经验在其与同伴交往和师生交往中会被唤醒,从而对同伴关系和师生关系产生影响。抑郁青少年亲子、同伴和师生关系的形成是以社会转型为背景的,转型过程中家庭核心化与父亲的缺位、教育市场化、同伴交往的类型化与阶层化、社会文化的冲突等对抑郁青少年的亲子关系、同伴关系和师生关系都有影响。这三者之间的关系并非直线因果关系,而是相互作用、彼此影响的整合式关系。同时,这三种关系的内在质量的一致性很高,具体关系见图 6-5。

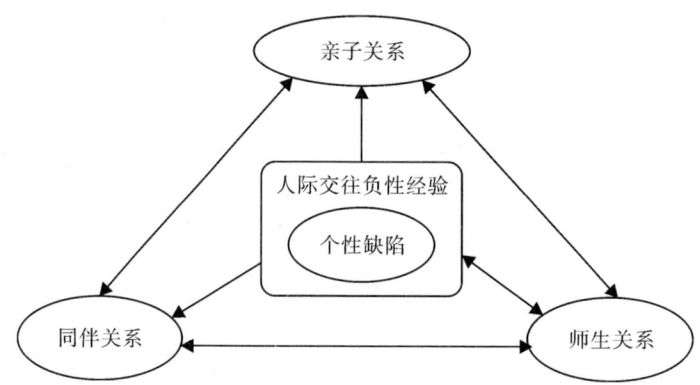

图6-5 亲子关系、师生关系和同伴关系相互作用

  国外的大量研究表明,青少年抑郁的形成与其社会生态环境有密切的关系。研究者发现,青少年的抑郁受到家庭关系、学校和社区关系的显著影响(Matos et al,2006)。Sheeber et al(2007)等人的研究发现,与父母、手足有比较好的关系的青少年不太有可能有抑郁情绪、问题行为或自杀。父母支持对青少年自我控制感的形成有重要的关系,自我控制感是青少年做出自我选择与决定从而控制行为结果的一种主观愿望。父母支持强的青少年的自我控制感较强,从而帮助他获得和家庭以外的较高的同伴支持(Surjadi et al,2011)。

  很多研究都表明,家庭功能失常与青少年抑郁之间有明显的关系(Allen et al,1994;Delaney,1996)。此外,儿童的学校关系是影响其情绪发展的重要因素,并且学校环境和教师关系对儿童心理健康与学业成就的影响力日益加大(Lynn er al,2003)。教师的支持可以减低青少年的心理压力并促进学业成绩的提升,教师的支持和好的学校关系是青少年问题行为和抑郁的保护因素(Vedder et al,2005)。国外也有学者研究了儿童与父母的关系、同伴关系和情绪适应之间的相互关系,研究发现:低质量的童年期亲子关系与青少年期亲子关系的冲突和沟通缺乏有密切的关系;青少年与父母沟通较少、冲突较多会导致青少年的同伴关系不良;而青少年期的抑郁和同伴关系不良甚至会导致其成年早期的同伴关系不良(Overbeek et al,2007)。

  本研究发现与上述研究的结论比较一致,抑郁青少年的亲子、师生、同伴关系等主要社会关系与青少年抑郁症的形成有密切的关系。抑郁青少年的同伴和师生关系欠佳,呈现情感疏离、冲突较多的特点,人际关系的冲突强化了抑郁青少年对自己的负性认知,并使他们在适应环境和遇到困难时很难从同伴和老师那里得到及时有效的帮助。亲子关系、师生关系和同伴关系不良是导致其抑郁症形成的主要人际关系因素。

第七章

从社会转型看抑郁青少年的家庭、亲子关系与个人成长

本研究发现抑郁青少年亲子关系的形成不仅受到个人发展阶段的影响,还受到中国社会结构转型的影响。在社会转型的过程中,抑郁青少年的家庭及其本人的生活道路都发生了很多变化,这些变化对其亲子关系的发展有着重要的影响。本章将从宏观的中国社会转型的脉络来理解抑郁青少年的亲子关系和抑郁症的形成。

第一节 社会转型中的抑郁青少年家庭

一、中国社会转型的特点

社会转型是20世纪90年代出现的一个概念,它最初的含义是指经济体制的转型,即中国从计划经济转变为市场经济。在国内社会学学者的论述中,社会转型主要有三个含义(宋林飞,2002):一是社会体制在短期内的急剧的转变。自从1992年中国宣布建设社会主义市场经济体制以来,中国社会的转型就建立在明确的经济体制的转型之上。这种转型是社会体制的转变,是社会制度的创新。是从一种超"稳定的、封闭的社会"向急速变化的社会转变;二是社会结构的重大转变。持这一观点的学者认为,社会转型的主体是社会结构,它是指一种整体的和全面的结构状态过渡,而不仅仅是某些单项发展指标的实现。社会转型的具体内容是结构转换、机制转轨、利益调整和观念转变。在社会转型时期,人们的行为方式、生活方式、价值体系都会发生明显的变化。它不仅仅是一场经济领域的变革,而且是一场全社会、全民族思想、文化、政治、心理等各方面的革命;三是指社会形态变迁,即中国社会从传统社会向现代社会、从农业社会向工业社会、从封闭性社会向开放性社会的社会变迁和发展。也有的学者从权力、社会管理方式的角度分析中国社会转型,认为我国正从集权社会向分权社会、民主社会转变(王思斌,2001)。

综合以上几个方面的论述，社会转型是指人类社会由一种存在类型向另一种存在类型的转变，意味着社会系统内在结构的变迁，意味着人们的生活方式、生产方式、心理结构、价值观念等各方面全面而深刻的革命性变革。社会转型一方面加速了中国经济社会发展，改善了人们的生活；另一方面剧烈的社会变革也给人们带来了多重的压力。主要有：第一，利益再分配的压力。改革必然使一部分人失去既得利益，付出一定的代价，感觉到阵痛；第二，社会结构分化的压力。改革给中国人带来了实惠，也形成了新的社会阶层，每个人似乎都要走上一定的社会阶梯，但从下一个阶梯向上一个阶梯的迈步并不容易，形成了社会阶层分化的压力；第三是竞争的压力。保姆式的计划经济被自主型的市场经济所替代的过程中，竞争之风吹向社会的各个角落；第四是规范重组的压力，约束人们行为的规范体系也在重组过程中，存在局部的失范状态。在中国社会转型过程中，抑郁青少年的家庭和个人成长的道路都受到了较大的影响，面临很多问题和挑战。

二、社会转型中抑郁青少年家庭面临的挑战

从抑郁青少年个人成长的叙述中，我们可以清楚地看到社会转型对抑郁青少年的家庭有着巨大而深刻的影响，突出表现为：

（一）家庭规模小型化，加重了抚养子女的负担，隔代抚养或祖父母参与抚养孩子成为必然的选择。

随着生育率的持续下降和生活质量的不断提升，家庭规模日渐缩小，2005年全国户均人口 3.38 人。当家庭处于家庭生命周期的早期时，照顾未成年子女是家庭最主要的抚养负担。本研究中的 11 个抑郁青少年家庭中有 6 个是独生子女家庭，有 3 个家庭在孩子处于幼儿期时与老人同住，孩子进入青春期后，只有一个家庭是由祖辈、父辈和子辈组成的直系家庭，其他都是由父母和子女组成的核心家庭，家庭平均人口数量为 3.45 人。职业竞争压力的增加和家庭规模的小型化使得父母在孩子幼小时照顾责任加重，不得不寻求其他家庭成员的帮助。在本研究中大部分抑郁青少年在其幼儿阶段之所以被隔代抚养，主要就是因为父母忙于为工作和事业打拼，没有时间和精力照顾孩子，便把照顾孩子的责任交给自己的父母或请父母帮忙照顾孩子。在中国社会转型过程中，隔代抚养的直系家庭并不少见，这类家庭存在的主要原因是社会转型过程中，人口迁移受户籍约束较多，往往是男性外出工作，女性留在当地的充分就业，使得照顾孩子的责任需要其他直系家庭成员来共同承担。在一些城市化水平不高的地区，传统大家庭仍然是一种主要的家庭形式，祖父母便成为孩子的

主要照顾者。

受访者 J:"我妈妈要转公办教师,要准备参加考试,就把我送到外公家了。"

受访者 A:"我从小在爷爷奶奶家长大的,那个时候我爸爸妈妈都忙工作,把我放在奶奶家。"

受访者 B:"我上小学之前在我爷爷奶奶家比较多,那个时候父亲工作的地点离家比较远,我爷爷奶奶也喜欢小孩,因为断奶嘛就被送到爷爷奶奶家。"从 B 的主管医生那里,笔者了解到 B 的父亲是上门女婿,和妻子、岳父母的关系都不太好,常常吵架,B 的母亲精神状态不是很好。

受访者 L 的母亲说:"那个时候我来昆明读书,孩子就交给他奶奶带了。后来我读书结束回去了,他奶奶也不让我管,把孙子当做心肝宝贝,不能受一点委屈,碰都碰不得。"

受访者 G 的母亲说:"这个娃娃小时候乖得很,听话得很,喊他坐着、喊他不准去玩,他都听话,他奶奶脾气有点怪,管教得严。他爸爸在外面跑车,我要忙家里的活计,大部分时间是他奶奶领着。"

(二)对子女的教育期望和职业期望提高,教育支出增加

在中国社会从农业社会转向现代社会的过程中,对子女在非农领域就业的预期和对子女未来就业竞争增强的预期使得很多家庭将有限的收入向子女教育倾斜。同时,教育投入的增加也提高了家庭对子女未来的职业预期。家庭在农村的抑郁青少年早早地被送到城里上学,目的是希望孩子将来能离开农村,在城里找个好工作。而家庭条件更好一些的,原本生活在小城镇的抑郁青少年家庭则希望孩子将来能留在大城市工作并有一份体面的工作,如当公务员。为此,父母不惜花重金送子女去城里上学,提前为其职业发展和向上流动做准备。

受访者 F 的母亲说:"我和孩子他爸爸把挣来的每一分钱都存起来给她上学,家里只有一个独娃娃,又是女的,想着给她多读点书,将来有个好工作。"

受访者 M 说:"家里为了供我上学,花掉了所有的积蓄还欠了一些债,父母期望我好好读书,将来有个好工作。"

受访者 B:"我爸爸从小就送我到好的学校上学,就是想让下一代摆脱农村,摆脱他们那一代人的命运。"

受访者 D:"我爸我妈送我到昆明读书,就是希望我能考上重点大学,毕

业后能考个公务员，就是觉得一个女孩家，不要做什么像出去创业（的事情）啊，比较艰辛，而且风险比较大，我爸妈一致认为让我考个公务员，好像有个铁饭碗，这样他们比较放心。"

受访者 C："父亲就觉得既然我在昆明读书，将来毕业了就一定要回我们家那边去考上公务员，一定要进行政部门工作。不管我和小妹报考哪所学校，学什么专业，都要考虑到以后进政府部门，其他的都不考虑，认为其他的都不是正儿八经的工作，没有保障。"

对于大多数中国家庭来说，最大的经济压力来自住房、教育和医疗这"三座大山"。对于孩子处于上学阶段的家庭来说，最大的经济负担无疑是教育的负担。尽管本研究中的受访者家庭在当地都属于经济收入比较好的家庭，但其家庭的经济收入的增长速度，远远赶不上他们每隔 3～6 年就会发生一次通过教育而进行的社会流动所需费用的增长速度，家庭的经济压力比较大，尤其是生活在农村抑郁青少年，家庭和本人对的经济压力的感受非常大。

受访者 B 说："现在觉得经济压力很大，很沉重。我上大学的费用主要是家里供，叔叔他们也给一点。爸爸工资很低，2 千元不到，还是很紧张。爸爸每月给我寄 500 元生活费，学费每年一万多，交学费主要是靠国家助学贷款的。"一个月 500 元的生活费对在上海读书的 B 来说，确实是比较少的，但这已经是其家庭能够负担的极限了。

受访者 M 在自传中写道："我家在农村，收入主要靠我爸爸给人家挖煤和我妈妈在家养猪。我爸的文化程度是小学毕业，我妈只认识阿拉伯数字。公元 1998 年，亚洲金融危机爆发了，最难过的还是农民，我姐姐辍学了，小学没读完，用脚趾头想想都知道原因是什么。2004 年，即我读初三那一年，我开始觉得我有些不对头：我常失眠，感觉自己很痛苦，但我让这种事情发展下去，原因有几个：一是我不了解有这样一种病；二是没钱，我连吃饭的钱都没有了。初三毕业后，我和我妈说了头痛的事，我妈给我买了一些治头痛的药，不足 100 元。吃完药，我去上高中了。顺便说一下我小时候常生病，但是我妈很传统，买药、打针从不去大医院，药是吃了很多，可就是不见效，后来生病给我留了点纪念，慢性支气管炎。"其实，M 的母亲在其生病时不带他去医院看病的主要原因不仅仅是传统，更重要的是承担不了高额的费用。对于大多数农村家庭来说，不到病入膏肓时，他们是不会上医院看病的。作为来自西部农村家庭的孩子，M 与 B 一样，上大学的学费主要来自国家助学贷款。

(三) 家庭对子女社会教化的功能弱化

家庭是人最初的社会化场所，与学校、社会教育相比，家庭教育具有早期性和终身性的特点。在传统社会中，父母与子女的互动频繁，父母在日常生活中的言传身教更能潜移默化地影响孩子对人、社会和自然的认识和态度，家庭教育对子女是非、善恶、美丑观念形成的影响更直接、更大。然而，在现代社会中，由于激烈的市场竞争增加了父母外出工作的时间和工作负荷，以致不少儿童接受幼托机构和大众媒体教育的时间比与父母共处的时间还多，这些教育渠道也日益成为儿童社会化的主体，对孩子价值观和行为方式的形成的影响已不亚于父母。此外，在现代信息社会和数字化时代，父母原有的知识和经验往往失去资源优势和传承价值，他们的话语权地位也下降，家庭在教化角色规范、促进青少年健康成长方面的作用显著削弱。与此同时，家庭社会化过程中出现了教育者与被教育者关系模糊甚至颠倒的"反向社会化"现象。年轻人凭借对新事物所具有的敏感性和接受能力，以自己的信息量、知识面和社会适应能力优势获得了对日渐力不从心的父母进行"文化反哺"的话语权，在消费意向、审美情趣、生活方式和社会态度层面都不同程度地影响和改变着他们的长辈（周晓红，1997）。

在本研究中，很多受访者比较早地离家并进入寄宿制学校也是其家庭在儿童教化功能上减弱的一个突出表现。儿童过早离家不仅使其家庭社会化过程提早结束，同时，尚未完全修复的亲子之间的情感联系再次断裂，抑郁青少年在继续社会化的过程中将面临缺乏父母情感支持的挑战。正如小 A 说："我从上小学 2 年级他们就把我送到老师家，每周接接我送送我，然后一直到 5 年级，就住全封闭的学校，到初中我又住校。我除了 1、2 年级是在家里度过的，其他大部分时间都是在学校住的。他们说是想培养我的独立能力，但是，在学校当那些无助感来的时候，我又找不到人可以倾诉和帮助。"

(四) 家庭成员之间的情感支持功能被削弱

在社会转型过程中个体对家庭情感支持和陪伴功能需求的不断增强。首先是因为物质生活质量提高后，家庭不再仅仅是经济共同体，而要更多地满足成员随之提升的对感情生活、心理支持的需求；其次，激烈的社会竞争和快节奏的生活方式，使紧张、焦虑成为现代人普遍的心理重负，当人们在职业舞台竭力拼搏、疲惫不堪或压力重重乃至伤痕累累之际，家庭无疑成为他们暂时远离尘嚣、逃避世俗的宁静港湾，是他们卸去面具而回归自然、享受轻松的温馨暖巢；再次，居住条件的改善使封闭型的独门独户住宅成为主流，邻里相见不相识，而社会竞争使亲戚朋友也更多陷入紧张、繁忙之中，人际互动减少、关系疏离，家庭成员则更多地期待私密空间的情感支持和相互陪伴，依赖家人的相互理解和关爱来减少生活压力。

尽管社会转型过程中个体对家庭情感支持功能的需求在增加，但家庭是否能够满足个体情感需求呢？在本研究中答案是否定的。抑郁青少年在成长过程中普遍面临家庭情感支持不足，主要原因是父母过分注重家庭的经济保障功能，而忽略了情感支持功能。正如受访者 D 说的："小时候，我就是许多人羡慕的对象，爸爸疼、妈妈爱。爸爸有稳定的工作，妈妈的生意在当地也很红火。从小爸爸妈妈就给我提供了很好的物质条件，在当地小有名气。可从没有人知道我要什么，包括父母。虽然父母很疼我，可是他们很忙，只是想着多赚钱，能给我吃好、穿好就行了，却忽略了我的内心世界。"

（五）家庭关系调适难度加大

社会转型带来的职业竞争激烈、工作节奏加快，使大多数人的工作压力显著增大，在夫妻和家庭生活中投入的时间和精力日渐减少。而职业流动的递增、终身教育的普及和资源的重新配置，使夫妻的职业、收入和社会地位发生明显的分化，价值目标、兴趣爱好、婚姻需求和生活方式等方面的不一致使夫妻关系冲突增加甚至难以协调。在信息爆炸和网络时代，数字化的鸿沟也横亘在代际之间。父母与子女在价值目标、兴趣爱好、消费意向和生活方式等方面的差异，不断加剧着代际冲突。

在本研究中，有 8 个抑郁青少年的父亲职业流动比较频繁。父亲的职业流动不仅影响了亲子关系，还影响了夫妻关系，而父母婚姻关系的冲突又加剧了亲子之间的冲突。父亲的职业流动一是地域的流动，二是社会地位的流动。这 8 个孩子的父亲都在外地工作，职业和经济收入也处于不断上升的过程中。父亲的职业流动，导致其无法参与日常的子女教育中，与孩子的接触和互动比较少，父子（女）关系疏离。但是，父亲的缺位并不意味着家庭中父亲权力的被削弱，反而使父亲在家庭中的权力被强化和提升，因为父亲职业流动的结果是增加了家庭的收入，提升了家庭的社会地位，父亲对家庭的贡献更大，其在家庭中的权力地位也更加稳固。但是，由于缺乏父子之间的情感连接，父亲对子女的要求和控制常常得不到孩子的理解和认同，特别是孩子到了青少年期，父子沟通日益困难，矛盾和冲突较多，亲子关系的调试难度比较大。同时，一些抑郁青少年的父亲由于长期在外工作，与配偶之间的价值目标、婚姻需求、生活方式等的差异加大，婚姻冲突也增加了。父母婚姻关系的冲突又加剧了亲子关系的冲突。这 8 位受访者都认为自己生病与家庭中的父母婚姻关系冲突和亲子冲突有关。

如受访者 H 说:"幼儿期间和读小学期间,爸爸经常在外面跑来跑去的,就很少见到父亲。学习这方面也好,生活这方面也好,他都不太管。当他处于半退休状态①的时候,特别是他开始管我的时候,与我之前的对他的印象有很大落差,而且可能他管理的方法也不得当。比如有些时候有些东西我会闷在心里没说,但他就认为是那样的话,他就直接跟我讲出来,我认为他是错的也不说的话,他再继续讲下去就很容易和他争吵,争吵激烈的时候有时还会打架。"受访者 H 的父母在其读小学高年级的时候婚姻冲突也比较大,并在其读小学 4 年级时离婚,3 年后父亲不再外出工作,回到当地工作后父母又复婚。

受访者 B:"我爸爸在外面工作,妈妈是农村家庭妇女,他们之间的差距比较大,常常为一些小事而争吵。年轻的时候我爸有过外遇,上大学之前我妈妈才告诉我她和我爸爸吵架是因为我爸有外遇,之前她都没有跟我讲,怕我受影响。"

受访者 A:"我爸爸在外边做生意,跑的地方多,见识比较多,比较追求完美,而我妈妈是比较随意的那种,这样就会产生摩擦,常常为一些小事而争吵。"

受访者 K 的母亲说:"K 十岁之前,她爸爸在外面跑车,一个月嘛 20 来天都在外头,我们吵架可能是影响着她了,我想嘛可能就是这个对她有点伤害。她对医生说我们每天吵架,我们吵过几次,他爸爸习惯摔东西,我觉得可能吓到她了。"

三、社会转型对抑郁青少年家庭关系的影响

(一)父辈与祖辈的冲突增加

改革开放以来,长者为尊、长幼有序的传统代际关系受到西方民主平等的思想的冲击,生育率下降和家庭规模的小型化使得代际之间的互动简化,两代人经济上的独立也减少了彼此之间的依赖,这无疑都有利于家庭代际关系的平等和独立(徐安琦,2001)。然而在本研究中,情况并非如此。随着改革开放的深入,权力和经济的关系日益密切,谁是家庭的经济支柱,谁就是家庭中的权力中心。由于抑郁青少年的父母大部分都是当地的"能人",也就成为了家

---

① 指 H 的父亲不再外出工作而留在当地工作,工作比较轻松,常常在家。

庭权力的中心。此外，一些家庭开始了从由农村到城镇或城市的社会流动，父辈和祖辈生活环境和生活方式的不同使得两代人之间的冲突加剧。

受访者 A："我爸爸常常在奶奶面前抱怨叔叔对工作不负责①，奶奶听着有时会流泪，会帮着叔叔说话，和爸爸发生争吵，然后我爸爸就会觉得我奶奶老了，是非观念都分不清了。因为奶奶不属于那种会听爸爸话的人，爸爸也不属于会听奶奶话的那一类人。反正他们两个只要认为自己是对的，就不改变，他们谁也不让步。"

受访者 K 的母亲说："我和 K 的爸爸性格差异很大。有一年，就是我妈妈挨着我们住在一起的时候，她很不爱干净了嘛，就是把外面的垃圾捡回来，堆在家里拿出去卖那种了嘛，很不讲卫生那种。我家老公就看不惯这种，而且我又喜欢打麻将，有一天他就当着我妈妈的面，大骂我，脏话连天地骂我了嘛。"

（二）亲子冲突，特别是父子冲突加剧

本研究发现抑郁青少年的家庭特征比较偏向于传统和保守，"君君、臣臣、父父、子子"传统家庭观念依然很强。尽管抑郁青少年的父亲常常"缺位"，但父亲在抑郁青少年的成长中的影响力并没有减弱，仍然扮演着举足轻重的角色。抑郁青少年在叙说他们的生命故事和亲子关系时，比较多地谈到的是和父亲的关系，这足以显示出父亲在其生命中的重要性明显超过母亲。在他们的眼中，无论从生活的社区还是从家族内部来看，父亲都是"成功人士"。父亲在社区中经济收入较高并具有较高的社会地位，在家族中也是最有成就或"最成器"的人士。从抑郁青少年父亲的职业身份来说，有商人、公务员、教师、农村个体户；从职务上看，有公司总经理、经理，机关中层干部，小学校长。尽管个别抑郁青少年的父亲仅是从事个体经营的农民，但在当地也是见多识广、聪明能干的赚钱能手。总之，抑郁青少年家庭的大权都掌握在父亲手中，父亲是家庭中真正的权力中心、一家之主，有关自己学业、就业、婚恋等人生发展大事都是父亲说了算。

受访者 A 的父亲是一个贸易公司的老总，谈到对父亲的认识时她多次说道："爸爸的事业比较成功，他会做很多事情。有些时候，他在我心中很了不起，很完美，他大事小事都做得很好，家务事也做得很好，爸爸家有三个兄

---

① A 的叔叔在其父亲的公司工作，主要碍于其奶奶的面子，A 的爸爸常常抱怨其叔叔工作不负责，对其不尊重，并在其母亲面前骂自己的兄弟。

妹,他是最成功的。"

受访者 B 的父亲是一位农村小学教师,她说:"我的父亲有八个兄妹,日子过得很紧张。他是家中唯一考上中专的,毕业后做了小学老师。我家的经济情况不好。我父亲把一个农村女孩培养到大城市上重点大学,他很骄傲和自豪,周围的人也都认为他很成功。在我们那种农村,能考上重点大学的没有几个。"

受访者 C:"爸爸认为大学里面要以学习为主,不能谈恋爱,毕业后考上公务员,有了一份正式工作才能谈恋爱。我现在谈恋爱了也不敢跟他说,如果我现在跟他说,只会被他挑剔、不同意,从中干扰,只会自找麻烦。"

受访者 D:"我爸爸妈妈关系还是好的,虽然有时也会吵嘴,但对夫妻关系没有大碍。家里面的事情大部分都是我父亲说了算,重大事情都是父亲说了算,至于生活上的一些小事,妈妈说了算;她一个人能做决定的,有些重大事情,她一个人要和我爸爸商量一下。高考填志愿时,我和爸爸有矛盾,我想学学前教育专业,因为我喜欢和小朋友玩,我喜欢小孩的天真和单纯,喜欢快乐、简单的生活,那时我还研究过儿童心理学。可是,爸爸说这个专业出来后不好找工作,要我读警官学院,毕业后考公务员。加上我当年高考时,没有考好,没有选择的余地,就只好同意了,报了警官学院。"

大多数抑郁青少年的家庭在从农村走向城市的过程中,家庭文化和代际关系依然比较传统,亲子之间的垂直互动比较多,平等的沟通交流比较少,几乎看不到"文化反哺"的反向互动。因此,亲子之间的冲突也较多。亲子冲突在青少年进入青春期后更加突出。同时,抑郁青少年个体社会流动与家庭流动的不同步也加剧了亲子之间的冲突。社会转型过程中,个体的社会流动机会增多,但由于种种原因,中国人的社会流动常常是个体流动,而非整个家庭的流动。在本研究中,抑郁青少年的社会流动是在教育推动下完成的,主要以个体流动为主,由于青少年的流动是从农村到城市,或从小城市到大城市。两代人之间所处的社会文化环境的差异也加剧了亲子之间的冲突。

受访者 M:"我初中到县城读书以后就很少回家,回到家看到家庭的经济条件不好很难受,和父母也无话可说。"

受访者 C:"来昆明读大学后觉得很多事情和父母讲不通,他们的思想观念很保守。"

受访者 B:"我觉得和父母之间始终有隔阂,他们那种生活方式还有那种见识吧,也就是生活的那种环境啊,不像大城市里面那么开放、接触的多,他们那种小范围里面的那种思想，要闭塞一点，他们常常觉得你就是应该这样。所以我从小就想离开那个地方。并不只是说物质上，精神上我也特别痛苦，看见那些人，有时候特别愚昧，特别可笑。但是我没办法改变他们，就一直想离开。"

从社会学的角度看，社会转型过程中家庭代际关系冲突的本质是经济利益的冲突、权力冲突和价值观的冲突。家族关系的冲突主要集中在经济利益方面，主要是为了"钱"。权力冲突主要发生在亲子之间和祖辈与父辈之间。亲子的冲突突出体现为权力的冲突，孩子想得到家庭中权力掌控者的关爱，但无奈的是他们的父亲大部分时间在外为事业、工作和赚钱打拼，很少有时间和他们相处，孩子得不到父爱，很容易把对父亲的"爱"转变为"恨"，恨父亲不爱自己，不关心自己。由爱到恨是心理受挫后的一种反向或逆反作用。祖辈和父辈的冲突也是权力的冲突。现代家庭中的权力掌握者往往是中年父母而不是祖辈，抑郁青少年的父母大部分都是当地的"能人"，比较早地开始了由农村到城镇或城市的社会流动，生活方式的改变使得父辈与祖辈之间的价值观念冲突加剧。

本研究认为，在社会转型过程中，传统文化中的"父权"、"孝道"等思想，依然对抑郁青少年的亲子关系产生着影响，尤其是在顺亲、悦亲等方面。本研究支持张文新（2004）等学者的观点，青少年认为传统孝道仍然在当今社会有其存在的必要性，传统孝道的核心内容，如尊亲、悦亲至今保持不变，青少年对此的赞同度比较高。但是，本研究也发现，社会转型过程中传统文化对现代家庭中的亲子互动也有消极的影响，由于青少年更加注重家庭关系的平等化、代际关系的民主化，青少年不仅局限于对父母的孝，更追求父母对自己的慈和爱，在一些较为传统保守的家庭中，对父母传统孝道的内化将导致与孩子互动中的较多的权力控制和较少的尊重、关怀和理解。

本研究支持黄华（2008）等人的观点，即新孝道从传统的忠孝的单一义务价值观转向为亲子人格平等的双重价值取向，这些转变体现在亲子互动中，从父母的角度看，意味着对子女个别差异和分化过程的尊重和接受；而从子女的角度看，则是重视自己内在独立同时也正确看待和维系对父母的感情依恋。因此，这种个体主义孝道可以促进亲子关系的健康发展。在强调关系亲密的同时，也重视子女的内在独立，协助子女成长为在内在独立和关系亲密之间的维系平衡与和谐的成熟个体。如果只有对子女的控制而缺乏情感支持，将导致孩子内在独立性难以建立，产生心理问题或心理疾病。

（三）祖孙之间的情感支持减少甚至断裂

虽然抑郁青少年在幼儿阶段和祖辈建立了亲密的关系，心理健康发展的情感需要暂时得到了满足，但是，随着中国社会的转型，家庭的权力中心从祖辈转移到父辈，核心家庭逐渐从直系家庭中分离出来，祖辈对孙辈的情感支持不断下降，加上大部分抑郁青少年从上小学起就开始了从农村到城市的个体流动，祖孙之间的情感支持日渐削弱；同时，一些抑郁青少年的祖父母的去世，使得他们完全失去了情感依附的客体，与家庭的情感支持纽带彻底断裂。

受访者 A："小时候我和妈妈关系不好，她常常骂我，我那时就吵着哭着要到我奶奶家去，我妈妈不让我去，她和我奶奶的关系不好。我就哭着打电话给我奶奶说她（妈妈）不让我去。" A 从小由奶奶带大，和奶奶最亲。

受访者 C："我上小学 5 年级就和妹妹到爸爸工作的城里面读书，上中学时妈妈也来到城里了，奶奶没有来，从那个时候我们就分开了，只是周末回去看奶奶。" C 从小在家主要是奶奶带大，奶奶是她最亲的人。

受访者 L 的父亲说："L 上高二时我父亲去世了，L 和我父亲的关系比较好，小时候我父母带了他 5 年。父亲去世那段时间 L 的情绪十分低落，话很少。" L 的父母已经离异多年，父亲整天忙工作，爷爷几乎是他唯一的情感支柱。

受访者 B："小学阶段最难忘的事情就是我读小学 3 年级的时候，我外婆去世了，我和外婆的关系很好，外婆是个很勤劳善良的人。" B 与父母的关系比较疏离，外婆是其生活中最主要的情感支持者。

第二节　社会转型对抑郁青少年个人发展的影响

一、教育成为个体社会流动的动力和阶梯

随着"文化大革命"的结束，中国的教育开始逐步走上正轨，教育作为现代社会流动的机制重新开始发挥作用。教育机会在人口中的分配形态相当程度上决定了社会分层的基本特征。正如 Deng et al,（1997）所指出的，"在现代社会中，教育是社会流动的动力机制。在我们能获得资料而加以分析的所有工业化或正在工业化的国家中，对'谁走在最前面'这一问题的最好回答，就是'那些获得了教育的人'"。美国社会学家费希尔和豪特在《差异的世纪》一书中的一个核心观点是推动美国 20 世纪社会演变的主要动力来自教育机制，他认为 20 世纪美国社会演变的一个重要机制是教育水平替代家庭地位继承，

成为各类机会和社会资源分配的核心机制。教育程度成为现代社会一个重要的分类机制,它对即将进入社会生产过程的男女青年加以分门别类的区分,将他们引向有着不同资源和机会的劳动力市场和工作环境(周雪光,2008:219)。尽管学者们都认同这个命题,但对这个命题的解释却很不同。人力资本理论认为,教育的功能在于提高人们的知识、技能等工作能力,使他们能高效率地参与生产过程。因此,教育导致的收入和社会地位的提高是对教育投入的回报。而信号理论则认为,学校特别是大学在很大程度上起到了将不同能力的人分门别类引入劳动力市场和工作环境的作用,在这个意义上教育设施扮演了发出"信号"的角色,不一定提高人们的技能和效率。而布迪厄则提出,人们在接受教育的过程中,接受了在不同群体、工作环境中交流的"密码"(codes),因此,教育过程和教育机会的分配成为阶级继承的一个重要机制。这三个理论都能支持"教育导致向上社会流动"或"知识改变命运"这样一个命题,但其背后的因果机制却很不同。

1992年以来,随着中国社会主义市场经济地位的确立,社会分化日益深刻,教育资源和机会分配格局复杂化趋势明显。一方面教育事业本身在发展,人们获得教育尤其是接受高等教育的机会在增加;另一方面,也存在着教育资源和机会获得向不公平的方向演变的趋势。所以,这一时期中国教育资源和机会的分配格局是复杂的(陆学艺,2004)。随着教育机会分配的不平等程度逐步增强,家庭背景及制度因素对孩子教育获得的影响力不断上升。

儿童、青少年正处于受教育阶段,特别是独生子女政策的实施使得大部分家庭对孩子的期望都很高,都希望自己的孩子能通过接受较高程度的教育而获得较高的社会地位。尽管现代教育制度的选拔过程似乎是以个人的能力为主,但很多研究表明,非能力的身份性特征仍然对人们的受教育机会产生重要的影响。尤其是家庭出身与教育获得之间的联系,几乎跨越国界而普遍存在。20世纪以来,许多国家教育改革的目的就是要弱化这种联系,但是,几乎毫无例外地,这种联系依然存在着(李春玲,2003)。对于中国社会而言,改革开放后,教育改革的目标之一就是提倡"精英教育"和"教育市场化"。前者是不再把教育作为消除阶级差别的手段,而是作为选拔人才的手段;后者则导致了地区之间和不同家庭经济背景的学生之间教育机会的不平等。此外,教育资源配置的不公平和户籍制度使得不同的人享有不平等的教育资源,客观上也加大了教育的不公平现象。对于儿童、青少年来说,要想在未来获得较高的社会地位,提高受教育的质量是唯一的途径,所谓"知识改变命运"。由于大部分农村地区的经济条件比较差，公共教育资源的配置又偏向教育条件比较好的城镇和大、中城市，因此，儿童要想获得优质的教育资源，必须流动到城市，最好是大城市。

在本研究中，大部分抑郁青少年的父母有能力利用自己的经济资本和社会资本为子女在教育资源较好的城市"买学"，同时，这些孩子比同龄孩子较早地离开家庭，开始了以受教育为依托的从乡村到城市、从小城市到大城市的社会流动过程。在这样的一种社会流动过程中，孩子往往因自身能力不足和家庭支持的缺乏而承受着很大的压力。受访者小B的父母在其读小学的时候就舍近求远把她送到镇上的中心小学，是为了孩子将来有个好的前途，这是父母能为她做的，其他的生活条件的改善，对于生活在贫困山区的父母来说，也就无能为力了。小B一方面能感受到父母的良苦用心，同时也承担了很大的压力。她说："我非常能理解父母把我送到好的学校去读书，这就是他们最伟大的地方。但是他们不了解你到了这些学校，心里是非常压抑的，他们只是主观认为这样对你比较好，让你有一个好的前途，好的未来；但他们没有对你的心理、思想有一个深入的关心；他们只关注你学习方面，忽略你其他方面的需要。"受访者D："我小学时在农村老家读的，初中到了州里面（小城市），高中父母出钱把我送到昆明读最好的高中，学习跟不上，压力很大。"

二、抑郁青少年社会流动中面临巨大的压力，家庭支持不足，负面感受比较多

压力是指生活中各种刺激事件和不利因素对人们心理构成的困惑或威胁，表现为身心紧张和不适；当环境情况不能缓解过大的压力时，个体的健康就会受到损伤。抑郁青少年的社会流动发生在我国正在经历的深刻的社会转型中，他们不可避免地要面对社会的各种矛盾和冲突，心理上要承受巨大的压力。由于大部分抑郁青少年患者的家庭条件在当地比较优越，他们的父母常常出于为其前途考虑，让子女去读本地或外地比较好的学校，抑郁青少年过早地被父母送到较为发达地区或大城市读书。对于青少年来讲，家庭是最佳的社会化场所，过早离家独立生活，意味着青少年将过早地独立面对成长中的各种压力。如果在这个过程中青少年没有足够的社会支持，承受的压力得不到及时的化解，则患精神疾病的风险将会很高。在接受笔者访问的11个抑郁青少年中，小学阶段离开父母独立生活的2人；初中阶段离家的4人；高中阶段离家的5人。此时，他们的同龄人大部分正和父母在一起度过自己的青春期。值得注意的是，大部分抑郁青少年的社会流动是一个从农村（或小城镇）流向中等城市（或大城市）的过程。他们社会流动的过程也是中国社会结构转型、城市化、现代化进程的缩影，体现了个体实现自身价值途径的多元化。他们的社会流动是由低竞争、相对封闭的传统中国乡土社会向高竞争、开放、多元的现代社会的过程，抑郁青少年社会化过程中外部环境的巨大变化，必然对其心理发展造成巨大的压力和冲击。

而在本研究中，由于抑郁青少年幼儿时期隔代抚养或祖父母参与抚养的经验，使得孩子在成长的过程中长期处于缺乏父母情感支持的困境中，一方面孩子过早开始社会流动，需要更多的来自家庭的情感支持；而另一方面，缺乏亲子之间的情感连接又使其处于缺乏家庭情感支持的尴尬处境中。当孩子开始社会流动时，其祖父母已经相继离开人世或脱离了青少年的生活世界，不能再给予孙辈以相应的情感支持，亲子之间情感的疏离使得孩子在向上流动的社会过程中得不到相应的情感支持，无法应对生活中的各种压力。

（一）外部压力与感受

精神分析学家霍妮（Horny, K. 著，1945，冯川译，2007）十分强调一定的社会文化环境对人施加的影响所带来的内心冲突。霍妮强调了两种主要的文化矛盾：一是竞争、成功与友爱、谦卑的矛盾；二是人们不断被激起的享受需要和在满足这些需要时受到的各种限制之间的矛盾。这些文化困境使生活在其中的人们难以调和内心的冲突，可以说，心理疾病患者的内心冲突是一定文化的内在冲突的缩影。由于优质的教育资源往往集中在城市，抑郁青少年比同龄人更早地开始了由农村到城市或由小城镇到中等城市，再到大城市的社会流动过程。在这个向上的社会流动过程中，每到一个新的环境，每进入一所新的学校，他们都面临着巨大的社会文化的冲突，内心充满了很多负面感受。具体表现为：

1. 面对学业压力的害怕和压抑感

社会流动过程中抑郁青少年面临的最大压力是学业的竞争。大部分抑郁青少年来到城市后学业竞争中的劣势地位使他们感到害怕和压抑。

受访者 C："上大学后最怕的就是竞争，我现在最怕竞争，大学的竞争可能就是要看能力，要看这个人的口头表达能力啊、性格啊、为人处世方式，好像看的挺多的，让你觉得你每方面都要做得很好，特别是好像现在人一直强调就是你要很会说，你要人际关系很好，你才能做得好。自己要充分去表现，我心里面其实希望跟别人很好地竞争，然后表现很优秀，但是可能一开始竞争就会有点什么，我觉得自己表现不好就会退缩，就会有点，有点懦弱的那种。高中的时候是一个比较单一的环境吧,你学习弄好就没有什么,那时候要整天学英语,也没觉得苦,觉得累。"

受访者D:"上高中的时候父母出钱送我到昆明的重点高中读书,因为考分没有其他同学那么高,一进班级里我的成绩就排在倒数了,压力很大。"

2. 面对同伴采用不良竞争手段的压抑和失落感

转型过程中行为失范的情况在学校中也不少见。对于来自乡村和小城镇的抑郁青少年来说,一些城里孩子在竞争中所采用的不良竞争手段,如打小报告、说谎话、作弊等也让他们感到压抑和失落。

受访者H:"我开始到州里面读书的时候,和同学的关系还是好的,但我觉得我们这个年级(高一)的学生和上一届相比有很多恐怖的东西,就是作弊。他们作弊不是一个小群体,而是一个庞大的群体。从我看到的情况是,就像一个分支机构一样连成一个网。我们宿舍的一个同学上课玩手机被老师没收了,老师对他说如果期末考试他能考进前30名就把手机还给他。为了拿回手机,他开始想办法作弊。"

受访者A:"你说我们这些青少年,虽然只有15岁,但我们的内心已经不再纯洁了,社会不断发展,对人性的追求已经忽略太多了。我们15岁的孩子,青少年,内心世界已经不再像以前那么纯洁,开始为了学习利益或老师心目中(所期望)的样子,同学之间相互钩心斗角,我看多了。那到我们下一代,几岁的孩子心灵就不纯洁了。我也是特别失望,我觉得现在说的什么花季,真的不会出现。"

3. 面对城乡文化碰撞中的压抑、自卑和失落感

本研究中的抑郁青少年大部分出生在乡村或小城镇,其父母在当地都是比较有本事、有较高社会地位的人,他们在家乡的优越感也比较强。可是,当他们一步步地被中国社会改革开放的大潮推向城市的时候,城乡文化之间的差异和冲突让他们感到压抑、恐惧、自卑和失落。

受访者C:"我们学校那种风气,典型的上海人的风气,喜欢打击别人,说话毫不客气。甚至当着你的面打击你,我会压抑,心理有失衡的感觉。其实我们学校就是一个很典型的,被称为全国最小资的学校。我觉得我特别受不了,我觉得我进这个学校完全就是个错误。我内心还是比较质朴的那种,我不喜欢就是把自己外表搞得很华丽,我们学校那些女生都互相攀比,穿的都是那种大品牌,一上街就是几千几千地花钱,所以我去那个地方我觉得很难受。"

受访者D:"从农村到城镇再到大城市的生活环境对我影响特别大,我从

小长大的地方是一个小镇,在一个小镇上长大的,相当于像个小农村一样。比如说在平里(小镇的地名)的时候,那时候我觉得自己和同学之间特别活泼,也特别爱玩,也比较调皮一些,天性也出来了。突然就换了一个环境,初中到县城去以后,我觉得周围一切都挺陌生的,我觉得环境就有一点恐惧感。然后,做事啊就会,就会变得小心谨慎一些,因为我特别敏感。到了昆明就更那个了,那个环境更加压抑,因为在昆明,感觉同学之间更加没有地州那么亲切,而且同学之间,我觉得他们竞争多过友谊,感觉不像初中时候友谊那么单纯。比方说住一个宿舍的,经常就是那种大家会表面上玩得很好,暗地里就是两个人较真,比如说她在家里面明明有时候她做作业到很晚,第二天她就说她在看电视什么,不讲真话,我真的不喜欢。我从小生存的环境比较单纯,我周围的同学比较纯朴,很少有这些,到昆明以后,我就觉得很多人目的就是学习,很少有人真正会在乎友谊这些。"

受访者 C:"我们宿舍的一个同学,从天津来,优越感很强。我这个人比较敏感吧,对她说话的语气啊,或者是方式啊不太喜欢,我经常会被她说,感觉被她看不起,很压抑。"

受访者 B:"我高中的时候过得就特别痛苦,在那种贵族学校,像我们家这样的家庭,父母节衣缩食地送你去读书,他们就觉得你应该怎么样怎么样。我就觉得特别难受,不是学习上带来的痛苦,而是精神上那种失落。"

受访者 F:"高中时候父母出钱让我去海口(一个小城镇的地名)的中学上学,宿舍里有的同学家里很有钱,过年过节家里边的人来看她们时都会买很多东西。我很难过,我们家没有那么多的钱。同学买的新衣服,我先抢过来试试,然后才还给她们。"(F 说话时有一点愤怒)

3. 达不到父母期望时的自责、罪疚感

大部分抑郁青少年向上的社会流动是在父母较高的期望和金钱推动下完成的,父母们利用自己的金钱和人际关系在为孩子谋得一个较好的发展空间的同时,也意味着对孩子的期望在不断提升。而抑郁青少年则带着巨大的压力感和不安感来接受父母的安排,当他们意识到自己达不到父母的期望时,自责、罪疚感也就油然而生了。

受访者 B:"父母节衣缩食把我送到最好的小学、中学读书,就是想让下一代摆脱农村、摆脱他们那一代的命运,这就是他们最伟大的地方。他们只是认为这样对你比较好,但他们没有对你的心理和思想有一个深入的关心,只关注你的学习,忽略了你其他方面的需求。我考入上海的重点大学,这点他

（父亲）很骄傲，很自豪的，包括周围的人都认为他很成功。像我们那种农村，能考上重点大学的没有几个。我进入大学压力挺大的，像我们家这样的经济条件基本上没有了，我们那个大学，学费都是一年一万元，想报那个学校的人看到学费那么贵有些都会后退的，所以进去的人家庭状况都比较好。像我这样就算差的了。我的学习成绩嘛，算是能过关吧，算不上不错，算倒数的，但还是过关了，没有补考。进去的同学大家都挺优秀的，我的压力很大。"

受访者D："初中我是在老家（小镇）度过的，那时我很愉快，父母不像过去那样打我了，初中班主任对我很关心，让我感到很温暖，那时的我活泼、开朗、好动。可是初二结束我就转到了州一中读书（城镇），并且复读了初二。换了环境，我的学习是变好了，可是慢慢地性格变了，不像以前那么活泼、爱玩，变得多愁善感，有点内向了。上高中的时候被父母送到昆明师大附中读书，因为是出钱进去的，考分没有其他同学那么高，一进到班级里我的成绩就排在倒数了，压力很大。"

（二）内在压力与感受

在流入城市之前，很多抑郁青少年无论家庭经济地位和个人的学业成绩在当地都是佼佼者，有较强的优越感，其自我要求也比较高。过早的社会流动，使得抑郁青少年开阔了眼界，他们对生活的理解也更为丰富，物质和精神欲望都提升了，人生发展目标定位也更高了。同时，社会流动过程中父母的较高期望也逐渐内化为抑郁青少年自我的要求。但是，其社会竞争能力的提升速度显然无法和自我需求提升的速度相匹配，理想和现实之间的较大差距，使青少年的压力感明显加大。以此同时，其应对压力的资源和技能也明显不足，抑郁青少年长期处于强大的内在压力的包围之中，内在感受比较负面。主要有：

1. 自我期望无法实现的退缩和失落感

当自我期望无法实现时，逃避是人们最常见的一种选择和应对压力的方式，压力越大，退缩就越强；越退缩，个体与现实的距离就更远，自我期望就越难实现，对自己就越失望，个人价值的失落感自然就产生了。

受访者F："我明年就要参加高考了，我的成绩在年级排名40左右，我想考上云南大学（云南省最好的重点大学），这样我的成绩必须进入年级前20，压力太大了，就生病了。"

受访者L的父亲说："他的成绩在班上处于中等水平，他想考上北京的重点大学，很不现实。面临高考的巨大压力，他不愿去学校，认为班级成绩不好的同学会影响他学习，坚决要求在家学习。"

受访者 A:"爸爸送我到昆明来读书,我们家还在昆明买了房子。我想考上师大附中(昆明最好的高中),我初二就发病了,李主任让我住院,但我怕耽误课程就没有住院,就一边服药,一边念书。但是,现在因为念不下去了,初三的学习压力比以前大多了,就办了休学来住院。"

受访者 K:"我将来想去印度的大学读书,因为印度的高科技比较发达,但是现在我生病了,能考上一般的大学就不错了。"

2. 无法回报父母的愧疚感

高期望往往伴随着高回报,对于抑郁青少年来说,努力读书取得好成绩,就是对自己最大的期望和对父母的最好的回报,但是,他们很难做到,于是罪疚就产生了。

受访者 C:"我们读书,爸爸就觉得我在昆明读书,将来毕业了就一定要回我们家那边去考公务员,一定要进行政部门。不管我和小妹考哪所大校,学什么专业,他都要考虑到以后能不能进行政部门做公务员。其他工作他都不考虑,认为不是正儿八经的工作,没有保障。这让我觉得很有压力,好像自己的未来完全由父母做主。但是,慢慢地好像被他们(父母)的观念所影响,我也认为公务员是比较保险的工作。其他的工作都要自己去拼的感觉,所以我毕业后打算去考公务员,可是现在考公务员竞争很激烈,很担心考不上啊。"

受访者 F:"我父母把每一分钱都存起来供我读书,他们的爱太沉重了,像个框框紧紧地套在我身上,我只有好好读书才能报答他们,心理压力太大了。"

受访者 M:"我妈妈常常对我说要好好读书,将来有个好工作。她嫁给我父亲也苦了 20 多年了,挺劳累的,就希望我能有份好工作吧;我姐姐也常常对我说要好好学习,她是因为家里没有钱,只能供我一个人读书而退学的,我特别愧疚。我只有好好读书才对得起他们。"

受访者 D:"我从小生活在农村,我是家族里面第一个大学生,而且还是读的警校,亲人们对我的期望很高,我不读书怎么对得起父母,怎么向亲人说呢?还有帮我上学的叔叔们,我又怎么向他们交代呢?,还有最重要的是我爸爸、我妈妈会很失望、很难过!"D 的父亲也说:"上高二后,她的成绩跟不上,很吃力,她觉得很自卑、很内疚,对不起家庭和父母的培养,放假回家也很少出门。"

第三节 青少年抑郁症的本质特征

把青少年的个人成长、人际关系和社会转型三个维度整合起来可以发现，抑郁症是青少年与环境作用时应对各种压力的策略或者符号，其最突出特征是"多重丧失"。（具体见图7-1）。一是青少年成长过程中，亲子交往得不到父母无条件的关爱和接纳导致的"爱的缺失"；二是人际互动过程中得不到父母、老师和同伴尊重而导致的"自我的缺失"；三是社会转型和个体社会流动过程中寻找不到人生价值的"生命意义的缺失"；四是以上三种缺失在生理层面上表现出的"身体活力的丧失"。同时，受到压力影响的不仅有青少年本人，还有与其"母子连心"的母亲们，青少年抑郁症的"母子共病"（指母亲与孩子都患上抑郁症或其他精神疾病）现象成为另外一个突出特征。

一、青少年抑郁症的本质特征是个体发展中的"多重失去"

（一）从个体成长的角度来看，青少年抑郁症是个人发展过程中与父母缺乏安全依恋关系导致的"爱的失去"时的悲伤、失落和愤怒的主观体验。

从抑郁青少年的成长经验来看，幼儿期隔代抚养，童年期和青春期经历了家庭关系、父母婚姻关系、亲子关系、师生关系、同伴关系的冲突让他们对自己的遭遇感到悲伤和难过。在这个充满冲突的过程中，他们无法和生命中的重要他人建立安全的依恋关系，感受到"爱的失落"。正如受访者 L 有一次发短信告诉我"我大概是缺乏爱吧"。幼儿期和童年期与祖辈关系亲密，与父母的关系冷淡，他们常常有一种失去父母之爱的失落感。儿童期回到父母身边后与祖辈的分离使得他们产生了失去祖父母关爱的失落感；进入小学和中学后与老师互动过程中情感的疏离和冲突，让他们觉得失去了老师的爱；社会流动过程中不停地转换学校，让他们很难与同学建立良好的同伴关系，流动也导致原来建立起来的与少数几个同学的亲密关系断裂，他们失去了同伴的爱。可见，这种失落对抑郁青少年来说是一种主观的"爱的全部失去"，失去父母、失去家人、失去同学、失去老师。失去了人生中重要的人际关系，也就失去了自己的地位和自尊，也失去了自我。爱的失落让他们产生愤怒的情感，这种情感有时投向自己，有时投向他人。

精神分析学派认为，抑郁是一种悲伤的情绪，常常伴随着失去重要关系而产生，抑郁的出现是一种失落的反应。不论发生何种性质的失落，如爱、地位、朋友的精神支持，个体会唤醒对童年期失落所发生的恐惧（得不到父母之爱）而反应剧烈。也就是说，个体失落了客体并将这种愤怒的感觉转向自我，产生了对失落的脆弱性。依恋理论的创始人鲍尔比（Bowlby）认为抑郁症是个体失去亲密关系的客体所导致的一种病态反应。很多对依恋关系与抑郁的关系的研究也发现抑郁症组有高比例的不安全依恋形态。

需要说明的是，抑郁青少年"爱的失落"是一种主观性的失去，并非客观上的失去。主观性是指一个人主观的看法、感觉和经历。在本研究中，抑郁青少年常常说自己最缺乏的是父母的爱，但笔者对其家庭互动方式的观察和与部分青少年家长的访谈提供给我的信息却是他们的父母很关心他们，为了孩子早日康复，他们请假来医院陪孩子，有的已经离异的夫妻甚至表示如果复婚有利于孩子康复，他们愿意复婚。那么，抑郁青少年主观感受与客观现实之间为什么会产生较大的落差呢？第一，抑郁青少年患病后的一个主要症状是丧失体验快乐的能力，他们常常感到空虚，毫无快乐可言，但是，他们对不快乐的感受却是与日俱增。从生物学层面来说，丧失体验快乐的能力是因为大脑神经功能出现异常，导致大脑的三种主要神经递质（多巴胺、五羟色胺、去甲肾上腺素）不平衡的结果。他们对外界的感受能力比较低，而其对自己内心世界的感受（如过往生活经验中不快乐）则比较强。第二，负性认知功能的作用。按照认知心理学家贝克的解释，抑郁症是因为个体有不适当的认知图式，其认知图式是负向的，在其输送和选择信息的时候，总是选择负面的、不好的或对自己不利的信息。如F把母亲对自己的细心照顾解释为"是装出来的"。相反，当抑郁青少年能从正面解读父母的行为，主客经验与客观的感受一致，主观感受到父母对自己的爱时，其康复的动力就产生了，抑郁症状就消失了。如J说："以前我第一次得抑郁症时，我想过自杀，遗书都写好了，我爸发现后，就说了一句话'你死了，你妈怎么办，怎么活？'他当时哭了，这是我第一次看见他哭。当时我坚持下来了，后来不知什么原因，病也就好了。"从J的谈话中可以看到，父母的爱是孩子康复的最直接动力，类似的经历在几个康复情况较好的个案如小C、小D的经历中都能看到。

（二）从人际关系的维度来看，抑郁症是青少年自我发展受挫的"失去自我"时的自卑与自责

米德的符号互动论可以帮助我们从社会学的范畴理解抑郁青少年的自我发展。米德从库里的"镜中自我"理论加以发展，形成了自我发展的符号互动理论。库里认为，人们对于自己的感觉通过观点采择过程而得到发展，我们想象自己如何被他人看待，并且为想象的结果而产生好或坏的感情。米德对库里

的这些思想做了极大的延伸。米德（1934）认为，个体在采用他人的观点并且设想他们在他人眼里的样子，这种观点采择的能力与自我的获得具有相同的意义。米德非常强调社会交互作用在自我发展中的作用，如果缺乏交互作用，符号沟通将不能发生，自我也不可能通过观点采择过程而产生。当儿童的这种采择他人观点的能力开始发展时，自我也就开始发展了。人们在自我发展的过程中不仅需要采择特定的个体对自我观点的能力，还需要采用社会上大多数人的观点，我们必须用抽象的方式来看待我们自己，普遍的其他代表了我们所身处其中的更为广泛的社会和文化。从抑郁青少年的自我发展过程来看，他们在与父母、老师和同伴等重要他人互动的过程中矛盾冲突比较多，很少得到积极的认同和接纳，采择到的大部分是负性的评价，自我体验比较负面。同时，社会流动过程中的传统与文化冲突，也使他们难以建立积极健康的自我，表现出自卑和自责。

艾里克森的心理社会发展理论可以从社会互动中个体心理需要满足的角度帮助我们去理解抑郁青少年的自我发展。艾里克森认为人生的特定阶段会产生特定的需要，需要得到满足，个体就会顺利地进入下一个阶段；如果这些需要未被满足，那么发展就会倒退或者停滞。他认为整个人生的发展有八个阶段，每一种需要都以人们如何看待和感觉他们自己有关，也就是与自我的发展有关。第一阶段是发展信任他人的能力，尤其是对母亲的信任。当婴儿得到温暖、持续的照顾时，他就能建立信任感；否则就无法建立信任感。第二个阶段自主和控制最重要。当给予儿童自由地探索他们自身及其环境的权力时，自主感就形成了，否则就会产生怀疑与羞怯。第三阶段，儿童努力积极地操纵环境。当允许儿童创造、建构和改变他们的世界时，他们的自发性就得到了发展。如果父母对孩子改变环境的努力加以奚落和过度批评的话，就会使孩子产生内疚感。第四阶段的儿童已经开始进入小学接受正规的学校教育，这个阶段的主要特点是勤奋和自卑之间的冲突。勤奋是指儿童努力掌握与社会相适应的工具和技能，并开始学习承担成年人的责任。成功地度过这个阶段的人能获得勤奋感；否则就会获得自卑感。第五个阶段是青春期，青少年面临自我同一性危机，青少年都面临同一个问题"我是谁"，拥有可靠和整合的特性的个体被认为是达到了同一性；无法建立稳定和统一特征的个体将会面临角色混乱。从抑郁青少年的人生发展历程和人际关系层面来看，幼儿期隔代抚养的经验、与父母关系的疏离使他们没有发展出对他人信任的能力；祖父母的过度保护使他们的自主性也没有发展起来；到了上小学阶段回到父母身边以后，面对家庭、亲子、师生、同伴等多重人际关系的冲突，他们没有相应的解决问题的技能，使得他们无法获得勤奋感，而是获得了自卑感。进入青春期以后，各种冲突和矛盾激化，他们无法建立稳定和统一的自我，角色混乱。总之，抑郁青少年没有形成健康、稳定的自我，自我发展受挫其结果主要表现为低自尊（自卑）、自责与内疚（罪疚）。正如一个抑郁青少年所说："抑郁症的人没有自我。"

乔治·布朗（Brown，1986）等学者提出的自尊与抑郁模型，认为低自尊则是导致抑郁的高危因素。消极的社会经历，尤其是童年期和成年期缺乏亲密的、可以信赖的关系，导致低自尊，当消极生活事件发生时，低自尊作为一种素质作用于抑郁。

奥特利和博尔特（Oatley & Bolton，1985，转引自乔纳森·布朗，1998：207）提出的抑郁社会认同模型认为，人们的自我价值感通常源于其社会角色，并且扮演这些角色需要有他人的存在。当失去一个人而使自己不能再扮演被赋予较高社会期望的社会角色，同时又不存在其他的可供选择的社会价值来源的时候，抑郁就会产生。对于抑郁青少年来说，自己可以扮演的唯一社会角色就是"好学生"，在人际关系互动中，当他们发现自己不能扮演好父母、老师和同学心目中的"好孩子、好学生、好伙伴"角色，又找不到其他的社会价值来源的时候，抑郁就会产生了。

（三）从社会转型的维度上看，抑郁症是青少年发展中生命意义丧失而导致的无价值感和空虚感

意义疗法的创始人维克多·弗兰克尔（Viktor E. Frankl，1984/1994）认为人探索生命意义，是其生命的原动力。对照佛洛德精神分析学派人追求快乐的原则（或唯乐意志）和阿德勒心理学派注重的并称之为"争取优胜"的权力意志，他提出了意义意志。意义意志不是对本能驱力的"合理化修饰"。生命意义是独特而具体的，必须而且由个人独立去实现，只有这样，生命才有意义，才能满足本人的意义意志。神经症不是由于驱力与本能相互冲突而发生的，而是由于存在带来的问题所引起的，其中最主要的就是意义意志受到了挫折。存在的空虚是20世纪普遍的现象，它的产生或许是人成为真正的人的过程中必须经历的双重损失。一是人类失去了某些动物的基本本能；二是人类行为所依赖的传统正在迅速地消失殆尽。人既不能凭本能知道必须做什么，也无法遵照传统知道应该做什么；有时都不知道自己想做什么。存在的空虚表现为一种厌烦状态，抑郁、挑衅行为和吸毒成瘾后面的根本原因是存在的空虚在作怪。

对于抑郁青少年来说，他们的人生意义是父母赋予的，他们的人生道路是父母预设和周密安排的，在亲子互动中他们是一个失权者，没有决定自己命运的权力，没有空间去寻找自己生命的意义。在他们努力去实现父母赋予的人生意义时，他们经历了巨大的压力和人际关系的冲突，当其面对困难和挫折时，他们得不到父母、老师和同伴的情感支持和帮助，却体会到了无助和痛苦。当他们意识到当自己的行为达不到父母的要求，无法按照父母预定的人生的轨道（此时已经内化为其自我发展的要求）去发展的时候，他们感觉不到自己存在的意义，认为生命没有意义，个体没有存在的价值。

（四）在生理维度上，青少年抑郁症是其一种"身体活力的失去"的主观体验

青少年抑郁症还有一个重要的维度是生理的维度，具体表现为身体机能的改变和身体变化：主要是没有力气、睡眠不好、胃口不好等，身体缺乏快乐感。由于本研究中的青少年大部分对药物比较排斥，不坚持服药，常常是病重的时候服药，病情缓解就自行停药。而本研究主要在抑郁青少年病情比较稳定时进行，主要从心理和社会因素来对其进行研究，因此，只对其生理反应做简单的叙述。

从本研究的发现来看，抑郁青少年身体机能的改变主要有：

1. 睡眠不好，没有力气。小 A 患病后入睡比较困难，多梦，白天上课没有力气，常常打瞌睡。小 D 患病后入睡困难，饮食时多时少，便秘，反应力和记忆力下降，身体经常疲惫不堪等症状。K 的主要身体症状是没有力气，上课常常打瞌睡。小 D 说："我是慢慢发病的，病程半年多，自发病以来，入睡困难，饮食时多时少，还会出现便秘、时热、时冷、情绪波动大，不能自控，反应力和记忆力下降，体重时增、时减，脸色不好，开始长痘痘。性格有点改变、爱发火、经常疲惫不堪。"

2. 身体的疼痛感。F 读高二时因出现胃痛、头痛等症状，在父母的带领下到各个医院看病，最后被诊断为抑郁症。小 D 说："生病时我感觉到越来越压抑，感觉连呼吸都是沉重的，心慌、焦虑，会莫名地难过和恐惧，身体也很不舒服，感觉哪都痛，皮肤又开始狂长痘痘。"M："我读初三那一年，我开始觉得我有些不对头，我常失眠，感觉自己很痛苦，初三毕业后，我和我妈说了头痛的事，我妈给我买了一些治头痛的药。"L："高三时出现睡眠不好，头痛加重，喉咙有异物感，去看了五官科，说喉咙没有问题。"

3. 对外部世界的感受和反应下降。由于身体缺乏活力，失去精神，抑郁

青少年对外部世界的感受和反应下降。H 说："我住在宿舍的时候，一考完试回到宿舍，他们（室友）就拿一套卷子讲，像这样讲的时候，他们就问你怎么做的时候，我自己一个人在那里，就不知道什么感觉，就感觉他们特别不真实或虚假，可能是自己的问题。"

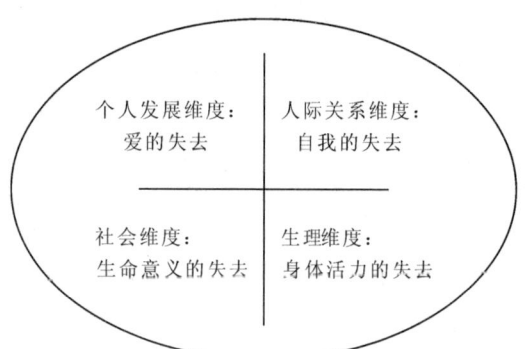

图 7-1　青少年抑郁症的突出特征"多重失去"

值得注意的是，抑郁青少年个人成长、人际关系、社会、生理等维度上的"多种失去"与抑郁症的产生之间不是直线因果关系，而是循环因果关系。即生活在社会转型时期的青少年在面对各种人际冲突和压力时，他们也曾努力去应对，但是应对的失败让其逃避现实，不愿意面对这些矛盾冲突，产生内疚、自责、愤怒、失去等主观体验，这些感受日益浓烈，最终产生"爱的失去、自我失去、生命意义失去、身体活力失去"的主观感受，最终成为抑郁症患者。而抑郁症又成为其应对压力的一种手段，成为病人时，他们可以暂时不需要去面对生活中的压力和冲突，比如，成为病人时他们的亲子关系得到了改善，也不需要面对学业的压力，他们也因为生病而获益。但是，这种消极的应对手段很可能他们带来更大的冲突和挑战，引发新的抑郁，如"我的病能治好吗？别人知道我得过抑郁症会怎么看我？"

二、青少年抑郁症的"母子共病"现象

本研究表明，青少年抑郁症不仅是个体的抑郁，常常伴随"母子共病"，是家庭抑郁的表现。在本研究中，比较明显的母子共病现象在 4 个家庭中可以看到。不少对抑郁症儿童的父母的研究表明，患抑郁症儿童的父母本身也有比较高的抑郁症的发病率。在患抑郁症的儿童中，其父母至少有三分之一或一半同样患抑郁症，抑郁症是一种家族的失常，遗传与日常家庭生活模式对抑郁症有非常密切的影响（转引自谢永龄，2003）。国外相关研究也有发现，青少年

抑郁与其母亲的抑郁之间存在交互作用。一方面，母亲的抑郁很可能导致青少年抑郁。德国的一项对 1035 个青少年的研究发现，母亲具有抑郁情绪且不能与母亲建立安全的依恋关系会导致青少年抑郁症和自杀行为的产生（Essau，2004）。另一方面，青少年的抑郁也会对母亲产生影响。对父母来说，抑郁青少年常常被父母视为困难，并对父母造成巨大的压力，一个抑郁的青少年常常有一个抑郁的妈妈（Glenn，2009）。Chang et al（2004）对香港小学生的研究也发现，母亲的抑郁情绪对儿童的问题行为有直接和间接的影响，抑郁情绪一方面直接影响儿童的行为，另一个方面，抑郁情绪导致母亲用严厉和粗暴的教养方式对待儿童，从而导致儿童的行为问题产生。

除了用生物学的观点和心理学的理论来解释这种"母子共病现象"外，还可以从社会文化因素中得到解释。在中国文化中，家庭内部属于共生系，父母把抚育和责任合二为一，父母一方面无条件地拥有控制权，另一方面也必须为子女负起行为责任，他们把子女的目标（行为目标和成就目标）放在自己的身上（余德慧，1992）。也就是说，中国传统文化对父母角色建构的责任义务是父母必须好好地教养子女并使子女有合乎社会规范的成就及良好的表现，如果子女表现不好，那么责任过错不在子女方而在父母，正如三字经所说"养不教，父之过"。这四个"母子共病"的青少年家庭的突出特点是比较传统，家庭关系基本上是一种"男主外，女主内，夫唱妇随"的状态。由于父母对孩子的控制较强，导致亲子之间很难分化和独立，孩子的问题似乎也是父母的问题，尤其是母亲的问题，因为母亲承担着主要的照顾子女责任。孩子患病，是母亲教养的失败，母亲内心有很强的自责、内疚和自卑感，从而出现"母子共病"现象。

受访者 F："我生病后同母亲讲话时她会发抖，还有头痛和背痛的毛病，和我的症状差不多。"

受访者 D："但我觉得一个问题，发现我妈妈她的体质也跟我一样，可能我遗传我妈，我妈她也有点抑郁体质的，因为我妈妈没经历过我这么多事情，所以她可能还是很平稳的，她生活得挺好的，但是她遇到事情还是会想不开，经常是我爸爸开导她，还有我也会开导她，不然她也会一个人走到迷圈里出不来。在我看来，就是当时我妈妈生活环境，听我妈讲，我妈妈小时候也是我外公教育她也特别严格，特别封建、保守，我妈妈也是那种胆子特别小的那种人，还有一点我妈妈自信心还是不够强的。通过我的经历，我开始好好去回忆，去理解我妈妈，去观察她的一些行为、一些动作、一些表情，可以看出我妈妈也存在这些问题，只是不明显。这些都是通过我生病，然后我再回去反思，我再去观察我妈妈才得出的结论。"

受访者C："我妈也是性格内向，有什么事情憋在心里不说，自己一个人不高兴，整天脸上都没有笑容，我的性格受她的影响大一些。"

受访者L的母亲也说："我的心理也有问题，只是我是成年人，自己能扛住。"L的母亲在孩子患病后自己也去寻求心理咨询师的帮助。

从本研究看没有发现抑郁青少年"父子共病"的现象，主要原因有以下几个方面：首先，正如前文所述，抑郁青少年的亲子关系的特征之一是"权大于情"，权力主要掌控在父亲手中，父亲是家庭中权力的支配者，正如抑郁青少年所说："家里的重大决定父亲说了算，母亲只管一些鸡毛蒜皮的小事。"尽管到了青少年时期，抑郁青少年与父权的对抗达到最高点，但对抗的结果是父亲是胜利者，孩子是失败者。其次，从结构家庭治疗的理论来看，抑郁青少年的家庭结构是不健康的，由于父亲的权力过大，孩子为了达到个人目的，常常会与母亲结盟来对抗父权，当母子结盟失败后，受伤的不仅是孩子，还有母亲。第三，"母子共病"的抑郁青少年的家庭关系中除了亲子冲突之外，还存在夫妻冲突。在婚姻冲突中，妻子为了与丈夫对抗，也会主动与孩子结盟，可是，婚姻冲突的失败者也是母亲，当母亲把婚姻关系冲突内化后，就会导致失落、愤怒、内疚、自责、绝望等抑郁情绪，产生"母子共病"现象，正是这种不良的家庭结构孕育了孩子和母亲的"共病"。

可见，中国人的抑郁症受文化的影响比较大，抑郁症不仅是个体的抑郁，而是整个家庭的抑郁。精神疾病不仅对青少年产生影响，更重要的是对整个家庭带来耻辱。因此，作为承担主要照顾责任的母亲来说，在面对患有精神疾病的孩子时的羞耻感比较强烈，更容易导致抑郁。这种羞耻感源于中国文化对精神失常的病理观。从道德层面来说，这暗示着家人羞耻于没有尽到管教的责任，或者事先没有预防，反映出家庭的失败。从遗传学的观点来看，精神疾病有辱家庭的门风，会影响家庭中其他成员的婚姻关系。从宗教层面来看，意味着家族中的祖先失德（林宗义、林美贞，1990）。

三、本章小结

社会转型无疑使从农村走向城市，从封闭走向开放的抑郁青少年的家庭和其个人发展都受到了巨大的影响。一是对抑郁青少年的家庭的功能产生影响。家庭面临的抚养孩子的负担很重，隔代抚养成为无可奈何的选择；对子女未来发展期望的提高，教育支出加大；祖父母参与到孩子的照料中，父母与孩子的互动减少；家庭社会化和情感支持的功能减弱。二是对抑郁青少年的家庭关系产生影响。家庭代际关系冲突增加，祖父母的情感支持减弱甚至断裂。三是对抑郁青少年个体发展产生影响。以教育为依托的社会流动使抑郁青少年面对学业竞争、城乡文化差异、自我期望较高和达不到父母期望等一系列外在和内在压力。此外，家庭功能变化、抑郁青少年个体发展和人际关系三者之间的交互作用，使抑郁青少年内心的负性情感体验深刻，产生退缩、压抑、失落、愤怒和内疚感等主观感受，巨大的精神压力使得青少年不得不做出最大的调整，抑郁症作为青少年应对压力的策略（或符号）随之产生（具体见图7-2），其本质的特征是"多重失去"。同时，青少年的母亲也成为受到影响的另外一个最主要的家庭成员，出现"母子共病"现象，抑郁症不仅是个体的抑郁，还是家庭的抑郁，这是青少年抑郁症的另一个突出特征。

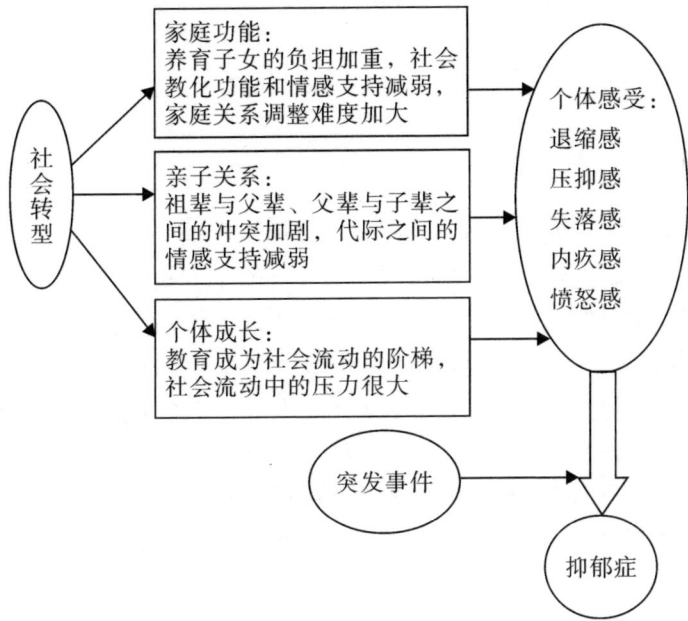

图7-2 社会转型、抑郁青少年的家庭关系及个人发展关系图

第八章

研究结论与对策建议

前面的第四、五、六、七章分别从抑郁青少年个人成长的微观维度,抑郁青少年人际关系形成的中观维度和社会转型的宏观维度分别阐述了抑郁青少年的亲子关系和抑郁症的形成过程及其影响因素。本章将导出本研究的最后结论,指出本研究中的不足,并提出预防青少年抑郁症产生和帮助抑郁青少年康复的对策建议。

第一节 研究结论

一、抑郁青少年亲子关系"冷漠化"的嬗变过程

笔者通过本研究提出了抑郁青少年亲子关系的发展变化的"冷漠化"概念。所谓"冷漠化"是指亲子关系作为一种亲密关系失去了其最为突出的"亲"的情感性特征,亲子之间的情感冷漠、疏离,如同路人,亲子关系已演变成非亲人之间的关系,甚至是敌对关系。本研究发现抑郁青少年亲子关系的"冷漠化"的嬗变过程是青少年个体发展、青少年主要的人际关系、中国社会转型等多因素综合影响的结果。亲子关系是渗透着个人家庭、群体关系和社会发展特征的各种关系的复合体。抑郁青少年亲子关系"冷漠化"的嬗变机制如下(图8-1)。

(一)从抑郁青少年成长历程看,亲子之间长期缺乏情感温暖、沟通交流和日益上升的权力斗争,催生了抑郁青少年对亲子关系"冷漠化"的主观感受

本文中亲子关系的"冷漠化"是指亲子之间没有情感温暖,没有沟通交流,只剩下对父母权威的惧怕恐惧和争夺独立自主权的斗争,其结果是父母不亲,如同"陌生人",甚至是"敌人"。这种冷漠化的感受是在抑郁青少年成长过程中逐渐形成的并被不断强化、固化的。

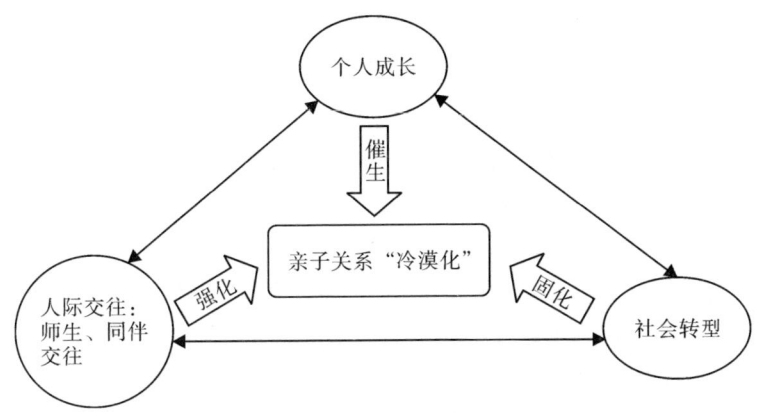

图8-1 抑郁青少年亲子关系冷漠化的嬗变过程

从抑郁青少年的自我叙说来看，在其成长的过程中，亲子关系的情感维度从疏离、冷漠到隔阂，孩子主观上感受不到父母的情感温暖和爱，他们只能从理性上来认识和理解父母对自己的爱，与父母之爱有一定的距离。有趣的是只有当孩子患上抑郁症之后，父母的对孩子的亲情才被唤醒，抑郁青少年才开始真正体会到了被爱的感觉。在抑郁青少年成长的过程中，亲子关系中的沟通维度一直处于沟通较少，冲突日益增多的状态，直到孩子生病后，父母才开始重视与孩子的沟通交流，亲子沟通有所增加，而这种沟通也只是停留在表面上，孩子的心灵之门始终对父母关闭着。可是，在抑郁青少年的整个成长过程中，亲子之间的权力斗争却始终没有停止，由最初对具体的父母行为（如父母的冷漠、打骂行为）的害怕，发展为对抽象的父母权威的害怕并产生逆反和对抗，与父母权威的对抗在青春期达到高峰状态，并因抑郁症的产生而使这场没有硝烟的亲子之间的权力争斗暂时告一个段落。没有情感温暖，没有沟通交流，只有冲突和权力斗争，父母与子女之间不像亲人，更像没有血缘和亲情关系的"陌生人"、甚至是"敌人"，孩子对父母的"冷漠化"感受逐渐形成。

（二）从抑郁青少年人际关系发展的维度上看，师生和同伴交往的日益工具化和复杂化使得抑郁青少年的人际交往的障碍增加，亲子关系"冷漠化"感受不断被唤醒和强化

亲子关系作为最早的人际关系，是青少年人际关系形成的基础。抑郁青少年由于个体成长过程中没有能够与父母建立起亲密的关系，当他们进入学校后期望通过与老师、同伴建立良好的人际关系以弥补亲子关系中的情感缺失。但是，他们的努力失败了，他们没有能建立良好的师生和同伴关系，学校中人情

的冷漠让其亲子关系"冷漠化"的感受不断被强化。

亲子关系一方面通过影响儿童的个性特征对其师生和同伴关系产生影响。同时，亲子交往中的负面经验在其同伴交往和师生交往中不断被唤醒，从而对同伴和师生关系产生负面影响。同时，社会转型过程中人际交往的复杂化和工具化渗透到学校中，师生和同伴关系日益复杂，人际交往中真诚情感失落、友情淡漠，物质利益关系取代了人际关系中的心理关系，情感关系在一定程度上异化为工具性的分数关系、竞争关系和金钱关系，使抑郁青少年在建立师生关系和同伴关系的过程中更加困难。

在与老师和同伴交往过程中，抑郁青少年感受到的是情感的疏离和冷漠，被责骂、被排斥、被控制的感受，并因此而产生对老师的失望和反感。抑郁青少年在师生交往中的感受与其亲子交往中的感受有较强的一致性，老师似乎是家长的另外一个翻版，觉得"老师不亲"，亲子关系冷漠化的感受被进一步强化。

在与同伴的交往过程中，抑郁青少年感受到的仍然是情感的疏离和矛盾冲突，他们内心渴望与同学建立良好的关系，但现实中他们很难与同伴建立平等、友好的亲密关系，导致其对同伴关系的感受与对亲子关系的感受有很强的一致性，即"同学不亲"，亲子关系冷漠化的感受再次被强化。

总之，抑郁青少年一方面渴望与老师、同伴交往，渴望得到老师、同学的关心、理解和尊重，与老师建立和谐的关系，与同伴发展亲密的友谊；另外一方面，由于在早期亲子互动和人际交往中受到过伤害，使得抑郁青少年又对老师和同伴心存戒备，在人际交往中难以应对自如，亲子互动中"冷漠化"的感受不断被唤醒和强化，感觉到"父母不亲、同伴不亲、老师不亲"，这种对人际关系冷漠的感受不断累积起来，使抑郁青少年日益陷入孤独、失落的情绪体验中。

本研究发现支持青少年的亲子关系、师生关系和同伴关系之间的关系是整合式的观点，即三者之间不是相互决定的因果关系，但也不是彼此独立的关系，三种关系在儿童人际网络形成过程中均有相对重要的位置，又相互影响，彼此作用（叶子、庞丽娟，1999）。需要说明的是，尽管上述发现是基于抑郁青少年的主观经验而得出的一个推论，不是研究者基于对受访对象的老师和同学的访谈资料，从一个所谓客观的立场上得出的结论。但是，上述推论与其他相关研究的结论有一致性。如曾荣等人用问卷法对全国六城市（哈尔滨、北京、西安、武汉、昆明、广州）的1791个青少年的调查发现，青少年的师生关系和友谊关系质量的大部分维度之间有较高的相关，师生和友谊质量的各维度都与社会适应中的自我肯定、自我烦恼、社会疏离维度显著相关，其中师生亲密性、支持性、友谊信任支持、娱乐陪伴的肯定价值与青少年的自我肯定呈较高正相关，师生冲突性、友谊冲突背叛与自我烦恼和社会疏离感呈较高正相关。证实了良好的师生关系与亲密关系对青少年社会适应有积极作用；相反，师生关系中与同伴关系中的亲密、支持、肯定的缺失可能导致青少年自我烦恼增多，对他人产生疏离感，这些态度与行为又将加剧师生和同伴关系间的矛盾与冲突（曾荣、张冲、邹泓，2010）。

（三）从社会转型的维度上看，抑郁青少年在社会流动过程中压力不断增加，在实现人生目标的过程中需要更多的社会支持，但是他们得不到父母、同伴和老师等重要他人的支持，亲子关系"冷漠化"的感受被固化

社会转型使抑郁青少年为实现理想的人生发展目标较早地开始了以教育为依托的从农村走向城市，从小城市走向大城市的社会流动过程。在此过程中，抑郁青少年面对学业竞争、城乡文化冲突、自我期望和父母期望较高等一系列压力。要化解压力，实现自己理想的人生目标，抑郁青少年需要得到家庭、老师和同伴的社会支持。可是，社会转型使得抑郁青少年的家庭功能受损，家庭社会教化的功能和情感支持的功能被弱化，家庭对孩子的社会支持减少。同时，抑郁青少年人际关系不佳使得他们面对压力时，得不到老师和同伴的有效支持，常常陷入孤立无援的境地，导致亲子关系冷漠化感受被固化。一旦这种感受被固化或深刻化，就很容易导致青少年形成"人生没有意义、生命没有意义"的主观感受，陷入"空虚、绝望"的状态，抑郁症的症状便走了出来。

二、抑郁青少年的亲子关系与抑郁症之间具有双向作用

一方面不良亲子关系推动了抑郁症的形成；另一方面抑郁症的产生也推动了抑郁青少年的亲子关系朝着积极的方向转变。很多家庭治疗的理论研究发现家庭功能对青少年的心理健康有直接或间接的影响。家庭功能影响青少年适应的两种途径：家庭功能本身可以作为一种压力影响青少年的情绪生活；家庭功能也可以通过影响父母对儿童青少年社会化目标而影响青少年的心理健康（Shek, 2003）。本研究发现亲子关系并非独立影响青少年抑郁症的形成，它是与抑郁青少年的社会流动、人际关系和个人的成长等因素相互作用并导致了抑郁症的产生。亲子关系对抑郁症的影响主要体现在以下两个方面：（1）亲子关系影响抑郁青少年的情绪感受、个性特征、自我发展和对生命意义的探求。亲子关系中的情感疏离、冷漠和隔阂使得抑郁青少年在成长过程中体会不

到父母的爱和情感温暖、有失落感、亲子关系中的父母与子女之间的权力对抗以及冲突，以及对抗与冲突中青少年的失败导致抑郁青少年自卑和自责；亲子沟通的缺乏使得他们得不到父母的接纳和认同，不能形成积极的自我概念，缺乏自尊，有性格缺陷，如自卑、紧张、胆小、内向，敏感，多疑等。（2）亲子关系影响抑郁青少年的人生发展目标和对生命意义的追求。父母对子女的过度控制使得抑郁青少年没有自我发展的空间，他们的人生发展目标是父母为其安排的，生命的意义就是满足父母的要求，做一个"好学生、好孩子"；而社会转型过程中的竞争压力和文化冲突，以及被父母用"买学"的方式推动的社会流动过程中面对种种压力，青少年在无法应对压力时产生了人生意义的失落，感觉生命没有意义。

青少年抑郁症的产生对亲子关系的改善具有一定的积极作用，它推动亲子关系朝着情感温暖、沟通增加、尊重子女甚至迁就子女（或被子女反向控制）的方向发展。悲伤和痛苦的进化论价值是帮助人们重新建立关系，如果我们不具备悲痛的能力，那么，我们就不会在乎自己与他人是否存在亲密的关系。从进化论的观点来看，亲密关系对于我们的生存至关重要，如果没有这种关系，我们就会变得非常郁闷（Paul，Gibert，1997，宫宇轩、施承孙译，2000）。孩子患上抑郁症以后促使家长和孩子思考彼此之间的关系，亲子关系开始出现一系列变化，甚至是逆转，呈现出一种暂时的"和谐"，抑郁症成为撬动亲子关系改变的杠杆。

三、青少年抑郁症的突出特征是个体发展过程中的"多重失去"

国外有学者（Christine，2010）认为，青少年抑郁症不仅只包括认知、情感和生理的成分；并且在抑郁症的治疗中还应该加入心灵内部的、存在主义的精神的部分。因为青少年生活在一个不可预知的世界中，而他们将在这个世界中努力奋斗去证明他们的重要性和目标，他们也常常由于不可克服困难而感到不知所措。本研究发现，青少年抑郁症的本质特征是个体发展过程中的"多重失去"，即青少年个人成长过程中"爱的失去"、人际互动过程中"自我的失去"、社会流动过程中"生命意义的失去"、生理上"活力的失去"。

（一）从个体成长的角度来看，青少年抑郁症是个人发展过程中亲密关系的缺失导致的"爱的失去"

从抑郁青少年的成长经验来看，幼儿期隔代抚养，童年期和青春期经历了家庭关系、父母婚姻关系、亲子关系、师生关系、同伴关系的多重冲突。在这个充满冲突的成长过程中,他们无法和生命中的父母、老师和同伴等重要他人建立亲密关系,情感疏离,人际冲突多,感受到"爱的失落",产生的悲伤、失落和愤怒的情绪体验。

(二)从人际关系的维度来看,抑郁症是青少年自我发展受挫而产生的"自我的失去"

米德的符号互动论可以帮助我们从社会学的范畴理解抑郁青少年的自我发展。米德(1934)认为,个体在采用他人的观点并且设想他们在他人眼里的样子,这种观点采择的能力与自我的获得具有相同的意义。米德非常强调社会交互作用在自我发展中的作用,如果缺乏交互作用,符号沟通将不能发生,自我也不可能通过观点采择过程而产生。当儿童的这种采择他人观点的能力开始发展时,自我也就开始发展了。人们在自我发展的过程中不仅需要采择特定的个体对自我观点的能力,还需要采用社会上大多数人的观点,我们必须用抽象的方式来看待我们自己,普遍的其他代表了我们所身处其中的更为广泛的社会和文化。从抑郁青少年的自我发展过程来看,他们在与父母、老师和同伴等重要他人互动的过程中矛盾冲突比较多,很少得到积极的认同和接纳,采择到的大部分是负性的评价,自我体验比较负面。同时,社会流动过程中的传统与文化冲突,也使他们难以建立起积极健康的自我,表现出自卑和自责。

从艾里克森的心理社会发展理论来看,青春期的青少年面临自我同一性危机,青少年都面临同一个问题"我是谁",拥有可靠和整合的特性的个体被认为是达到了同一性;无法建立稳定和统一特征的个体将会面临角色混乱。从抑郁青少年的人生发展历程和人际关系层面来看,幼儿期隔代抚养的经验,与父母关系的疏离使他们没有发展出对他人信任的能力;祖父母的过度保护使他们的自主性也没有发展起来;到了上小学阶段回到父母身边以后,面对家庭、亲子、师生、同伴等多重人际关系的冲突,他们没有相应的解决问题的技能,使得他们无法获得勤奋感,而是获得了自卑感。进入青春期以后,各种冲突和矛盾激化,他们无法建立稳定和统一的自我,角色混乱。总之,抑郁青少年没有形成健康、稳定的自我,自我发展受挫的结果主要表现为低自尊(自卑)、自责与内疚(罪疚)。

乔治·布朗(1986)等学者提出的自尊与抑郁模型认为低自尊则是导致抑郁的高危因素。消极的社会经历,尤其是童年期和成年期缺乏亲密的、可以信赖的关系,导致低自尊,当消极生活事件发生时,低自尊作为一种素质作用于抑郁(转引自乔纳森·布朗,1998,陈浩莺等译,2004:205)。奥特利和博尔特（Oatley & Bolton, 1985, 转引自乔纳森·布朗, 1998, 陈浩莺等译, 2004: 207）提出的抑郁社会认同模型认为, 人们的自我价值感通常源于其社会角色, 并且扮演这些角色需要有他人的存在。当失去一个人而使自己不能再扮演被赋予较高社会期望的社会角色, 同时又不存在其他的可供选择的社会价值来源的时候, 抑郁就会产生。对于抑郁青少年来说, 自己可以扮演的唯一社会角色就是"好学生", 在人际关系互动中, 当他们发现自己不能扮演好父母、老师和同学心目中的"好孩子、好学生、好伙伴"角色, 又找不到其他的社会价值来源的时候, 抑郁就会产生了（转引自乔纳森·布朗, 1998: 207）。

（三）从社会发展的维度上看, 抑郁症是社会转型过程中青少年寻找人生意义时受挫而产生的"生命意义的失去"

对于抑郁青少年来说, 他们的人生意义是父母赋予的, 他们的人生道路是父母预设的, 在亲子互动中是一个失权者, 没有决定自己命运的权力, 没有空间去寻找自己生命的意义。在他们努力去实现父母赋予的人生意义时, 他们经历了巨大竞争的压力和人际关系的冲突。但其面对困难和挫折时, 他们得不到父母、老师和同伴的情感支持和帮助, 却体会到了无助和痛苦。当他们意识到当自己的行为达不到父母的要求, 无法按照父母预定的人生的轨道（此时父母的要求已经内化为其自我发展的要求）去发展的时候, 他们感觉不到自己存在的意义, 认为生命没有意义, 个体没有存在的价值。

（四）从生理学的维度看, 抑郁症是个体生理机能改变导致的青少年"活力的失去"

对抑郁症的生物学研究已经有40多年的历史。20世纪60年代大多数学者把个体产生抑郁的原因界定为由于脑内缺乏去甲肾上腺素所导致。近年来, 随着生物分子学与大脑影像技术的发展, 对抑郁症的生物学病因逐步深入。脑成像技术研究表明, 抑郁症患者与正常人相比, 脑内血液灌流量与葡萄糖代谢率明显异常。抑郁的神经内分泌理论研究表明, 抑郁症与下丘脑—垂体—肾上腺轴功能亢进有关。抑郁的神经递质理论研究表明, 抑郁症的发病与单胺递质有关, 特别是5-HT（五羟色胺）递质有关。抑郁的免疫学研究表明, 白细胞介质水平与抑郁症状的程度、疾病所处的阶段等因素有关（刘珺、白乙拉, 2005）。上述生理指标的改变使抑郁青少年的身体机能发生改变, 身体出现异常变化, 主要是没有力气、睡眠不好、胃口不好等, 身体上失去精力, 没有活力, 对外部世界的感受和反应能力较弱。

特别需要指出的是，抑郁青少年的"多重失去"是一种主观感受。由于其内在的感受比较强，导致其对外界的反应和感受下降，多重失去后面实际上是"多重需要"，包括生理上需要有年轻人的活力，个人发展的维度上需要得到父母、老师和同学的爱和接纳，人际沟通维度上需要得到尊重、欣赏和鼓励，社会维度上需要找回生命的意义和价值。这种主观感受是"内热外冷"的，主观上失去的感受很浓烈，也就意味着内在需求很强，但对外界的反应很弱。

四、本研究的理论贡献

（一）本研究从社会环境变化、青少年个体成长及其主要人际因素之间的交互作用多维度出发，提出了青少年抑郁症的突出特征是"多重失去"的概念，丰富了有关青少年抑郁症的相关理论

有关抑郁症的理论主要包括生化理论、心理动力理论、行为理论、认知行为理论和人际关系理论等。生化理论认为个体大脑生化因素的变化对青少年大脑神经功能的影响是导致抑郁症产生的主要因素。精神分析理论强调个体与父母或重要他人互动的早期经验所遭遇的失落或拒绝经验所造成的脆弱性。精神分析理论强调，抑郁症的产生不是源于孩子与父母的冲突，而是源于与父母互动中被拒绝或遭遇失落的经验。以霍妮、荣格、埃里克森、（Erikson）、沙利文（Sullivan）、科胡特（Kohut）、温妮卡（Winnicott）等人为代表的新精神分析学派虽然不再强调性本能和性矛盾冲突在人的精神活动和行为中的特殊重要性，转而重视社会、文化、人际关系在人格发展和形成方面的重要性，认为人格因素是导致抑郁症形成的最重要的原因。行为主义理论认为抑郁是在应激条件下的错误学习，是一种习得性无助的结果。青少年抑郁症的形成主要是由于在应激状态下缺乏正强化，导致其不能充分利用其资源去解决问题，强调了个体解决问题技能的缺乏在抑郁形成中的重要作用。认知理论主要强调青少年负性的认知模式是抑郁症形成的主要原因，并认为与父母的不良互动是负性认知形成的主要因素。如贝克（Beck）认为抑郁青少年倾向于对自己有负性思考；用负向的方式解读自己的经验；对未来有悲观的看法。而青少年的认知图式的形成是个体由过去的经验所做的推论而形成的一种持久的思考形态或认知结构。对于青少年来说，大部分的认知经验都是从与父母或家人的互动中获得，因此青少年的负向的认知图式很可能来自和父母互动的经验。人际关系理论主要由人际互动的观点来解释抑郁的产生，认为抑郁的某些症状之所以产生，是因为反应—随机正强化的比例减少所导致，也就是说抑郁的形成是由于个体缺

乏社交技能及他人的正向反应而减低了外在环境的增强，该理论也同时强调了抑郁、社交功能损伤和人际关系不佳三者彼此交互的影响。

这些理论的主要缺点是过分强调了个体或人际因素在抑郁症形成过程中的作用，忽略了社会环境变化、个体因素（生理和心理发展）、人际因素之间的交互作用。本研究则从社会工作的视角出发，整合了上述关于抑郁症的理论，认为青少年抑郁症的形成是微观个体（包括家庭）、中观人际关系、宏观社会环境变化（社会变迁）多重因素交互作用的结果，青少年抑郁症的突出特征是"多重失去"，即个体生理上活力的失去；个体心理发展中爱的失去；与重要他人互动中自我的失去；在走向社会过程中生命意义的失去。

（二）对抑郁的人格理论进行了本土化修正

1974 年 Blatt 提出的抑郁的性格理论把抑郁症分为依赖型抑郁（anaclitic depression）和内射型抑郁（introjective depression）。依赖型抑郁的特征是个体感到自己无助、衰弱，害怕被抛弃，因而强烈地希望得到爱和保护，并不断寻找支持和赞许，以减轻自己的无价值感。因此，他们在人际关系上表现出高度的被动性，强烈的依赖、需要他人，对他人发出的信息比较敏感，害怕失去他人而难以表达其愤怒。内射型抑郁者的特征是常常感到自己无法达到自己的期望和目标，因而有强烈的自卑感、内疚感和无价值感。他们有很强的成就需求，对自我有过高的道德标准，由于对自己要求过高而常常感到挫败。这一类人很在乎自己的成败，很容易自责，有过度承担责任的倾向；对自己和他人，常常产生矛盾的态度。后来贝克（Beck）也区分出了类似于 BLatt 的依赖型抑郁和内射型抑郁的抑郁性格类型，他称之为社会依赖型（sociotropy）与自主型（autonomy），贝克认为社会依赖型的人，需要与他人做正向互动，担心被他人拒绝，因而时常取悦他人，以保证自己获得安全的依恋关系。自主型的人，十分渴望独立并达成有意义的目标，他们常常努力增强对环境的控制能力，以避免所担心的失败发生。

从本研究来看，中国青少年抑郁症不能简单地被分成依赖型抑郁和内射型抑郁，而是呈现出二者兼而有之的混合型状态，好似一个银币的两个面，有时呈现出依赖型抑郁，有时呈现内射型抑郁。因为对于当代青少年来说，对成就的追求和对人际关系的需要不能截然分开，二者是结合在一起的。杨国枢（1992）认为，马斯洛的自我实现概念与理论并没有跨文化的普遍性，仅适用于个人主义文化下的人民，是"个人主义取向"的自我实现，而在儒家文化圈之内的人民，则有另外一种"社会取向的自我实现"。并认为二者有以下三

第八章 研究结论与对策建议

个方面的不同：(1) 自我内涵的不同；个人取向的自我实现中的自我是一种个人内在的自我，主要由个人所珍视的内在自我来建构，而社会取向的自我的内涵是一种社会关系体的自我，主要由个人的社会关系性角色、地位、身份、承诺、责任及其与之相关的想法、感受、意图、倾向和行动来建构。前者要建立的是一个"独立自主的自我"，后者要建立的是"互依包容的自我"；(2) 在实现的途径上，前者通过充分施展个人的潜能、天分、能力与气质，在非社会性和非关系性的领域中进行。后者则通过社会取向的自我修养与自我改善来达成；(3) 在自我实现的目的方面，前者是为了创造出独特的自我，后者是创造和谐的社会。陆洛（2003）认为，东西方文化结合是可能的，她用"折中的自我"来概括东西方文化中各自的自我原型概念。认为在现代化的进程中，中国人一方面保持传统的"互依包容的自我"的内涵；另外一方面又从西方"独立的自我"中采取部分的元素，以适应城市生活中追求个人成就、强调人我分离和现代化的价值。中国人的自我已经不可能是文化原型中"互依包容"的自我，也不可能全盘搬用西方的"独立自主"的自我，而是一种"折中的自我"。

（三）提出了抑郁青少年亲子关系"冷漠化"的概念，认为亲子关系是渗透着个体、群体和社会关系的一种关系复合体，弥补了亲子关系研究中的不足

大部分亲子关系理论都是微观取向的，主要从家庭关系的角度，从情感关系和权力关系来理解亲子关系的本质。本研究发现，亲子关系除了"权"与"情"外，还有一种重要的维度是人际关系维度，随着青少年的成长，亲子关系越来越趋向于向平等、关怀、尊重的一般人际关系发展，并日益受到青少年的师生和同伴等人际关系的影响。抑郁青少年的个体成长中形成了"父母不亲"的主观感受；在与老师和同伴的互动过程中体验到的"老师不亲，同学不亲"的感受强化了对亲子关系的非亲化感受；在其社会流动的过程中亲子关系非亲化的感受逐渐被固化。总之，抑郁青少年的亲子关系与其他人际关系、社会转型有着密切的联系。亲子关系不是一种简单地以血缘为基础的父母与子女之间的关系。而是一种青少年在成长过程中最初形成的，受到青少年其他人际关系影响的，渗透着社会变迁特征的一种复杂的多种关系的复合体。

（四）提出中国文化处境下抑郁青少年家庭关系的主轴是亲子关系，亲子关系的核心是"父子（女）关系"

本研究认为，中国社会转型的过程中，文化的变迁滞后于经济发展方式的变迁，中国文化在家庭中仍然发挥着重要的作用。抑郁青少年的家庭关系的主

217

轴仍然是亲子关系，而非夫妻关系，而亲子关系中的主轴则是父子（女）关系。石丹理等学者（石丹理、韩晓燕、李美羚 2007：189）对上海青少年的亲子关系的研究认为，母亲对孩子的控制更强，中国青少年亲子关系呈现"严母、慈父"特点。本研究的结论与上述观点不一致，从本研究来看，抑郁青少年普遍重视与父亲的关系，尽管抑郁青少年与母亲的关系好于与父亲的关系，但他们更重视父子关系。因为家庭权力由父亲掌控，母亲只能管一些小事，他们对母亲的评价和重视程度比父亲低。抑郁青少年亲子关系的核心是"父子（女）关系"，用青少年的话说就是"母亲管生活琐事，父亲管思想"。抑郁青少年与母亲的冲突只是一般的人际冲突，而与父亲的冲突则是对父母权威的反抗，父亲对孩子的心理影响和控制超过母亲，亲子关系的核心是父子（女）关系。抑郁青少年的亲子关系中"只有严父，没有慈母"。

五、本研究的局限性

本研究是笔者对抑郁青少年亲子关系形成过程的一次探索性研究，受本人研究能力和研究经验的限制，存在以下不足：

（一）本研究主要从抑郁青少年的角度来理解亲子关系，没有能够从父母和子女双向度来研究亲子之间的互动关系，这是本研究设计时的一个主要限制。在今后的研究中，如果能从父母、青少年两个视角来认识抑郁青少年的亲子关系，则能帮助更好地理解其亲子关系的形成过程和影响因素，为如何改善抑郁青少年的亲子关系提供有力的证据。

（二）由于访谈过程是根据受访谈者本人的意愿和愿意程度来进行的，当涉及一些家庭敏感性话题时，如父母的婚姻关系时，笔者发现受访者开放程度不太高，了解到的信息不够深入。另外，由于被研究对象处于青春期，部分访谈对象有恋爱经历，在研究中笔者也尝试去了解其亲密关系，但效果不是很理想，因此在对其同伴关系做分析时只涉及了一般的同伴关系，没有涉及其亲密关系，这也是本研究中的一个不足之处。要解决上述问题，需要研究者用更多的时间与研究对象交流、互动，也需要得到研究对象同意的情况下充分利用面谈之外的其他信息，如研究对象的个人微博、与好友 QQ 聊天内容等。

（三）在资料验证性方面，虽然运用了三角检验等技术来保证资料的可信度，但由于受访谈地点等研究条件的限制，这方面的工作也做得不够深入。特别是抑郁青少年同伴和师生关系资料的获得过程中，信息的来源主要是受访者，可信度有待提高。要解决上述问题，在开展对青少年精神疾病的研究中，除了与医院合作之外，还需要和学校合作，这样既有利于研究中获得更为全面、丰富的研究资料，同时，也能通过研究为青少年的社区康复营造一个良好的氛围。

（四）在资料的分析过程中，笔者曾经试图把抑郁青少年的亲子关系分为父子关系和母子关系来研究，但发现由于受访者的亲子关系比较疏离，很难收集到父子、母子两方面足够的信息，受访者往往只是重点阐述其中某一方面的信息。因此在论文最后的呈现过程中，只是初步分析了抑郁青少年的父子关系与母子关系的一些不同之处，这也是本研究中的不足。如果要进行后续研究，可以从性别视角入手，分别开展抑郁青少年患者的父子关系和母子关系研究，使我们对抑郁青少年的亲子关系的理解更为深刻和丰富。

（五）尽管笔者希望从个体与宏观社会结构变迁（包括家庭变迁）等多维角度来理解抑郁青少年的亲子关系，本文也做了一些尝试，但对宏观社会变迁的脉络如何影响青少年的亲子关系及其个人发展，如何通过深描来反映社会转型的脉络，如何在社会转型的背景下来理解和诠释青少年亲子关系和其他社会关系的变化做得还不够深入，论文中的研究抑郁青少年的亲子关系的三个维度（社会变迁、个人成长、人际关系）中社会变迁这个维度显得比较弱。要解决这个问题，可以从社会转型中找到某些恰当的切入点，如文化变迁、教育政策的变化等，以其中的一条主线的变化来分析对抑郁青少年的人际关系和个人成长影响，分析就会较为深入。

（六）论文的最后部分（服务建议与对策）只是从研究和分析的逻辑出发来阐述，缺乏实证资料的支持，显得比较粗糙。此外，抑郁青少年精神康复的过程是一个比较复杂的过程，需要多学科的介入，本文只是从社会工作介入角度进行了思考，有关多学科介入这个方面的话题还需要在今后的服务中加以研究。要解决这个问题，可以通过开展一些抑郁青少年康复的干预研究，从而提出针对性更强的服务对策和建议。

（七）由于本研究的田野点Y医院是省会城市的大医院，能够进入该医院就医的抑郁青少年家庭条件相对比较好，具有一定的"中产阶级"的特点，笔者在抽样的过程已经通过尽量多选择一些家在农村的受访对象了（共有4位受访者家住农村），但无法抽取到城市及农村贫困家庭的受访者，所以本研究的结论不能推广到贫困家庭的抑郁青少年。要解决这个问题，应该设计新的研究项目，如以社区、学校为田野点，开展对生活在社会底层（如农村、城市贫困家庭等）的抑郁青少年的亲子关系的研究，使对这个群体的亲子关系的认识更为全面和深刻。

但是，通过文献研究发现，医院中的抑郁青少年和社区中的抑郁青少年在很多方面是相似的，主要表现为：

1. 亲子关系的主要特征是一致的。社区中的抑郁青少年的父母对青少年的关心和保护比较少（陈美英，2006；刘琳，2006；闫珉，2002），惩罚和拒绝行为比较多，对孩子的理解比较少。这说明医院中的抑郁青少年的亲子关系与社区中的抑郁青少年的亲子关系很相似，即缺乏情感温暖，沟通理解少，权力控制较多。

2. 解决问题的方式一致，但求助对象有差异。学校中的抑郁青少年大多采用消极的应付方式，如幻想、退避及自责；而较少采用积极的应付方式，如求助及解决问题（刘琳，2006）。本研究中的抑郁青少年出现问题时也是采用消极应对的方式，如冷处理，自己解决。但在求助对象方面存在差异，本研究中的青少年求助的对象主要是自己（如看书自助），其次是同学，最后才是父母。而学校中抑郁症患者出现病感后求助对象依次为母亲（53.4%）、父亲（32.8%）、同学（29.3%）、老师（24.1%）和亲戚（10.3%），其他有看书自助（8.6%）、教堂或寺庙（5.2%），网上、热线咨询者分别为1.7%（程文红，2006）。

3. 引发抑郁的因素方面也是一致的。学校里的抑郁症患者主要的引发事件是人际关系、学习压力和家庭事件（周琳琳，2009；黄莹，2006），本研究中抑郁症的引发事件也是同学关系冲突、亲子冲突和学业压力。

（八）由于笔者第一次采用质性研究的理论和方法，对研究方法的理解和掌握不够深入，特别是在从概念上升到理论的过程中感到比较吃力，本研究初步得出了的关于抑郁青少年亲子关系"冷漠化"的嬗变理论和青少年抑郁症的"多重失去"的理论还比较粗浅，有待于继续研究深化。

第二节 预防和治疗青少年抑郁症的对策建议

现代精神健康的概念源于心理卫生运动，是指对生命有积极的体会并能预防精神疾病。青少年精神健康服务包括两个方面：一是预防和发展性服务，目的在于增进和提高青少年的心理素质，提高其心理健康水平，预防各种精神疾病的发生；二是治疗性康复服务，目的在于帮助青少年精神疾病患者早日康复，回归家庭和学校。因此，青少年精神健康服务不仅针对患各种精神疾病的青少年，也需要面向正常的青少年群体。从本研究来看，开展抑郁青少年的精神健康服务，需要从政策和服务体系建设两个层面展开，预防和康复服务相结合。

一、政策层面

（一）积极倡导和促进教育公平

追求社会的公平、正义是社会工作者的使命。教育公平是最基本、最重要的社会公平。儿童接受基础教育是其最基本的权利，为了让每一个孩子能有一个美好的未来，国家在教育资源投放上应该向教育资源缺乏的中西部、农村、边远贫困地区和民族地区倾斜并逐步提高这些地区的基础教育的质量，注意学校的合理布局和均衡发展，使儿童能在家就近接受质量差别不太大的基础教育，营造一个相对公平的教育环境，减少因择校给父母和青少年带来的经济压力和心理压力，使得儿童和青少年能够在家人和父母的陪伴下快乐学习和成长，降低儿童、青少年患抑郁症的可能性。

（二）尽快制定和出台《儿童家庭政策》等儿童福利法，为父母抚养孩子提供必要的政策支持，确保家庭功能的发挥和儿童的健康成长。

儿童早期发展的质量决定个体一生的发展质量，这已经成为学界公认的命题。胡锦涛同志在党的十七大报告中提出了"加快推进以改善民生为重点的社会建设目标"，并把"重视发展学前教育"作为"优先发展教育，建设人力资源强国的重要举措之一"，进一步明确了儿童早期发展对于国家、民族的深远意义。儿童家庭政策的制定，直接关系到家庭功能的实现，决定着儿童照顾的质量，决定着儿童能否公平、健康地得到发展，直接关系到国家和民族未来发展的实力与安全。目前，我国尚没有独立的、专门针对儿童发展的《儿童家庭政策》，只包含在其他政策中的相关条文。尽管20世纪90年代以后，我国有关儿童的政策发展得很快，涵盖了儿童早期健康、教育、法律保护和环境政策体系等方面。但是，由于我国长期以来"家庭化"的养育责任分配、尚不发达的社会经济状况等，使现有的儿童相关政策的构成依然以"家庭支持"为主，对家庭的支持也很有限（徐浙宁，2009：47）。"家庭支持"取向的儿童家庭政策，强调家庭在养育儿童中的支持责任和义务，规定了父母或主要监护人为保障儿童的基本权利而应该承担的责任和义务。而目前西方发达国家有关儿童家庭政策已经从过去的"家庭支持"取向转变为"支持家庭"取向，注重对儿童问题的预防和早期干预。后者更多看到家庭在支持儿童早期发展中的困难和需要，强调对家庭本身的支持，尽管照顾子女是家庭的义务和责任，但家庭本身也需要得到支持，家庭是政策的"权利主体和受益主体"。

随着社会竞争的不断加剧和中国社会进入老龄化，家庭养育儿童的成本和负担将会不断加大，家庭在养育孩子的过程中需要得到更多的社会支持。从本研究来看，无论是独生子女或非独生子女家庭在照顾年幼儿童的成长中面临的困难挑战都多，隔代抚养孩子是很多年轻父母在不得已情况下做出的选择。因此，中国应该重视研究和制定专门的《儿童家庭政策》，明确国家在儿童健康成长中的责任，为家庭抚养孩子提供必要的经济支持、亲职福利和对子女、家庭的配套服务。在亲职福利中，倡导借鉴国际经验，设立"父亲假"、"父母假"或"子女照顾假"，从立法的角度强调父母，尤其是父亲对照顾子女的责任，并提供一定的法定假期作为支持。具体的做法可以是在地方性的计划生育条例当中增设满足未成年子女紧急需要或临时需要的父亲假、父母假或"照顾子女假"，这样做的目的是通过休假方式的社会支持政策，不仅使父职参与成为法定的义务，同时，也让体验为人之父的多元角色和丰富的人生成为男性主动争取的权利和自觉行为。而男性从婴儿出生开始就与孩子的亲密接触和交流，既对之后父职参与水平的提高、男性自身的成长和孩子的身心健康有积极的正向作用，又有利于家庭的性别平等和婚姻的和谐，不只是双赢，而是一举多得（徐安琪 b，2009：15）。对子女和家庭的配套服务中，要将幼儿的托育、保健和社区照顾纳入公共服务体系。这样，一方面可以减轻父母，尤其是年轻母亲照顾低龄子女的负担；另外一方面也能减少幼儿隔代抚养的比例，有利于孩子和父母建立亲密温暖的关系，促进孩子身心健康发展。

（三）尽快在寄宿制中学建立学校社会工作制度，开展精神健康学校社会工作，为离家读书的儿童青少年提供必要的专业的社会支持，促进其健康成长

实现教育公平是一个长期的目标，短期来说，一部分儿童青少年较早地通过教育开始社会流动是其社会化过程中的必然选择。因此，可以通过建立学校社会工作制度，弥补儿童青少年因家庭关系缺失或家庭关系不良而导致的社会化不足，及时矫治其性格缺陷，预防精神疾病的发生。

学校精神健康社会工作是指专业人员运用心理学和社会工作的原理、方法和技术，帮助学校、家庭和社区之间开展协作，共建"教与学"的良好环境，激发学生的自我效能感，解决学生生活、学习和发展中的问题，帮助他们更好地适应学校和社会，培养学生健全的心理素质，为学生的心理健康发展提供服务（张大均，2007：87）。

西方青少年精神卫生服务的经验是：强调预防和发展性为主，治疗性服务为辅。特别是在中国儿童精神健康服务资源稀缺的情况下，儿童青少年患精神

疾病后，不可能有足够的精神科医师、临床心理学家和社会工作者为其服务。因此，有效地利用学校现有的资源体系进行初级预防，以减少情绪问题的发生率是较为实际的考虑。社会工作者在介入学校青少年精神健康服务时要有别于心理学工作者，社会工作主要关注的焦点应该是青少年与其所处环境的互动，改善学校环境是推广青少年精神健康服务中一个不可忽视的重要方面。在服务上一定要打破以"病态"的个人工作的介入手法和理念上的局限，用多元化和系统化的特色，在社会层面，家庭层面、学校层面、社区层面多元介入，为青少年的健康成长营造一个适宜的学校和家庭环境（高万红，2007）。

对于需要离家到中心城市（城镇）就读于寄宿制学校的青少年来说，通过建立学校社会工作制度，可以帮助他们及时处理学校生活中的各种负面情绪，教会他们处理人际关系的技能，有效解决人际关系冲突，促进其适应学校，预防精神疾病的发生。同时，通过学校社会工作，可以营造一个多元文化的教育环境，让青少年可以接纳不同的文化，减低对来自边远地区和农村家庭学生的文化歧视，并为来自不同文化环境中的学生提供同伴支持，帮助这些学生构建人际关系网络，促进其社会适应性。

（四）倡议尽快出台《中国精神卫生法》，确立社会工作进入精神健康服务领域的合法性地位，开展多元化的青少年精神健康服务，预防青少年抑郁症的产生并促进抑郁青少年的康复

从本研究结果来看，青少年抑郁症的形成原因中心理社会因素占了很大部分。青少年抑郁症的治疗，不是仅靠医学专业人员就能解决的问题，因此，需要从立法的角度，使社会工作等其他专业人员能够进入该领域为患者服务。当务之急是尽快出台《中国精神卫生法》，使社会工作者能以合法身份进入青少年抑郁症的治疗和康复服务体系中。通过精神卫生立法，可以尽快在医院建立精神科社会工作服务制度，这将有助于青少年抑郁症患者早日得到及时的治疗和康复服务。

二、实践层面：改善抑郁青少年的亲子关系，促进患者康复

（一）充分利用抑郁青少年初次患病时亲子关系朝着积极方向改变的契机，改善抑郁青少年的亲子关系

在医院精神科开展以改善抑郁青少年亲子关系为主题的社会工作，能充分利用抑郁青少年患病后亲子关系改变的契机，增加亲子互动中的情感温暖，变父母对孩子的权力控制为对孩子的尊重和理解，使抑郁青少年寻回失落的父母之爱，增加亲子之间的沟通，使亲子关系朝着平等、关爱、尊重的方向发展，

为抑郁青少年的康复营造一个好的家庭氛围。

（二）通过学校社会工作服务改善抑郁青少年的同伴和师生关系，帮助青少年重建健康的自我和积极的人际关系

从本研究来看，大部分抑郁青少年经过短时间的生物医学治疗，病情可以得到缓解，但如何使他们回归学校却是一个难题。受访者 F 把"想回学校又怕回到学校"列为出院回家后碰到的十大难题中的第一位。受访者 K 说："自己目前最担忧的就是不太有信心回学校上学，害怕自己的心情又变坏了。"青少年抑郁症患者对疾病的理解中有两个大的缺失：一是人际关系的缺失；二是自信心的缺失。因此，在其康复阶段的服务重点是通过开展学校社会工作，帮助抑郁青少年改善同伴和师生关系，在与师生和同伴的互动过程中重建自尊、自信，寻回失落的自我。

（三）以优势视角为指导，帮助抑郁青少年找回生命的意义和价值

意义治疗的创始人维克多·弗兰克尔认为精神神经症不是由于驱力与本能相互冲突而发生的，而是由于存在带来的问题所引起的，其中最主要的就是意义意志受到了挫折。存在的挫折并非都是神经症，有些冲突是正常的、健康的。同样，遭受痛苦也不完全是病理现象，有时它很可能是人的成就，尤其是存在的挫折导致的饱尝痛苦，更是意味深长的成长。当一个人意识到自己无可替代的时候，就会萌发出对自己存在的责任感，并持续充分地表达这种责任。当他深感到对热切等待自己归来的人富有责任，或对未竟事业富有责任的时候，他就绝不会轻易放弃自己的生命。他深知为何活着，几乎能够忍受任何"如何"（维克多·E. 弗兰克尔著，1984，桑建平译，1994：62）。

青少年抑郁症的本质之一是生命意义的挫折，社会工作服务要从优势视角出发，帮助抑郁青少年看到生命的多样性和丰富性，从学校适应的挫败中走出来，寻找人生发展的新途径，找回生命的意义和价值。

（四）开展家长服务，转变父母的教育观念，使亲子关系的重心逐渐由父母转向青少年，充分尊重青少年自我发展的主体性和能动性

天津市妇联和天津市家庭教育研究会 2008 年对天津 9 个区县的 1054 个未成年人的父母进行的调查显示，68.1% 的家长说自己是"失败的家长"，折射出中国父母对孩子过高的期望和对家庭教育认识上的偏差（关颖，2009：3）。中国人常说"一把钥匙开一把锁"，如果把孩子比喻为一把锁的话，每个孩子都是那么独特，但大部分家长并不懂得如何打开孩子的心门。从本研究来看，抑郁青少年的父母们过度使用了亲子关系中的父母权威，在孩子很小时父母就

开始辛苦地为孩子设计着将来，孩子读哪所学校、考什么大学、找什么工作、与什么人谈恋爱……一切都在父母的计划和控制之中，使孩子作为独立个体的主体性完全丧失。遗憾的是，父母为孩子设计的人生并没有成为现实，过度的操控反而把孩子塑造成为一个抑郁症患者。抑郁青少年的父母需要在社会工作者的帮助下，反思自己的教育理念和亲子互动方式，从父母权威逐渐过渡到亲子平等，充分尊重孩子的主体性，培养其独立、自信、合作的性格，减低孩子患抑郁症的家庭风险。父母首先要适当放下自己的权力，多给孩子一些选择的机会和选择的权力，让孩子成为自己的主人，形成独立、自信的性格。其次，要多与孩子沟通并注意倾听孩子的心声，不断审视自己对孩子的教育要求，把对孩子的期望水平调整到一个适当的水平，既促进了孩子的发展又不给孩子造成过大的精神压力。第三，学会鼓励和支持孩子，表达对孩子的爱和关怀。当孩子遇到困难时，父母首先要做孩子的保护者和支持者，帮助孩子克服挫折；当孩子取得进步和成绩时，要表扬和鼓励孩子，让孩子能够充分体会到父母之爱。总之，只有在一个平等、关怀、沟通充分的亲子关系之中，才能培养出孩子独立、自尊、自信的良好性格特征，减低青少年患抑郁症的风险。

（五）将社会工作服务的宽度和深度结合起来，多维度介入青少年抑郁症患者的康复服务

从需要层次看，抑郁青少年的康复涉及生理、心理、社会功能的恢复，但目前他们得到的服务主要在生理层面，少数的患者能得到心理治疗师的帮助。而青少年自我身份的确定、同伴关系、亲子关系、师生关系的改善、日常交往能力的提升，都是专业服务的空白点。即使青少年患者在医院得到良好的医学治疗，病情得到缓解和控制，但他们出院回到家庭和学校之后，又会面临巨大的压力，无法继续上学。一些抑郁青少年患者出院后，由于得不到同学和老师的接纳，无法继续在原学校学习，不得不转学，在适应新环境的过程中抑郁症很容易复发，使他们对治疗和康复丧失信心。从国外社区儿童青少年精神医疗服务的经验来看，强调应该把儿童青少年留在家中，并善用既有的原生支持系统。还要善用社区资源，让所有治疗与儿童青少年的生活环境相连接，并且使社区尽可能回应他们的需要。

社会工作介入青少年抑郁症患者的服务有别于医生和心理学工作者，要将个体、家庭、学校和社区层面的服务结合起来，从生理、人际、社会多维度介入抑郁青少年的康复服务。在配合药物的治疗的同时，社会工作者要把心理和社会层面的介入结合起来，将心理辅导与抑郁青少年的家庭、学校和社区生活

结合起来。在社区的日常生活中帮助精神疾病患者是社工介入的优势（童敏，2005）。一旦心理辅导和治疗走出辅导室进入抑郁青少年的家庭和其所在的社区，就必然与精神疾病患者的社会方面的要求连接起来。同时，将心理和社会层面的结合还有一个重要的优点是：工作的重点可以转向抑郁青少年平时的生活，辅导介入的空间扩展了，辅导介入的难度也降低了，不需要等到抑郁青少年发病时才介入。特别是当青少年患者一时无法面对疾病时，这样的介入手法会变得非常有效。总之，青少年抑郁症的预防和康复工作，应该更注重心理和社会层面的介入，将个人—家庭—学校—社区有机结合起来，配合药物治疗，从多个切入点入手，注重青少年本身及家庭、学校、社区资源的应用，社会工作在这个过程中有巨大的空间。

参考文献

中文部分

刁静（2009），理解与隔膜：家庭成员对青春期亲子冲突感知差异研究，当代青年研究，（9），37~45。

上海市统计局（2005），上海统计年鉴2005，上海：中国统计出版社。

马凤芝（2002），质性研究与社会工作研究，载于王思斌主编，中国社会工作研究第一辑（页176~198），北京：社会科学文献出版社。

王垒、王苏等（译）（2003），心理学与生活，北京：人民邮电出版社（Gerri, R. J., & Philip, Z., 2002）。

王玉华（2001），男孩，女孩的故事——引导中学生异性交往的个案研究，载于杨扑与林小英编，聆听与倾诉——质的方法运用论文集（页31~48），北京：教育科学出版社。

王思斌（2001），我国社会工作在转型社会中的社会责任，载于王思斌主编，转型期的中国社会工作（页3~19），上海：华东理工大学出版社。

王高华、唐计华、王晓萍（2006），抑郁障碍青少年父母养育方式、应对方式归因风格及相关性研究，中国行为医学科学，15（2），123。

王继堃、赵旭东（2011），从系统观点看青少年抑郁症与家庭功能，国际精神病学杂志，38（1），30~33。

王道还（译）（1985），科学革命的结构，台北：允晨文化失业公司（Kuhn, T. S., 1970）。

王淑敏、李雪（2004），青少年压力应对策略概述，上海教育科研，（3），25~29。

王跃生（2011a），中国家庭代际关系内容及其时期差异：历史与现实相结合的考察，中国社会科学院研究生院学报，（3），134~139。

王跃生（2011b），中国家庭代际关系的维系、变动和趋向，江淮论坛，（2），123~131。

凤笑天（1997），独生子女家庭：一种新的生活方式，载于刘锡霖主编，蜕变中的中国家庭（页330~331），香港：广角镜出版社。

风笑天（2003），独生子女政策对青少年教育的影响，探索与争鸣，(3)，38~39。

方敏（2002），质性研究中的访谈，南开大学法学院学术论丛（下），(2)，124~126。

方晓义、张锦涛、孙莉与刘钊（2003），亲子冲突与青少年社会适应的关系，应用心理学，9(4)，14~21。

古学斌（2004），继续迈向能力建设的社会工作教育实践，载于古学斌、阮曾媛琪主编，本土中国社会工作研究、实践与反思（页5~8），北京：社会科学文献出版社。

石丹理、韩晓燕、李美羚（2007），对父母亲职和亲子关系质量的调查和观点——上海青少年为例，浙江学刊，(2)，185~191。

石丹理（2005），社会工作质性评估研究的回顾对社会工作的启示（1990~2003），社会，(3) 70~98。

左占伟、王文静（2009），初中生的亲子关系与其同伴关系、师生关系的习惯性研究，石家庄学院学报，(3)，86~89。

叶子、庞丽娟（1999），论儿童亲子关系、同伴关系和师生关系的相互影响，心理发展与教育，(4)，50~55。

叶光辉（1999），家庭中的循环冲突，应用心理学研究，(2)，41~82。

叶锦成（2004），以能耐取向的手法处理青少年的抑郁，香港：青年研究学报，7(1)，43~56。

叶锦成（2004），青少年抑郁情绪——理解与介入，香港：香港青年协会出版。

付晓雪（2009），浅析中美亲子关系差异，安徽文学（下半月），(12)，309。

冯川（译）(2007)，我们时代的神经症人格，贵州：贵州人民出版社，(Horney, Karen, 1945)。

冯辉（2010，4月），中国传统孝道文化的变迁及其在建构和谐亲子关系中的作用，发表于国际文化精神医学会议研讨会，上海。

任俊（2006），积极心理学，上海：上海教育出版社。

任朝霞（2002），社会化过程中的亲子关系互动效应，理论与现代化，(2)，53~61。

全莉娟、周维翠、姚本先（2009），265名中学生压力应对方式调查，中国校医，23(2)，172。

刘珺、白乙拉（2005），抑郁理论研究研究现状与预防策略，内蒙古师范大学学报（哲学社会科学版），(2)，61。

刘晶波（1999），独生子女家庭教育的特点及其对儿童社会性发展的影响，南京师范大学学报（社会科学版），(5)，64~68。

刘桂莉（2005），眼泪为什么往下流？——家庭代际关系倾斜问题探析，南昌大学学报（人文社会科学），36(6)，1~7。

刘琳（2006），青少年抑郁应付方式与父母教养方式的相关性研究，护理研究，(10)，2745~2746。

闫珉（2002），抑郁症与正常人父母教养方式的对照研究，临床精神病学杂志，(2)，95~96。

关颖（2009），关于儿童的思考：论独生子女发展权的家庭保护，当代青年研究，(3)，1~5。

杨中方、高善仁主编（1992），中国人、中国心：人格与社会篇，台北：远流出版公司。

杨国枢（1992），中国人的社会取向：社会互动的观点，载于杨国枢与黄光国主编，中国人的心理与行为：理念和方法篇（页87~97），台北：桂冠图书公司。

杨艳杰、张萌、邱晓惠、乔正学、于方（2010），青少年抑郁症影响因素研究，中国初级卫生保健，24（3），33~34。

杨善华、罗沛霖、刘小京、程为敏（2003），农村村干部直选研究引发的理论问题，社会学研究，(6)，103~108。

杨善华、孙飞宇（2005），作为意义探究的深度访谈，社会学研究，(5)，53~55。

杨善华、贺常梅（2004），责任伦理与城市居民的家庭养老——以"北京市老年人需求调查"为例，北京大学学报（哲学社会科学版），41（1），71~84。

杨懋春（1972），中国的家族主义与国民性格，载于李亦园与杨国枢主编，中国人的性格（页98~112），台北："中央研究院民族研究所"。

芦炎、张月娟（2008），初中生抑郁与依恋、自我效能感的关系研究，心理发展与教育，(1)，55。

苏逸人、游胜翔、李立维、韩德谚、黄健（译）（2008），忧郁青少年的人际心理治疗（第2版），台北：心理出版社，(Laura Mufson, Kristen Pollack Dorta, Donna Moreau, Myrna M. Weissman, 2004)。

李旭、钱铭怡（2002），青少年归因方式在教养与抑郁情绪间的中介作用，中国心理卫生杂志，16（5），372~374。

李伟、陶沙（2003），大学生的压力感与抑郁、焦虑的关系：社会支持的作用，中国临床心理学杂志，(2)，108~110。

李一云、季建林（2005），不同背景中学生抑郁障碍及其影响因素调查，中国精神健康杂志，19（7），446。

李金钊（2004），应对方式、社会支持、心理压力对中学生心理健康影响研究，心理科学，27（4），980~982。

李春玲（2003），社会政治变迁与教育机会不平等，中国社会科学，(3)，86~98。

李春梅（1996），我国当代独生子女社会化的环境分析，中华女子学院学报，(1)，41~43。

李晓凤、佘双好（2006），质性研究方法，武汉：武汉大学出版社。

李培林（2005），另一只看不见的手——社会结构转型，北京：社会科学文献出版社。

李雪荣（2002），中国儿童精神卫生服务现状与展望，上海精神医学，14，33~34。

毕恒达（1996），诠释学与质性研究，载于胡幼慧主编，质性研究：理论、方法及本土女性研究实例（页78~98），台北：巨流出版社。

肖爱娇（2007），抑郁症研究的进展，江西中医学院学报，（2），93~9。

肖群忠（2001），孝与友爱：中西亲子关系的差异，道德与文明，（9），40~44。

吴艳如、肖泽萍（2006），青少年抑郁症与应激相关的病因研究进展，上海精神医学，（5），279。

余东升（2010），质性研究：教育学研究中的人文范式，高等教育研究，（7），63~71。

余德慧（1992），中国社会的人际苦痛及其分析，载于高尚仁与杨中芳主编，中国人，中国心——人格与社会篇（页291~362），台北：远流出版公司。

汪新建（2008），人类行为与社会环境，天津：天津人民出版社。

宋林飞（2002），中国社会转型的趋势、代价及其度量，江苏社会科学，（6），30~36。

张坤（2006），青少年期亲子关系的特点及其与传统孝道态度的关系研究，山东省团校校报，（4），36~40。

张大均、王均良、郭成（2007），关于心理健康学校保障体系的思考，高等教育研究，（2），85~91。

张文新（1999），儿童的社会性发展，北京：北京师范大学出版社。

张文新与张坤（2004），青少年对传统孝道的态度研究，心理学报，27（6），1317~1321。

张文新（2006），青少年的自主期望、对父母权威的态度与亲子冲突和亲合，心理学报，38（6），868~876。

张世富译（1990），中国人的心理，云南：云南人民出版社，(M. H. Bond, 1980)。

张春兴（1994），现代心理学，上海：上海人民出版社。

张素风、陈淑惠、杨康怡、陈若璋（2000年6月），华人关系主义与抑郁症，发表于2000年本土心理学研习会论文，2000年本土心理学研习会，台北。

张艳杰、张萌等（2010），青少年抑郁症影响因素研究，中国初级卫生保健，24（3），33。

陈功（2002），家庭革命，北京：中国社会科学出版社。

陆洛（2003），人我关系之界定：折中自我的现身，本土文化心理学（中国台湾），（20），139~207。

陆学艺（2004），当代中国社会流动，北京：社会科学文献出版社。

陈收（译）（2001），我们时代的病态人格，香港：国际文化出版公司，（Horney, Karen, 1945）。

陈向明（2000），质的研究方法与社会科学研究，北京：教育科学出版社。

陈秀丽、冯维（2003），试析自我效能感对心理健康的影响，健康心理学杂志，11（4），270~271。

陈美英、曹素贞、陈玉妹（2006），青少年抑郁障碍影响因素及其干预探讨，重庆医学（4），769~770。

陈昌兰（2001），阳光照不到的青春：抑郁青少年人际问题归因和应对研究，未出版硕士论文，台湾台东师范大学，台东。

陈重佑（2000），不同动量打击练习过程中的肢体动力学控制，未出版博士论文，国立台湾师范大学，台北市。

陈宝林、徐勇（2010），儿童青少年抑郁症研究现状，中国妇幼保健，（25），1439。

陈英和（译）（2009），生命全程发展心理学，北京：北京师范大学出版社，（Carol, K. S., 2003）。

陈威威（2007），人类进入心理疾病时代，载于张立生（主编），社会学家茶座第1期（页450），山东：山东人民出版社。

陈换春、贺凤义、张西菊（2005），儿童少年期抑郁症的临床特点，中国心理医学杂志，15（5），296。

陈浩莺（译）（2004），自我，北京：人民邮电出版社，（Brown, Jonathon D., 1998）。

邵晓枫（2007），十年来我国师生关系观述评，教育学报，（5），13~19。

林宗义、林美贞（1990），关爱、否认与排斥：华人家庭对精神疾病的反应，载于林宗义等主编，文化与行为：古今华人的正常与不正常行为（页331），香港：中文大学出版社。

林昭荣、林惠雅（1999），国中学生亲子冲突的应对历程，载于杨国枢（主编），人际关系与人际互动（页47~100），台北：桂冠图书出版公司。

范娟、王立伟（2007），5-羟色胺转运体基因多态性与青少年抑郁症的关联研究，上海精神医学，19（2），88~91。

范鹏（1994），传统孝道与现代亲子关系，天府新论，（5），51~55。

卓东炳、许勤伟、王运策（2002），父母养育方式与抑郁症关系的研究，海南医学，13（1），13。

昆明市卫生局（2009），昆明市居民健康状况评价简介。

易春丽（2006），家庭因素对青少年抑郁的影响，中国临床康复，10（6），130~132。

岳冬梅、李鸣杲、金魁、丁宝坤（1997），父母教养方式：EMBU的初步修订及其在神经症患者的应用，中国心理卫生杂志，7（3），97~101。

金灿灿、邹泓、余益兵（2011），中学生孝道信念的特点及其与亲子依恋和人际适应的关系，心理发展与教育，（6），619~625。

周宗奎（1997），亲子关系作用机制的心理学分析，西南师范大学学报（哲学社会科学版），（2），46~50。

周晓虹（1997），文化反哺：变迁社会中的亲子传承，应用心理研究（台湾），（4），55~67。

周爱保（2008），抑郁症：一个依恋和社会阶层的视角，宁波大学学报（教育科学版），

30 (1), 55~59。

周雪光 (2008), 社会学视野下的世纪社会变迁——读费希尔和豪特《差异的世纪》, 社会学研究, (1), 217~224。

周琳琳等 (2009), 上海市中学生抑郁症状现状及其与生活事件关系的研究, 上海精神医学 (3), 133~135。

郑丹丹 (2007), 亲子冲突的原因辨析, 云南民族大学学报 (哲社版), (4), 33~37。

孟育群 (1998), 少年亲子关系研究, 天津: 教育科学出版社。

胡书之、吴新慧、李洪军 (2009), 社会机构异质性和流动儿童社会关系建构: 以同伴关系为核心, 青少年研究, (3), 27~38。

胡赤怡、李维榕、吴敏伦 (2004), 儿童青少年和父母婚姻冲突破裂, 国外医学: 精神病学分册, 31 (3), 132~134。

赵芳 (2008), 与家庭共舞: 结构式家庭治疗及其本土化, 南京: 南京师范大学出版社。

赵居连 (译) (1995), 变态心理学, 台北: 桂冠出版社 (Costello Timothy, 1992)。

洪汉鼎译 (1992), 真理与方法——哲学诠释学的基本特征 (上卷), 上海: 上海译文出版社, (Gadamer, Hans-Georg, 1999)。

洪汉鼎译 (1999), 真理与方法——哲学诠释学的基本特征 (下卷), 上海: 上海译文出版社, (Gadamer, Hans-Georg, 1999)。

宫宇轩、施承孙 (译) (2002), 走出抑郁, 北京: 中国轻工业出版社, (Paul Gilbert, 1997)

姚计海、唐丹 (2005), 中学生师生关系的类型、结构和发展特点, 心理与行为研究, 3 (4), 275~280。

饶燕婷、张红霞、李晓铭 (2004), 家庭环境与大学生抑郁和疏离感的关系, 心理发展与教育, (1), 70~76。

贾晓宾 (2007), 青少年孤独感的心理因素分析, 齐齐哈尔师范高等专科学报, (6), 25~26。

徐安琪、张亮 (2009), 父亲育儿假: 国际经验的借鉴和启示, 当代青少年研究, (3), 12~17。

徐安琦 (2001), 家庭结构和代际关系研究——以上海为例的实证分析, 江苏社会科学, (2), 151~154。

徐浙宁 (2009), 我国关于儿童早期发展的家庭政策 (1980~2008): 从家庭支持到支持家庭, 青年研究, (4), 47~51。

高万红 (2007), 青少年精神健康服务现状和社会工作介入空间, 载于米有路 (主编), 社会工作文选第2期 (页27), 北京: 社会出版社。

高丙中 (2005), 人类学反思性民族志研究: 一个范式的六种尝试, 思想战线, (3),

42~45。

高觉敷译（1984），精神分析引论，北京：商务印书馆，（Freud, Sigmund, 1956）。

郭金华（译）（2008），苦痛和疾病的社会根源：现代中国的抑郁、神经衰弱和病痛，上海：上海三联书店，（Arthur Kleinman, 1988）。

唐子俊、唐惠芳、黄诗殷（译）（2004），青少年与家族治疗——冲突与控制的解套方法，台北：张老师文化，（Joseph, A. Micucci, 1998）。

陶沙与李伟（2003），抑郁倾向大学生社会支持结构及其满意度的研究，中国心理卫生，(1), 39~40。

桑建平（译）（1994），人生的真谛，北京：中国对外翻译出版公司，（V. E. Frankl 1984）。

萧宏展（2000），跃出抑郁——抑郁症的成因与治疗，香港：突破有限公司。

黄华（2008），传统孝道与个体的自我分化，长江大学学报（社科版），31 (3), 327~328。

黄莹、李燕、胡安艳、陈桂存、刘宏、李姣、黄鑫、郑志华（2011），云南省中学生抑郁症状流行特征分析，中国学校卫生（9），241~242。

黄光国、张素凤、陈淑惠、杨康临、陈若章（2000），华人关系主义与抑郁症，论文发表于2000年本土心理学研习会，2000年本土心理学研习会，中国台湾。

黄志坚（1997），世纪之交论青年，北京：中国青少年出版社。

黄坚厚（1989），现代生活中孝的实践，载于杨国枢主编，中国人的心理（页231~246），台北：桂冠图书公司出版。

黄京尧（1987），青少年心理向导，杭州：浙江科技大学出版社。

黄德祥（2005），青少年：发展与辅导精要，台北：考用出版股份有限公司。

龚银清（2005），青少年抑郁症的心理社会治疗进展，中国学校卫生，26 (3), 252~253。

梁吕少秋（1997），结构式家庭治疗法，高刘宝慈与朱基亮主编，个人工作与家庭治疗（页210），香港：中文大学出版社。

程文红（2006），抑郁障碍青少年患者病前家庭因素研究，中国行为医学研究，15 (10), 901~903。

童敏（2004），精神病人社区康复过程中社会工作介入的可能性和方法探索，北京科技大学学报（社科版），21 (2), 35~37。

曾仕强、刘君政（2005），亲子关系——中西方家庭的区别，北京：清华大学出版社。

曾荣、张冲、邹泓（2010），中学生的学校人际关系特点及其社会适应的关系，中国特殊教育，126 (12), 72~76。

曾晓强（2003），拉图尔科学人类学的反身性问题，科学技术与辩证法，(6), 46~49。

程文红等（2006），抑郁障碍青少年及其父母求助行为研究，中国临床心理学杂志

(6), 901~903。

谢永龄（2003），青少年心理问题，香港：香港中文大学出版社。

雷雳、伍亚娜（2009），青少年同伴依恋与其互联网使用的关系，心理与行为研究，7(2), 81~86。

雷雳、杨洋、柳铭心（2006），青少年神经质人格、互联网服务偏好于网络成瘾的关系，心理学报，38 (3), 375~381。

雷永生（1987），皮亚杰发生认识论评述，北京：人民出版社。

蔡春美、翁丽芳、洪福财（2006），亲子关系与亲职教育（二版），台北：心理出版社。

翟学伟（2005），人情、面子与权力的再生产，北京：北京大学出版社。

潘允康、林南（1990），中国城市现代家庭模式，社会学研究，(3), 56~66。

潘允康（1992），试论我国城市的核心家庭，载于乔健（主编），中国家庭及其变迁（页82~92），香港：香港大学社会科学院暨香港大学亚太研究所。

潘淑满（2003），质性研究：理论与运用，台北：台北心理出版社。

霍桂恒（1996）舒茨，载于苏国勋（主编），当代著名西方哲学家评传第十卷（页317~378），济南：山东人民出版社。

戴俊毅（译）（2007），青春期：青少年的心理发展和健康成长，上海：上海社会科学院出版社，（劳伦斯·斯滕伯格，2005）

魏继珍（2008），青少年抑郁的六种症状，科学大观园，(3), 47。

英文部分

Almeid, D. M., & Galambos, N. L. (1991). Examining father involvement and the quality of father-adolescent relations, Joural of research on adolescence, 1 (2), 155~172.

Amato, P., & Keith, B. (1991). Parental divorce and the well-being of children: A meta-analysis. Psychological Bulletin, 110, 26~46.

Allen, J. P., Hauser, S. T., & Eickholt, C. (1994). Autonomy and relatedness in family interactions as predictors of expressions of negative adolescent affect. Journal of Research on Adolescence, 4, 535~552.

Bacal, H., (1990). Heinz Kohut. In Bacal. H. A, & Newman. K. M (ed.), Theories of object relations: bridges to self psychology (pp. 1~14). New York: Columbia University Press.

Barrera, M. J., & Garrison, C. J. (1992). Family and peer social support as specific correlates of adolescent depressive symptoms. Journal of Abnormal Child Psychology, 1, 1~16.

Bandurn, A. (1963). Social learning theory (2nd ed.). Englewood Cliffs, NJ: Prentice Hall.

Beck, A. T., Rush, A. J., & Shaw, E. G. (1979). Cognitive therapy of depression. New York: Guilford.

Bernarch, J. (2002). The sociology of mental illness (4th ed.). New Jersey: Upper

Saddle River.

Bowlby, J. (1980). Loss: sadness and depression. London: Tavistock Publication.

Branjc, S. J. T., Frijns, T., & Meesu, W. H. J. (2010). Longitudinal associations between perceived parent-child relationship quality and depressive symptoms in adolescence. Journal of Abnormal Child Psycho, 38 (6), 751~763.

Brent, D. A., & Birmaher, B. K. (2002). Adolescent depression. New England Journal of Medicine, 2, 667~671.

Brinberg, D. M., & Joseph, E. M. (1985). Validity and the research process. Newbury Park, CA: Sage Publications.

Brown, G. W., Andrews, B., & Harris, T. O. (1986). Social support, self-esteem, and depression. Psychological Medicine, 16, 813~831.

Carollee, H., Claire, E. H., & Catherine, C. M. (1994). Children's relationships with peers: Differential associations with aspects of the teacher-child relationship. Journal of Child Development, 66, 253~263.

Carollee, H., Claire, E. H., & Leslie, C. P. (1998). Stability and continuity of child-caregiver and child-peer relationships. Journal of Child Development, 69 (2), 418~426.

Chang, L., Lansford, J. E., Schwartz, D. S., & Farver, J. M. (2004). Marital quality, maternal depressed affect, harsh parenting, and child externalising in Hong Kong Chinese families. International Journal of Behavioral Development, 28 (4), 311~318.

Charles, F., Brodsky, G., & Olson, M. (2000). Social support and social adjustment: Implications for mental health professionals. Community Mental Health Journal, 36, 61~75.

Chen, C. L., & Yang, D. C. Y. (1986). The self-image of Chinese American adolescents intimation. Journal of Social Psychology, 32 (3), 19~26.

Christine, L. N. (2010). Into the wilderness——a case study: The psychodynamics of adolescent depression and the need for a holistic intervention. Clinical Social Work Journal 38, 226~235.

Cole, D. A., & McPherson, A. E. (1993). Relation of family subsystems to adolescent depression: Implementing a new family assessment strategy. Journal of Family Psychology, 7, 119~133.

Compas, B. E. (1987). Stress and life events during childhood and adolescence. Journal of Clinical Psychology Review, 7, 275~302.

Compas, B. E., Ey, S., & Grant, K. E. (1993). Taxonomy assessment and diagnosis of depression during adolescence. Journal of psychological Bulletin, 114 (2), 323~344.

Coyne, J. C. (1997). Depression and the response of others. Journal of Abnormal Psychology, 85, 186~193.

Deng, Z. , & Donald, J. T. (1997). The impact of cultural revolution on trends in educational attainment in the People's Republic of China. American Journal of Sociology, 103 (2), 391~415.

Delaney, M. E. (1996). Across the transition to adolescence: Qualities of parent/adolescent relationships and adjustment. Journal of Early Adolescence, 16 (3), 274~300.

Enns, M. W. , Cox, B. J. , & Clare, I. (2002). Parental bonding and adult psychopathology: Results from the US Nation Comorbidity Survey. Psychology Medic, 32 (6), 997~1008.

Essau, C. A. (2004). The association between family factors and depressive disorders in adolescents. Journal of Youth and Adolescence, 33, 365~372.

Glenn, L. (2009). Integrating family therapy in adolescent depression: An ethical stance. Journal of Family Therapy, 31, 213~232.

Guest, G. , Bunce, A. , & Johnson, L. (2006). How many interviews are enough? An experiment with data saturation and variability. Field Methods, 18, 59~82.

Goodman, S. H. , & Gotlib, I. H. (1999). Risk for psychopathology in the children of depressed mothers: A developmental model for understanding mechanism of transmission. Psychological Review, 106, 458~490.

Griffiths, M. D. (1997). Psychology of computer use: Some comments on addictive use of internet by young. Psychological Reports, 80 (1), 81~82.

Gilbert, P. (2001). Evolutionary approaches to psychopathology: The role of natural defences. Australian and New Zealand Journal of Psychiatry, 35 (1), 17~27.

Haley, J. (1980). Leaving home. New York: McGraw Hill.

Hamilton, L. V. (1990). Social psychological approach to responsibility and justice: The view across cultures. New Haven: Yale University Press.

Harrison, G. (1983). Migration and manic depressive illness. Comprehensive Psychiatry, 24, 158~165.

Ho, D. Y. F. (1987). Fatherhood in Chinese culture. In Lamb, M. E. (Ed.). The father's role: Cross-cultural perspectives (pp. 231~247). New York: Lawrence Erlbaum.

Jaenicke, C. , Hammen, C. , & Zupan, B. (1987). Cognitive vulnerability in children at risk for depression. Journal Abnormal Children Psycho, 15 (4), 559~572.

Jochen, H. , Max, H. , & Katarzyna, S. (2011). Suicidal ideation, parent-child relationships and adverse childhood experiences: A cross-validation study using a Graphical Markov Model. Child Psychiatry Hum Dev, 42, 119~133.

Johnson, J. M. (2002). In-depth interview. In Gubrium, J. F. , &. Holstein, J. A. (Eds.). Handbook of interview research: Context and method (pp. 103~119). Thousand Oaks, CA: Sage Publication.

Kaslow, N. J., Deering, C. G., & Racusin, G. R. (1994). Depressed children and their families. Journal Clinical Psychology Review, 14, 39~59.

Keitner, G. (1990). Family functioning and major depression: A overview. American Tounal of Psychiatry, 147, 1128~1137.

Kenna, E. R., & Liana, J. U. (2008). The effect of parent-child attachment relationships on child bio-psychosocial outcomes: a review. Early Child Development and Care, 178 (2), 129~152.

Leskela, U. S., Lestela, M. P., Sokero, T. P, & Isometsa, E. T (2004). Life events, social support, and onset of major depressive episode in Finnish patients. Nervous Mental Disease, 192 (5), 373~381.

Lincoln, Y. S. &Guba, E. G. (1985). Natualistic Inquiry (pp. 103~119). Bverly Hills: Sage.

Liu, Y. L. (2003). Parent-child interaction and child's depression: the relationships between parent-child interaction and child's depressive symptoms in Taiwan. Journal of Adolescence, 26 (4), 447~457.

Lynn, C. J., Mckay, M. M., & Atkins, M. S. (2003). School social work: Meeting the mental health needs of students through collaboration with teachers. Children & Schools, 25 (4), 197~209.

Matos, M. G., Dadds, M. R., & Barrett, P. M. (2006). Family-related school issues and the mental health of adolescents: Post hoc analyses of the portuguese national health behavior in school-aged children survey data. Journal of Family Studies, 12, 261~275.

Mayer, L., Kiss, E., Baji, I., Skulteti, D. & Vetro, A. (2006). Relationship of depressive symptoms and life events in a school-age population. Psychiatry Hung, 21 (3), 210~218.

Mccacken, G. (1988). The Long Interview. Newbury Park, CA: Sage.

Minichiello, R., Aroni, R., Timewell. E., & Alexander, L. (1995) In-depth Interviewing, (2nd ed.). Melbourne: Longman.

Morse, J. (1994). Designing funded qualitative. In N. Zenzin, & Y. Lincoln (eds.), Handbook for qualitative research (pp. 220~235). Thousand Oaks, CA: Sage.

Overbeek, G., Stattin, H., Vermulst, A., Thao, H., & Rutger, C. M. E. (2007). Parent-child relationships, partner relationships, and emotional adjustment: A birth-to-maturity prospective study. Developmental Psychology, 43 (2), 429~437.

Pale, H. M. (1983). Handbook of child psychology (4th ed.). New York: John Wiley and Sons Inc.

Parker, G., Gladstone, G., Wilhelm, K., Mitchell, P., Hadzi-Pavlovic, D., & Austin, M.

P. (1997). Dysfunctional parenting: Over-representation in non-melancholic depression and capacity of such specificity to refine sub-typing depression measures. Journal of Psychiatry Research, 73 (1~2), 57~71.

Parker, G., & Roy, K. (2001). Adolescent depression: A review. Australian and New Zealand Journal of Psychiatry, 35 (5), 572~580.

Parker, I. (2005). Qualitave psychology: introducing radical research. England: Open University Press.

Pelkonen, M., Martunen, M., & Aro, H. (2003). Risk for depression: 6-years follow-up of finish adolescents. Journal of Affect Disorder, 77 (1), 41~51.

Peter, M., Henk, S., Rebeca, S., & Cor, M. (2001). Protective and vulnerable factors of depression in normal adolescence. Journal of Behavior Research and Therapy, 39, 555~556.

Peter, P. J., Yates, W. R., Williams, R. D., Andersen, A. E., MacIndoe, J. H., Lund, B. C., & Holman, T. L. (2002). Testosterone Therapy in late-life major depress in males. Journal of Clinic Psychiatry, 63 (12), 1096~1101.

Petersen, A. C., & Compas, B. E. (1993). Depression in adolescence. Journal of American Psychologist, 48 (2), 155~168.

Pianta, R. C. (1997). A dual-child relationship procession and early schooling. Journal of Early Education and Development, 18 (1), 237~249.

Pine, D. S., Cohen, P., Gurley, D., Brook, J. S., & Ma, Y. (1998). The risk for early adulthood anxiety and depressive disorders in adolescences with anxiety and depressive disorders. Journal of Archives of General Psychiatry, 55, 56~64.

Raviv, A., & Bar-Tal, D. (1991). Perception of epistemic authority and attribution for its choice as a function of knowledge area and age. European Journal of Psychology, 21 (6), 477~492.

Ronald, T. B. (2008). Childhood mental health disorders: Evidence base and contextual factors psychosocial, psychopharmacological, and combined interventions. Washington, DC: American Psychology Association.

Roni, B. (2004). Immigrant women tell their stories. Oxford: Haworth Press.

Ryan, T., & Shields, M. S. (2011). The effects of nonshared environments on adolescent depression: Findings from a sample of monozygotic twins. Journal of Adolescent Health, 48, 572~578

Sanford, M., Szatmari, P., Spinner, M., Munroe-Blum, J. H., Jamieson, E., Walsh, C., & Jones, D. (1995). Predicting the one-year course of adolescent major depression. Journal of American Academy of Child and Adolescent Psychiatry, 34, 1618~1628.

Schwartz, O. S, Dudgeon, P, Sheeber, L. B, Yap, M. B. H, Simmons, J. G. & Allen,

N. B. (2011). Observed maternal responses to adolescent behavior predict the onset of major depression. Behavior Research and Therapy, 49, 331~338.

Scott, S., & Briskman, J. (2011). Attachment in adolescence: Overlap with parenting and unique prediction of behavioral adjustment, Journal of Child Psychology and Psychiatry, 52 (10), 1052~1062.

Shantz, C. U. (1987). Conflict between children. Child Development, 58 (2), 233~305.

Sheeber, L. B., Davis, B., Leve, C., Hops, H., & Tildesley, E. (2007). Adolescents' relationships with their mothers and fathers: Associations with depressive disorder and subdiagnostic symptomatology. Journal of Abnormal Psychology, 116, 144~154.

Shek, D. T. L. (1995). Chinese adolescent' perceptions of parenting styles of fathers and mothers. Journal of Genetic Psychology, 156 (2), 175~190.

Shek. D. T. L. (1997). Family environment and adolescent psychological well-being, school adjustment, and problem behavior: A pioneer study in a Chinese context. Journal of Genetic Psychology, 158 (1), 113~128.

Shek, D. T. L. (2003). Family functioning and psychological well-being school adjustment and substance in Chinese adolescents: Are findings based on multiples consistent? In Prester, T. A. (ed.), Psychology of Adolescents (pp. 235~246). New York: Nova Science Publishers, Incorpo.

Simons, R. L. (1999). Physiological regulation of stress in referred adolescents: the role of the parent-adolescent relationship. Journal of Marriage and the Family, 61 (11), 1020~1033.

Sullivan, H. S. (1953). Interpersonal theory of psychiatry. New York: W. W. Norton and Company.

Surjadi, F. F., Lorenz, F. O., Wickrama, K. A. S., Conger, R. D. (2011). Parental support, partner support, and the trajectories of mastery from adolescence to early adulthood. Journal of Adolescence, 34, 619~628.

Strauss, A., & Corbin, J. (1990). Basics of qualitative research: techniques and procedures for developing grounded theory. Newbury Park, CA: Sage.

The Boys' and Girls' Clubs Association of Hong Kong. (1994). Parental disciplinarian style and its impact on the behavior of adolescents. Hong Kong: Author.

Tsang, V. & Fuligni, A. (2000). Parent-adolescent language use and relationship among immigrant family with East Asian. In Filipino, C. & Wengraf, T. (ed.), Qualitative research interview——biography narrative and semi-structured methods (pp. 3). London: Sage Publications.

Tsang, W. S. (1995). Chinese societies and mental health. Hong Kong: Oxford University Press.

Tsang, S. (1997). Father-adolescence conflict in Chinese families in Hong Kong. Unpublished PhD thesis, University of Hongkong, HongKong.

Vedder, P., Boekaertes, M., & Seegers, G. (2005). Perceived social support and well being in school: The role of students' ethnicity. Journal of Youth and Adolescence, 34, 269~278.

Wengraf, T. (2001). Qualitative research interviewing: biographic narrative and semi-structured methods. London: Sage Publications.

Winnicott, D. W. (1965). The maturational processes and the facilitating environment. London: Hogarth Press.

Yang, K. (1986). Chinese personality and charge. In Bond, M. H. (ed.), The psychology of the Chinese people (pp. 186~202). Hong Kong: Oxford Press.

Yang, K. S. (2003). Beyond Maslow's culture-bound, linear theory: A preliminary statement of the Double-Y Model of basic human needs. In Berman. J. (ed.), Nebraska symposium on motivation, Cross-cultural differences in perspectives on the self (pp. 123~142). Lincoln, NE: University of Nebraska Press.

Yip, K. S. (2005). Clinical practice with people with depression: a holistic and humanistic concern. Unpublished manuscript.

Young, R., Lanie, S., & Minis, H. (2011). Children's perceptions of parental emotional neglect and control and psychopathology. Journal of Child Psychology and Psychiatry, 52 (8), 889~897.

后记

本文是在我攻读香港理工大学社会工作哲学博士的毕业论文的基础上改写完成的。回首5年的博士学习和生活经历，感慨万千。人到中年之时还有机会重新做回一个学生，实在是一种幸运。在这5年多的学习中，我得到了我的导师叶锦成教授和香港理工大学应用社会科学系的各位老师的悉心指导和关怀，受益匪浅，终生难忘，在此致以深深的谢意！

博士论文的写作对我来说是一个难忘的历程，面对11个受访对象独特的生命故事，我仿佛看到了一幅幅中国社会改革开放的缩影，这场深刻的社会变革深刻影响着每一个中国家庭。当代中国家庭面临着各种新挑战，不是每个家庭都能做出积极的应对，家庭需要随着时代发展的脉搏不断学习，不断变化，也需要得到社会上各种专业人士的支持和帮助，只有家庭健康了，青少年的精神健康才能得到保证。中国的社会工作专业化服务刚刚开始，精神健康社会工作是其中非常重要的一个领域，需要社工、心理学者和医生的积极参与。希望本文的写作能对专业人士、青少年及其家长有所启示，唤醒人们对精神健康的重视，提供一些服务的新视角。博士阶段的学习对我来说是一个学习如何踏踏实实地开展专业研究的过程，每一步都不容马虎，正如叶锦成教授所言："博士毕业才是你研究生涯的开始。"

感谢11个受访对象能参与到我的研究，贡献出你们的生命故事。聆听你们的故事，加深了我对生命的理解，让我深刻感受到自己肩负的使命和责任，你们也是我生命中时刻牵挂的一部分。从6年前结识你们到现在，看到你们中的一些人逐渐恢复健康，完成学业，走上了工作岗位，我由衷地为你们感到高兴。你们的经历再次说明，精神病并不可怕，可怕的是人们的对精神病的无知和对患者和家人的歧视。疾病不仅是负担，也是资源，它能唤醒青少年及其家庭成员间最朴实真挚的情感，这是消除疾病最宝贵的资源。社会工作者在精神疾病康复中具有重要的作用，不仅是服务提供者，还是催化剂。

感谢博士答辩委员主席石丹理教授，委员曾洁雯博士、吴日岚教授在我的论文评审及答辩过程中提出了宝贵的意见，你们严谨的治学态度和深厚的学术功底给我留下了深刻的印象并将对我未来的学术生涯发展产生积极的影响。感谢云南大学对本书出版提供了部分资助。

高万红

2012 年 9 月 30 日于昆明